REBUILT

Wie Sie der Botschaft Flügel verleihen

von Michael White und Tom Corcoran

D&D Medien

Originaltitel: Rebuilding Your Message –
Practical Tools to Strengthen Your
Preaching and Teaching

Originalverlag: Ave Maria Press, Inc.
P.O. Box 428, Notre Dame, IN 46556, USA
www.avemariapress.com

Herausgeber der deutschen Ausgabe:
PASTORALINNOVATION
Eggenberger Gürtel 76, AT-8020 Graz-St. Lukas
www.pastoralinnovation.org
Übersetzung: Robert Schätzle und Johannes Seidel
Lektorat: Elisabeth Fritzl und Gertrude Lambauer

Verlag und Copyright der deutschen Ausgabe:
© 2020 D & D Medien GmbH,
Gewerbestr. 5, DE-88287 Grünkraut
www.ddmedien.com
Satz & Coverbild: D & D Medien GmbH
Druck: PBtisk, CZ-Příbram
Printed in the EU

ISBN 978-3-86400-025-6

Inhaltsverzeichnis

Stimmen zum Buch

Lucia Greiner, Seelsorgeamtsleiterin der Erzdiözese Salzburg
In der Erzdiözese Salzburg verwenden wir seit 2015 die Anregungen aus den Rebuilt-Büchern für die Weiterentwicklung der Pastoral. Im vorliegenden Buch finden sich erneut großzügig geteilte Erfahrungen von vielem Gelungenen in der Verkündigung, auch vom Scheitern wird erzählt; stets fokussiert auf einen Hauptgedanken, immer verbunden mit einem Wort der Bibel. Auch dieses Rebuilt-Buch bietet wieder vielfältige Anregungen. Es ermutigt, die eigene Verkündigungspastoral und die Liturgie kritisch zu reflektieren, um vorhandene „Schätze" wirksamer einzusetzen und Licht auf blinde Flecken zu werfen, kollegial motivierend, ohne erhobenen Zeigefinger, denn die Autoren bleiben bei den eigenen Erfahrungen. Bedauerlich bleibt, dass die Verkündigungsdimension diakonalen Handelns auch in diesem Rebuilt-Buch keinen Eingang findet.

Wolfgang Rehner, Superintendent der Evangelischen Kirche in der Steiermark
Das Buch von Michael White und Tom Corcoran erinnert mit seinen 89 Kapiteln an die 95 Thesen Martin Luthers: Überschrift, Bibelzitat, Praxisbezug – klare Aussage. Die Autoren haben nicht den Anspruch, kirchliche Kommunikation neu zu erfinden. Ihr Buch soll inspirieren und beflügeln mit dem Ziel, das Evangelium als frohmachende Botschaft zu entfalten. Ein Buch für Mitarbeitende, die mit den Autoren das Anliegen teilen, Wege zu finden, auf denen das Evangelium mitten im Leben der Menschen ankommt.

Dr. Tobias Faix, Professor für Praktische Theologie an der CVJM-Hochschule Kassel
Was über Jahrhunderte normal, plausibel und verstanden wurde, wirkt heute oftmals fremd, missverständlich, ja stößt sogar auf Unverständnis. Wir erleben einen großen Traditionsabbruch von kirchlichen Ritualen und christlichen Deutungen. Viele verstehen die christliche Botschaft einfach

nicht mehr. Und genau hier setzen Michael White und Tom Corcoran an. Nicht die Menschen, die uns nicht verstehen, müssen sich ändern, sondern wir müssen uns ändern. Unsere Sprache, unsere Kommunikation muss sich auf die Menschen einstellen, damit sie uns wieder verstehen, wenn wir über Gott reden. Nachdem ich die ersten beiden Bände schon mit großem Gewinn gelesen habe, war auch der dritte Band wieder eine wunderbare Inspiration. „Wie Sie der Botschaft Flügel verleihen" ist ein fabelhaftes Buch, dass uns in 89 kleinen Lektionen mitnimmt, den Glauben und die eigene fromme Rede zu hinterfragen und neu zu wagen, über die beste Botschaft der Welt zu reden. So zu reden, dass es die Menschen um uns verstehen: die Nachbarn, die Verkäuferin, der Arbeitskollege. Ja, das ist herausfordernd und manchmal auch ärgerlich, aber absolut notwendig. Eine praktische Handreichung nicht nur für meine Rhetorikstudierenden, sondern für alle, die über Gott verständlich reden wollen.

Johannes Silberschneider, Schauspieler
Ein geistlicher, psychologischer und praktischer Begleiter zur Verbreitung der Frohbotschaft.

Michael Papenkordt, Institut für Weltevangelisierung – ICPE Mission Abteilung Deutschland e.V.
Es ist ermutigend, weil die Autoren einfach davon ausgehen, dass wir als Kirche, wir als (Pfarr-)Gemeinde tatsächlich eine Botschaft haben. Fehlt eine gute, die Leute erreichende Verkündigung, bleibt das lebendige Wort Gottes für die Gemeinde letztlich unerreichbar. Es ist aber lebensnotwendig! Das wirklich Schöne an diesem Buch ist, dass es auf wunderbar einfache und doch deutliche Art und Weise den eigentlichen Kern allen kirchlichen Geschehens freilegt und sichtbar macht: das Wort Gottes. Allerdings das Wort Gottes als das zu verkündende! Ich bin sehr dankbar für das lebendige Zeugnis der beiden Autoren und ihren wichtigen Beitrag zu einer großen Baustelle in meiner Kirche. Ich wünsche mir, dass wirklich viele dies Buch lesen, verstehen und umsetzen.

Joerg Urbschat, Diplom-Betriebswirt und Theologe, Männerforum der Nordkirche
Ich war früher Prediger in einer evangelikalen Gemeinde und bin in einem langen Prozess aus dieser Glaubenskultur herausgewachsen. Heute ver-

stehe ich Gottesdienst und Predigt als ein Zusammenwirken aller Beteiligten, als einen co-kreativen Prozess, der hierarchiefrei, sozusagen in Kreisform stattfindet. Ich habe mittlerweile regelrecht eine Abneigung gegen klassische Gemeindeveranstaltungen, wo ein Mensch von vorne, möglicherweise von oben die anderen, die in Reih und Glied sitzen, anpredigt. Die Autoren des Buches „Wie Sie der Botschaft Flügel verleihen" stehen an einem anderen Punkt. Sie scheinen mir tief verwurzelt in einer amerikanischen, katholischen, tendenziell evangelikalen Pfarrgemeinde. Und damit einer gänzlich anderen Kultur als ich es bin. Dennoch nehme ich wahr, dass sie in und mit diesem Buch einen Schritt gehen, um ihre traditionelle Predigtkultur zu erweitern und zu modernisieren.

Manon Vollprecht, Politik- und Sozialwissenschaftlerin, Pastoralinnovation

An verschiedenen Orten im deutschsprachigen Raum gibt es neue Wege und Formen der Kommunikation und der Gottesdienste, Gemeinden probieren sich aus. Die Corona-Krise beschleunigt diesen Prozess und bringt Zögerliche dazu, sich vermehrt in die Online-Welt zu wagen. Nicht jede oder jeder muss dazu alles selbst ausprobieren. Das Buch bietet Grundeinsichten und kompakte Anregungen in kirchlicher Kommunikation, dazu aktuelle Beiträge über deren digitale Umsetzung. Das Buch lädt ein, voneinander zu lernen und sich in einer Zeit zu verbinden, die auf den ersten Blick gerade das verhindert!

Armin Beck, Pfarrer, Missionarische Projekte, Evangelische Kirche von Kurhessen-Waldeck

Ein wunderbares Buch, das deutlich macht, wie wichtig eine zeitgemäße Kommunikation des Evangeliums für die große Aufgabe der Neuevangelisierung unserer westlichen Welt ist. Das Wort Gottes bleibt nicht bei den Hauptamtlichen, sondern wird zum Körpergeruch einer ganzen Gemeinde: Gerade das macht sie attraktiv für Außenstehende! Ich als protestantischer Theologe bin begeistert von der tiefen Liebe meiner katholischen Brüder zum Wort Gottes, ihrer tiefen Liebe zu Gott, und den Menschen, denen die gute Botschaft der rettenden Gnade Gottes gilt: „Denn wie der Regen und der Schnee vom Himmel fällt und nicht dorthin zurückkehrt, ohne die Erde zu tränken und sie zum Keimen und Sprossen zu bringen, dass sie dem Sämann Samen gibt und Brot zum Essen, so ist es auch mit dem

Wort, das meinen Mund verlässt: Es kehrt nicht leer zu mir zurück, ohne zu bewirken, was ich will, und das zu erreichen, wozu ich es ausgesandt habe." (Jesaja 55,10-11) Danke!

Andreas Erndl, Studentenpfarrer, Bistum Passau
Im Buch wird das Thema Kommunikation ganzheitlich verstanden: von der Predigt ausgehend, über den Willkommensdienst in der Gemeinde, den Zustand der kirchlichen Gebäude bis zur Kommunikation mit den Mitarbeiterinnen und Mitarbeitern. Das Buch gibt einen faszinierenden und spannenden Einblick in die Erfahrungen, die die Autoren in ihrer Pfarrarbeit gemacht haben. Es ist sehr praktisch orientiert mit konkreten Handlungsanweisungen und immer wieder mit Beispielen aus dem Alltag angereichert. Während der Lektüre des Buches hatte ich meine eigene Gemeinde vor Augen und mir sind viele Anregungen gekommen, wie ich die Kommunikation in und mit der Gemeinde verbessern könnte. Ich bin den beiden Autoren sehr dankbar, dass sie dieses so wichtige Thema auf so existenzielle und geistliche Art erschlossen haben. Ich kann dieses Buch den pastoralen Mitarbeiterinnen und Mitarbeitern als Inspirationshilfe für die eigene Arbeit nur empfehlen.

Einführung

von Dr. Georg Plank, Herausgeber

Da muss ich einfach hingucken! Etwas Ungewöhnliches fängt meinen Blick ein. Auf den zweiten Blick entdecke ich relevante Inhalte, Hinweise auf attraktive Veranstaltungen und schöne Bilder! Wer hätte das in einem banalen Schaukasten auf dem Kirchplatz erwartet?

Fast ein Jahrzehnt leitete ich in meiner Heimatdiözese die kirchliche Öffentlichkeitsarbeit. Leider habe ich selten einen so traumhaften Schaukasten gesehen. Unserem Team wurde schnell klar, dass der Wettstreit um die Aufmerksamkeit der Menschen voll entbrannt ist. Alte und neue Medien vermillionenfachen das Aussenden von Botschaften aller Art, zugleich können wir diese nicht schneller empfangen als unsere urmenschlichen Vorfahren. Wie ergeht es da der „Frohen Botschaft"?

Kirchen sind mitten drin im Kommunikationsgeschäft. Sie begründen ihre Existenz mit dem Verkündigungsauftrag. Der auferstandene Jesus sagt: Geht und kommuniziert! Jemand hat den Auftrag am besten erfüllt und war gar nicht live dabei: Paulus. Von ihm können wir drei wesentliche Faktoren erfolgreicher Kommunikation lernen: Erstens muss die Botschaft wertvoll sein. Ob Texte, Bilder oder Veranstaltungen: Sie müssen es wert sein, weitergesagt zu werden, sonst vergraulen wir die Menschen. Zweitens dürfen, sollen, ja müssen Christen alle Orte und Möglichkeiten der Kommunikation nutzen. Aber bitte so qualitätsvoll wie möglich, denn gute Inhalte verdienen exzellente Gefäße! Und drittens brauchen Kirchen kompetente Leute. Gut gemeint ist bekanntlich noch lange nicht gut gemacht.

Wenn schon Schaukasten, dann richtig und schön! Heutige Schaukästen können Homepages, Podcasts oder Newsletter sein. Mundpropaganda findet auf Social-Media-Plattformen statt. Lebens- und Glaubensgeschichten schaut man sich auf Videokanälen und Streaming-Diensten an. Die alten Instrumente im Kommunikationsorchester haben dabei aber noch lange nicht ausgedient: Wie die Sonntagspredigt zum Begeisterungsfaktor werden kann, wie Gespräche Mitarbeiter motivieren können und wie Bewerbungen professionell gestaltet werden können, das und vieles mehr beweist die *Church of the Nativity* aus Baltimore seit vielen Jahren. Die Corona-Krise sah das dortige Team als Chance, physische und digitale Formen der kirchlichen Präsenz noch wirkungsvoller zu kombinieren.

In der Rebuilt-Serie beschreiben Father Michael White und Tom Corcoran ihre Erfahrungen ungeschminkt, ehrlich und verständlich. Sie können damit von allen genutzt werden, die in ihrem Kontext an einer lebendigen und lebensnahen Kirche bauen. Wir von Pastoralinnovation wollen durch die Herausgabe der Rebuilt-Bücher auf Deutsch Menschen dienen, die der Botschaft in unserer heutigen Welt Flügel verleihen. Wir sind dankbar für die Kooperation mit D&D Medien, für die vielen kompetenten Hände, die am Zustandekommen dieses Buches mitgewirkt haben, und das offene und ehrliche Feedback, das wir erhalten haben. Vergelt's Gott!

Vorwort

von Michael White und Tom Corcoran

„Wir können unmöglich schweigen über das, was wir gesehen und gehört haben." (Apg 4,20)

Dieses Buch ist kein Buch für Prediger über das Predigen. Es ist kein Buch für Lehrer über das Lehren. Es ist ein Buch über Kommunikation für Menschen, die kommunizieren, manchmal predigen, oft lehren und anderen ständig ein Angebot machen. Es geht um die Vermittlung der wichtigsten Botschaft aller Zeiten, des Evangeliums Jesu Christi, einer Verkündigung, die im Herzen der Kirche liegt und im Herzen der Gemeinschaften vor Ort, die von Katholiken Pfarrgemeinden genannt werden.

Wir beide hatten Gelegenheit, in allen Bereichen des Pfarreilebens und der Pfarreileitung Erfahrung zu sammeln. Wir haben verstanden, was bei diesem Prozess eine essenzielle Rolle spielt: Das Wort Gottes weiterzugeben. Gleichzeitig ist uns immer bewusster geworden, wie schwierig es ist, in unserer lauten und überfüllten Kultur irgendeine Botschaft zu vermitteln. Wir haben besser verstanden, dass diese Kultur dem, was wir zu sagen haben, immer gleichgültiger, manchmal auch feindselig gegenübersteht. Klar geworden ist uns auch, dass, wenn Geistliche und verantwortliche Leiter in Pfarrgemeinden die Kommunikation und die Verkündigung missverstehen, alles andere in der Pfarrgemeinde auch danebengeht. Wenn Sie es richtig verstehen, führt dies zu gesunden Gemeinden und zu Wachstum.

Schon in unserem Buch *Rebuilt* haben wir die These vertreten, dass die Verkündigung eine zentrale Bedeutung für das Leben der

Menschen in der Pfarrgemeinde hat. In *Tools for Rebuilding* haben wir eine Reihe von Methoden für die Kommunikation vorgeschlagen, besonders für die Kommunikation durch Predigen. Die positive Resonanz auf diese Bücher hat uns ermutigt, mit diesem Buch zu beginnen.

Darin finden Sie Werkzeuge oder Strategien, mit denen Sie die Grundausrichtung Ihrer Kommunikation und Verkündigung neu aufbauen können. Im Buch wird jedes Werkzeug oder jede Methode als Grundsatz dargestellt, welcher als von uns als richtig angesehen wird, wie schon in *Tools for Rebuilding*. Ein solcher Grundsatz möchte der Ausgangspunkt zu einer grundlegenden Wahrheit sein, die, sobald sie angewandt wird, Wirkung entfaltet. Die Maximen der einzelnen Kapitel sind aus der Praxis entstanden, in Predigt und Unterricht, bei Treffen der Pfarrgemeinde und in Mitarbeiter-Workshops. Sie wurden entwickelt auf Firmwochenenden mit den Uninteressierten und Fernstehenden, auf Bibelfreizeiten mit den Eifrigen und Begeisterten und in Kleingruppen mit entspannten und aufgeschlossenen Erwachsenen. Erprobt wurden sie bei den Gläubigen in der Messe, den Trauernden auf Beerdigungen, den Ängstlichen am ersten Unterrichtstag. Ihren sorgfältigen, liebevollen und oft schmerzhaften Feinschliff erhielten sie im Umgang mit Glaubenstreuen, gelegentlich Engagierten, aufrichtigen Skeptikern und Dauergelangweilten. Inhaltlich beeinflusst wurden diese Grundsätze oder Werkzeuge auch durch einige der gesündesten und am schnellsten wachsenden Gemeinden, die wir kennen.

Die Grundsätze sind in vier Kategorien gegliedert, je nach dem Ansatz, von dem aus man Predigt und Lehre angehen kann: Es geht dabei um Ihre Rolle, Ihr Umfeld, Ihr Tun und die Ergebnisse, die Sie anpeilen und erwarten können. Die Grundsätze sind aus unseren Erfahrungen gewonnen und können Ihnen als Ausgangspunkte dienen, wenn Sie anfangen, die Verkündigung in ihrer Pfarrgemeinde aufzubauen oder weiter daran arbeiten.

Die Vorschläge in diesem Buch übermitteln wir mit Humor, Bescheidenheit und beständigem Respekt vor der Arbeit, die Sie vollbringen, und in dem Bewusstsein, dass sie zumindest in unserem Umfeld fruchtbar sind. Durch die Anwendung dieser Strategien in den letzten Jahren haben wir ein erstaunliches Wachstum erfahren können, messbar beim Kirchenbesuch, bei der Spendenbereitschaft und in den Diensten innerhalb und außerhalb der Pfarrei, um nur ein paar zu nennen.

Vielleicht werden Sie nicht mit allem übereinstimmen, was wir sagen. Schauen Sie es sich trotzdem an. Ganz gleich, ob Sie Lehrer, Prediger, Pfarrer sind, in der Verwaltung oder als Ehrenamtlicher Verantwortung haben oder ein interessiertes Gemeindemitglied sind: Sie haben eine Rolle in Kommunikation und Verkündigung in Ihrer Pfarrgemeinde. Das ist keineswegs unbedeutend, denn das grundlegende System zur Verbreitung des Evangeliums Jesu Christi ist die lokale Pfarrgemeinde. Das sind Sie.

Prolog

Die Botschaft ist entscheidend

„Im Anfang war das Wort und das Wort war bei Gott und das Wort war Gott. Dieses war im Anfang bei Gott. ... Und das Wort ist Fleisch geworden und hat unter uns gewohnt und wir haben seine Herrlichkeit geschaut, die Herrlichkeit des einzigen Sohnes vom Vater, voll Gnade und Wahrheit." (Joh 1,1-2.14)

Worte, bloß Worte. Das ist alles, was sie sind. Und manchmal fühlt es sich so an, als wäre Kommunikation – als Prediger in der Messe, Jugendleiter beim Jugendwochenende, Lehrer beim Elternabend, Geschäftsmann mit seinen Kollegen, Blogger beim Bloggen – reine Zeitverschwendung. Wenn Sie etwas vor einer Gemeinde, Klasse, Firma oder einem Verein vorstellen wollen, ist es schwer, die Aufmerksamkeit der Leute zu gewinnen, und noch schwerer, sie zu halten. Manchmal empfinden wir so etwas wie Neid, wenn wir auf Köche, Schreiner, Ärzte und Mechaniker schauen, die am Ende des Tages das, was sie geschaffen haben, mit Freude anschauen können. Wir haben letztendlich nur Worte, die vielleicht wie kleine Luftbläschen vor dem Verschwinden kurz im Licht aufleuchten, aber anscheinend oft keinerlei Wirkung haben.

Und doch ist Kommunikation für das menschliche Leben grundlegend. Sie beginnt bereits bei der Geburt. Am Anfang ist das Kommunizieren sehr anstrengend, irgendwann wird es besser und manchmal ziemlich gut, aber nie wird es so gut, wie wir wollten, und viel zu oft nicht so gut, wie wir könnten.

Die Vermittlung der Botschaft ist von entscheidender Bedeutung: Ob es das kindliche Schreien nach Nahrung ist, der Unterricht der Lehrerin für ihre Schüler oder ob es die Wünsche eines Menschen auf dem Sterbebett sind. Auch dort, wo die Botschaft anscheinend keine Bedeutung hat, weil Menschen töricht oder selbstsüchtig sind oder voller Hass, versuchen sie doch, etwas mitzuteilen, möglicherweise etwas für sie zutiefst Wichtiges. Am schönsten drückt es die Heilige Schrift aus: „Tod und Leben stehen in der Macht der Zunge; wer sie liebt, genießt ihre Frucht“ (Spr 18,21).

Es gibt einen Tod, der durch negative oder kritische Worte verursacht wird. Weil unsere Pfarrgemeinde gewachsen ist, haben wir vor einiger Zeit den Plan gefasst, unser Parkplatzangebot zu vergrößern. Gewissenhaft haben wir alle erforderlichen Genehmigungen bei der Kreisverwaltung und der Erzdiözese eingeholt und Infotreffen für die Anrainer veranstaltet. Als wir gerade mit der Umsetzung anfingen, trat eine Nachbarin sehr lautstark auf und richtete einen äußerst emotionalen Appell an alle, die sie irgendwie erreichen konnte, darunter einige einflussreiche Leute in unserem Ort. Sie war sehr aufgebracht, weil sich der Ausblick von ihrem Wohnzimmer auf das Pfarreigelände leicht verändern würde. Trotz des geringen Anlasses hat das anstehende Projekt sie dazu gebracht, in einer Weise zu kommunizieren, die viele Leute verwirrte und größere Missverständnisse entstehen ließ.

Wir fühlten uns sehr unfair behandelt. Und Ursache des Ganzen waren lediglich ein paar Worte.

Worte können schaden und zerstören, sie können verletzen und töten. Andererseits können Worte auch Leben und Wachstum bringen. Die überaus positiven Besprechungen unserer Bücher *Rebuilt* und *Tools for Rebuilding* haben uns außerordentlich ermutigt. Offen gestanden hatten wir in Anbetracht der deutlichen Positionen beider Bücher zu verschiedenen kontroversen Themen Sorgen, was Kritiker schreiben könnten. Aber obwohl es auch Gegenwind gab, war der Großteil der Kommentare hilfreich und ermutigend.

Wir haben die Erfahrungen gemacht, dass Worte ein Ergebnis beeinflusst, eine Menschenmenge begeistert oder einen Wahlsieg bewirkt haben.

Tom: Viele von uns hatten einen Lieblingslehrer, der weiter in unser Leben spricht, noch lange nachdem wir die Schule verlassen haben. Im zweiten Studienjahr hatten wir einen Lehrer, der den Menschen als ein körperliches, geistiges, soziales und emotionales Mischwesen beschrieben hat. Er sagte, Heiligkeit bestünde darin, beständig in jedem der vier Bereiche zu wachsen. Auch nach vielen Jahren benutze ich diese Definition immer wieder, um mein Leben dahingehend zu überprüfen.

Father Michael: Beim Thema Geld und Geben wurde unser Herz verwandelt (und dadurch auch unser Verhalten) durch Predigten von Pastor Rick Warren und anderen, die uns geholfen haben, die biblische Lehre über Geld zu verstehen. Ermutigt von der konsequenten Verkündigung von Gottes Wort zum Thema Geld durch unsere evangelikalen Freunde, haben wir begonnen, den Zehnten zu geben und unsere Rolle als Verwalter unserer eigenen Finanzen ernst zu nehmen. Diese Botschaft und diese Worte haben auch die finanzielle Stärke unseres Dienstes und unsere Verkündigung über das Geben neu aufgestellt.

In Zeiten, in denen wir aufgeben wollen, drängen uns die Worte eines anderen Menschen weiterzumachen. Noch heute können wir uns an einen außergewöhnlichen Abend bei einer Konferenz in Atlanta erinnern. Unsere lang geplante Reise nach Atlanta fand trotz heftiger Probleme zu Hause statt, beinahe hätten wir sie abgesagt. Schließlich sind wir doch hingefahren, auch um den Schwierigkeiten daheim zu entfliehen. Als die Konferenz begann, wurde angesagt, dass statt des angekündigten Hauptsprechers ein Ersatzsprecher über ein völlig anderes Thema sprechen würde. Den Abendvortrag von Dr. Charles Stanley, Pastor der First Baptist Church in Atlanta, werden wir wohl nie vergessen. Zu unserer Verwunderung beschrieb er eine Situation, die der unseren verblüffend ähnlich war, und ging mit uns jeden seiner Schritte in dieser Lage durch. Er berichtete von seinen Anstrengungen und Kämpfen, wie er all das durchgestanden hatte und seiner Berufung treu geblieben war. Und plötzlich wussten auch wir, was wir zu tun hatten. Das hat unseren Weg und unsere Richtung verändert. Und all das wegen einiger Worte.

Die Botschaft hat eine entscheidende Bedeutung. Sie kann Herzen verändern, sie kann Welten verändern. In den dunklen Tagen des Zweiten Weltkriegs war es Winston Churchill, der die Briten erinnerte: „Wir werden nie aufgeben!" Mahatma Gandhi lehrte das indische Volk: „Sei du selbst die Veränderung, die du dir für diese Welt wünschst." Und Johannes Paul II. ermutigte das kommunistische Polen: „Habt keine Angst." Bloße Worte – Worte die alles verändert haben.

Das ist ein Buch über Worte und zugleich ein Buch über mehr als Worte. Unsere Worte erhalten ihre Gestalt aus dem Umfeld, in dem sie gesprochen werden. Die Umwelt, die wir schaffen, und die Taten, die wir vollbringen, sind auch Typen der Kommunikation. Wenn es uns nicht gelingt, die Umstände zu berücksichtigen, in denen die Menschen unsere Botschaft hören, wird unsere Verkündigung auf taube Ohren stoßen. Um richtig zu kommunizieren – um unsere Botschaften erfolgreich zu übermitteln – müssen unsere Worte mit unserer Körpersprache, unserer Umwelt und unserem ganzen Leben übereinstimmen und zusammenwirken.

Es ist eine Tragik, dass in unserer katholischen Kultur die Kommunikation und Verkündigung zeitweise vernachlässigt wurde. Das ist zumindest unser Eindruck. Irgendwo auf dem Weg sind viele Kirchenleute der Lüge aufgesessen, dass gutes Predigen und Lehren nicht der Mühe wert sei, dass es sich nicht lohne, sich dafür anzustrengen, dass es von niemandem erwartet und gebraucht werde.

Eine Folge davon ist, dass Laien in Leitungsdiensten wie auch Geistliche nie ihre Fähigkeiten als Sprecher entwickelt haben, was wir alle schon erlebt haben. Das ist keine Kritik an Einzelnen, denn die Zeitumstände sind schuld und auch wir. Es ist kaum zu glauben, aber wir müssen es ehrlich eingestehen: Für lange Zeit, länger als uns lieb ist, waren Kommunikation und Verkündigung in der Pfarrgemeinde nicht besonders wichtig.

Dabei lehren uns Vernunft, Offenbarung und unsere Erfahrung das Gegenteil. Worte haben Kraft, und aus der Bibel wissen wir, dass Gottes Wort von unendlicher Kraft ist. Einmal ausgesprochen, kehrt sein Wort nicht leer zu ihm zurück. Diese Wahrheit gilt auch für uns: Wenn wir Gottes Wort anwenden und das mit Sachverstand, Überzeugung und mit Gebet tun – auf eine Weise, die Gott die Ehre gibt und ihm dient –, dann wird es nicht leer und ohne Wirkung zu uns zurückkehren.

Die Verkündigung und Kommunikation, von der wir hier sprechen, ist die grundlegende Aufgabe und Arbeit für all unsere Programme, Pfarrgemeinden und Dienste. Sie kann uns hineinführen in Gottes Willen, Gottes Plan und zu Gott selbst. Sie kann uns dafür begeistern und ausrüsten, unser Leben nach dem Leben Christi zu gestalten. Das heißt: Unser Predigen und unsere Lehren sind die erfolgreichsten Mittel, mit denen die Pfarrgemeinde die Verlorenen erreichen und die Menschen zu Jüngern aufbauen kann.

Das, was wir hier vorstellen, steht im Zusammenhang mit dem, was Johannes Paul II. als „Neue Evangelisierung" verkündet hat: Die Wiedereinführung des Evangeliums in die Kultur unserer Zeit.

Die Neuevangelisierung, das sei noch gesagt, ist von ihrem Wesen her eine Gegenkultur. Mehr noch: Weil sie gegen die vorherrschende Kultur ist, ist sie ein Krieg. Und vielleicht ahnen Sie es bereits: Sie ist ein Krieg der Worte.

Teil 1

Über Ihre Rolle

— 1 —

Sie sind die Botschaft

„Auch ich kam nicht zu euch, Brüder und Schwestern, um glänzende Reden oder gelehrte Weisheit vorzutragen, sondern um euch das Geheimnis Gottes zu verkünden. Denn ich hatte mich entschlossen, bei euch nichts zu wissen außer Jesus Christus, und zwar als den Gekreuzigten. Zudem kam ich in Schwäche und Furcht, zitternd und bebend zu euch. Meine Botschaft und Verkündigung war nicht Überredung durch gewandte und kluge Worte, sondern war mit dem Erweis von Geist und Kraft verbunden." (1 Kor 2,1-4)

Vor gar nicht allzu langer Zeit waren wir bei diesem unfassbar großen Event des Weltjugendtages in Brasilien dabei. Papst Franziskus machte dorthin seine erste Auslandsreise. Und wie bei allem, was dieser Papst anpackt, entwickelte sich auch dieser Anlass zu einer völlig unerwarteten und beispiellosen Angelegenheit. Als er seine Tour durch Rio de Janeiro startete, nutzen Tausende Fans eine Sicherheitslücke aus, um auf den kleinen silbernen Fiat zuzustürmen, der als Papamobil diente, um dem Papst durch die offenen Fenster die Hand zu schütteln. Die Offiziellen schienen völlig die Kontrolle über die immer größer werdende Menge zu verlieren, die ganz nebenbei noch ein unglaubliches Verkehrschaos verursachte.

Wir dürfen nicht übersehen, dass dieser „Zwischenfall" sich ereignete, noch bevor der Weltjugendtag überhaupt begonnen hatte. Für das weltweite Publikum an den Fernsehschirmen hat der Papst allerdings an dieser Stelle schon ein starke Botschaft gesendet – eine Botschaft von Gottes Zuneigung, seiner Nähe und Fürsorge für uns Menschen. Wie stellte der Papst dies an?

Nun, der Papst kann all das, was er unter Einfachheit und Demut versteht, auf diese glaubhafte und herrliche Art und Weise ausdrücken, weil er etwas verstanden hat, was sogar erfahrene und anspruchsvolle „Kommunikatoren" nicht zu begreifen scheinen: Wenn es um das Sprechen und Predigen geht, gilt: Sie sind die Botschaft! Bevor Sie auch nur ein einziges Wort sprechen, läuft die Kommunikation mit dem Publikum schon längst ab. Und die Kommunikation sind Sie selber. Sie sollten also wissen, was *Sie* sagen.

Der heilige Paulus begriff, dass er die *Initial*-Botschaft war, die er weitergab; nicht die endgültige, nicht die wichtigste, aber die *Initial*-Botschaft. Obwohl Paulus mit Sicherheit uns einige der weisesten Worten überliefert hat, die jemals zum Ausdruck gebracht worden sind, wusste er doch genau, dass seine Botschaft schon *vor* den Worten beginnen musste. Er begann mit dem „Aufzeigen des Heiligen Geistes", einer Enthüllung dessen, wie Gott in seinem Leben am Werk war. Ohne Worte. Wir nennen dies gewöhnlich „die Frucht des Heiligen Geistes". Bei uns ist es genauso: Möglicherweise ist es Ihre Tugendhaftigkeit, Ihre Freundlichkeit oder Ihre Freude. – Was ist es, was Sie uns von sich verraten (und hoffentlich ist es etwas vom Heiligen Geist Gewirktes), bevor Sie auch nur ein einziges Wort sagen?

Wenn Kommunikation Ihr Geschäft ist: Welche ist die Botschaft, die *Sie selber* sind?

— 2 —

Seien Sie Sie selbst

„Bemühe dich darum, dich vor Gott zu bewähren als ein Arbeiter, der sich nicht zu schämen braucht, der das Wort der Wahrheit geradeheraus verkündet!“ (2 Tim 2,15)

Was ist eigentlich der Grund in unserer menschlichen Natur – oder wo auch immer diese Verführung lauert –, dass wir oftmals als jemand anderes erscheinen möchten, als wir tatsächlich sind? Woher kommt es, dass wir immer attraktiver, jünger, eleganter, schlauer oder wie auch immer besser sein wollen oder meinen, es sein zu müssen? Und warum scheint das „Vortäuschen falscher Tatsachen“ ausgerechnet im kirchlichen Umfeld so verbreitet zu sein? Warum geben Kirchenleute so gerne vor, perfekte Menschen zu sein und auf alles die richtige Antwort zu wissen? Sich verbessern zu wollen ist an sich nichts Falsches, und wenn jemand mehr aus seinem Leben und seiner Arbeit machen möchte, ist dies unbedingt zu unterstützen. Aber unsere Botschaften sind viel glaubhafter, wenn wir fest verwurzelt auf dem Boden stehen und uns als die zeigen, die wir wirklich sind. – Nicht als die, die wir gerne *wären* oder als die wir gerne von anderen gesehen würden, sondern mit unserem authentischen, echten Ich.

Sie selbst sind die Botschaft, aber es muss Ihr *wirkliches Ich* sein. Als wir die ersten echten Schritte machten, um unsere Pfarrei aufzubauen, war die bei weitem wichtigste strategische Entscheidung, die wir fällten: Wir wollten einfach wir selbst sein und uns die Unterstützung, die Führung und die Hilfe, die wir brauchten, suchen. Diese Entscheidung veränderte alles.

Probieren Sie dies aus:

Kennen Sie sich selbst

Eine alte, aber bewährte Empfehlung: Verbringen Sie jeden Tag eine gewisse Zeit in Stille und versuchen Sie, sich besser kennenzulernen – als die Person, die Sie vor Gott sind. Benutzen Sie weitere Hilfsmittel, die Ihnen beim „Selber-Kennenlernen" helfen können, wie z.B. Tagebuchschreiben. Denn: Haben Sie tatsächlich heute schon den Überblick darüber, was mit Ihnen geschieht, was in Ihrem Leben passiert, was Sie fühlen – und warum das alles so ist? Sind Sie wirklich in Kontakt mit Ihren Gefühlen? Haben Sie Kontrolle über Ihre Handlungen und darüber, wie Sie auf bestimmte Dinge reagieren?

Gestatten Sie anderen, Sie zu kennen

Öffnen Sie die Türen zu Ihrem Leben, zu Ihren Gedanken und zu Ihrem Herzen für Menschen, denen Sie vertrauen. Suchen Sie den Austausch mit Menschen, die Sie im Alltag erleben, aber auch mit solchen, die einen gewissen objektiven Abstand zu Ihnen haben. Geben Sie ihnen die Erlaubnis, Ihnen offen und ehrlich Feedback zu geben, sodass Sie weitere Perspektiven im Hinblick auf Sie selbst und Ihr Leben dazugewinnen und nicht nur auf Ihren eigenen Blickwinkel beschränkt bleiben. Mit einem klugen und zuverlässigen Freund kann man beginnen. Und ein geistlicher Begleiter, ein Lebens-Coach oder ein christlicher Therapeut kann dafür sorgen, dass Sie wirkliche Fortschritte machen. Und der beste Tipp von allen: Werden Sie Teil einer Kleingruppe, um Ihren Glauben mit anderen zu teilen. Wenn es in Ihrer Pfarrei keine Kleingruppe gibt, dann gründen Sie eine.

Geben Sie Ihren Zuhörern die Gelegenheit, Sie kennenzulernen

Versuchen Sie, sich in Ihrer eigenen Haut wohlzufühlen. Es gibt wohl kaum etwas Attraktiveres als Menschen, die wissen, wo sie hingehören, und die entspannt und bei sich selbst zuhause sind. Die Gläubigen der Pfarrei werden Ihnen zuhören wollen, wenn Sie dies zum Ausdruck bringen (siehe Kapitel 6).

In zwei bemerkenswerten Briefen des Neuen Testaments teilt der Apostel Paulus auf unvergleichliche Art unvergleichliche Weisheit mit seinem Schützling Timotheus. An einer Stelle empfiehlt Paulus dem Timotheus, schlicht und ergreifend so vor Gott zu leben, wie er wirklich ist. Und er bezeichnet dies als eine besonders effektive Weise, das Wort Gottes zu predigen. Dies macht absolut Sinn. Denn Gott ist es, der uns zu dem gemacht hat, wer und was wir sind.

— 3 —

Seien Sie demütig

„Dann sagte er zu mir: Fürchte dich nicht, Daniel! Schon vom ersten Tag an, als du dich um Verständnis bemühtest und dich deswegen vor deinem Gott beugtest, wurden deine Worte gehört." (Dan 10,12)

Um authentisch zu sein und um der bestmögliche Kommunikator zu werden, müssen Sie Demut pflegen. Das klingt widersprüchlich, aber beides gehört definitiv zusammen. Wenn Sie auch nur ein bisschen so sind wie wir, dürfte in der Tat das eine recht schnell und logisch dem anderen folgen. Denn als wir damit anfingen, uns selber besser kennenzulernen, mussten wir auch einsehen, dass es jede Menge Gründe gibt, demütig zu werden.

Wie bereits erwähnt, haben wir einige Jahre damit verbracht, in einer Pfarrei unseren Dienst zu tun. Aber tatsächlich haben wir erst in den letzten wenigen Jahren wirklich begriffen, was Gott durch uns bewirken möchte, weil wir seinem Willen gegenüber demütig geworden sind – naja, wenigstens ein bisschen.

Immer dann, wenn wir uns in unserem Dienst geweigert hatten, dies zu tun – demütig und bescheiden zu werden –, brachte dies die größte Frustration, die meiste Angst und den schlimmsten Zweifel mit sich. Wir können uns noch gut daran erinnern, wie wir Jahr für Jahr damit verbrachten, völlig unnachgiebig auf unseren Plänen und ach so großartigen Ideen zu beharren, um unsere Pfarrei wiederzubeleben – nur um zu entdecken, dass wir wieder einmal auf dem Holzweg waren. Und dann mussten wir so tun, als ob alles in Ordnung sei, und konnten nur hoffen, dass niemand unsere Fehler bemerkte. Regelmäßig haben wir dieses unglaublich arbeitsintensive, oftmals peinliche, meist enttäuschende und letztendlich vergebliche Schauspiel aufgeführt, als ob wir die größten Experten seien. – Aber in Wirklichkeit waren wir Amateure, die den Problemen nicht gewachsen waren.

Unangemessener Stolz ist eine Eigenschaft, die man sehr häufig bei Rednern beobachten kann. Aber genauso häufig führt diese dazu, dass sich die Zuhörer abwenden oder – schlimmer noch – sogar *gegen* einen wenden. Bescheidenheit hingegen ist eine sehr seltene Tugend bei Kommunikatoren. Wenn diese sich verbindet mit gut geschliffener Fähigkeit zu reden, dann hat dies mächtige Auswirkungen auf die Zuhörer und sorgt dafür, dass sie einem ihre volle Aufmerksamkeit schenken.

Father Michael: Aus Gründen, die zu kompliziert und zu verworren sind, um sie an dieser Stelle zu erklären, haben wir eines Tages beschlossen, uns mit dem Betrieb einer Vorschule in unseren Räumen zu versuchen. Es handelte sich dabei um eine bereits existierende Vorschule, die auf der Suche nach neuen Räumlichkeiten war, und wir waren bereit, ihr unsere Räume zur Verfügung zu stellen. Wir fanden es schlicht eine ausgezeichnete Idee, unsere Räume effektiver zu nutzen, die normalerweise montags bis freitags leer standen, und gleichzeitig eine weitere Einnahmequelle zu haben. Wir versprachen uns von diesem Schritt auch, dass wir bei jungen Familien, die ihre Kinder in die Vorschule bringen, Interesse für unser Pfarrei wecken würden. Das klingt doch prima, oder?

Wir verbrachten eine Menge Zeit damit, dies alles unserer Gemeinde zu erklären, aber das meiste, was wir dazu zu sagen hatten, wurde von den Leuten mit ziemlicher Gleichgültigkeit aufgenommen. Wenn wir nun ein paar Jahre nach vorne spulen, kommen wir zu dem Punkt, an dem wir uns eingestehen mussten: Wir hatten einen Fehler gemacht. Das zusätzliche Einkommen, das wir uns erhofft hatten, war völlig belanglos, weil die

Vorschule zutiefst störend war. Der Schulbetrieb beeinträchtigte regelmäßig unseren eigenen Alltagsbetrieb und die Instandhaltung der Räume gestaltete sich als ziemlich arbeitsintensiv. Darüber hinaus gab es absolut keine Berührungspunkte zwischen den Eltern der Schulkinder und der Pfarrei. Beide bewegten sich in total unterschiedlichen Sphären. Aber das Schlimmste von allem war, dass sich zwei unserer Partner im Schulprojekt als nicht vertrauenswürdig erwiesen, und letztendlich erkannten wir, dass wir uns von der Partnerschaft trennen mussten. Diese Erfahrung war und bleibt ein sprechendes Beispiel dafür, dass wir in nichts investieren sollten, womit wir im Grunde nichts zu tun haben. Wir sind eine Kirche, keine Vorschule.

Wir hatten einen Fehler begangen, aber aus Mangel an Bescheidenheit und Demut ließen wir den nächsten Fehler folgen und versuchten, das Vorschulprogramm auslaufen zu lassen, ohne unserer Gemeinde dies auch nur annähernd nachvollziehbar zu erklären. Das Resultat war: mehr Verwirrung, mehr Desinformation und größere Verletzungen, als eigentlich nötig gewesen wären.

Tom: Wir begannen ein anderes, völlig entgegengesetztes Experiment. Eines Tages wurden unsere Sonntagsmessen dermaßen überfüllt, dass wir uns entschlossen, einen Ort zu suchen, wohin wir die Gottesdienste per Video übertragen konnten. In einem Festsaal oder in der Halle eines Hotels feierten wir einen Wortgottesdienst, und die Predigt von Father Michael, die in der Kirche aufgenommen worden war, wurde per Leinwand und Lautsprecher gezeigt. Unser Gedanke war: Selbst wenn unsere Kirche restlos voll war, könnten wir auf diese Weise weiterhin kirchenferne Besucher einladen, indem wir ein zweckmäßiges und gut erreichbares Gebäude benutzten, für dessen Bau wir zudem nicht selber aufkommen mussten.

Es war tatsächlich eine großartige Idee, die in vielen Kirchen im ganzen Land auch funktioniert. Allein in unseren Verhältnissen wurde dieses Experiment kein Erfolg, weil wir vermutlich nicht lange genug durchgehalten haben, und auch, weil wir keinen nennenswerten Aufwand in Sachen Marketing betrieben.

Diesmal schluckten wir unseren falschen Stolz runter und gaben unser Scheitern offen und ehrlich vor der Gemeinde zu. Wir bekannten in aller Demut, dass unser Experiment nicht geglückt war und dass wir es deshalb nicht fortsetzen würden. Offen gestanden: Das fühlte sich viel besser an, als etwas anderes vorzutäuschen, und die Gemeinde erwies sich als sehr barmherzig mit uns.

Probieren Sie dies aus:

Wenn Sie Ihre Botschaft entwickeln

Machen Sie es mit Bescheidenheit und Demut. Denken Sie darüber nach, was Sie *tatsächlich sagen* und was Sie sagen *sollten.* Lassen Sie keine Gelegenheit aus anzuerkennen, an welcher Stelle Sie falsch lagen, und offen zu bekennen, dass Sie einen Fehler gemacht haben.

Wenn Sie Ihre Botschaft senden

Gewöhnen Sie sich einen uneigennützigen Ansatz und einen selbstironischen Humor an. Genau so wichtig ist es, nicht zu vergessen, dass Sie vor Gott stehen, dem Sie dienen.

Wenn Sie Ihre Botschaft auswerten

War es authentisch? Waren Sie glaubwürdig? Waren Sie ehrlich und vertrauenswürdig?

In der Bibel werden die Klugen und Weisen immer und immer wieder aufgefordert, Bescheidenheit und Demut walten zu lassen. Und immer, wenn sie diesem Ratschlag folgen, lässt Gott sie unweigerlich höher und höher aufsteigen und lässt sie größere Dinge erreichen. Der Prophet Daniel ist eines der Musterbeispiele für dieses Versprechen Gottes, das die Schrift zu bieten hat. In ohnehin schon demütigenden Umständen hat er sich ganz bewusst selbst noch weiter erniedrigt. Aber es war genau diese zusätzliche Demut, die sich schlussendlich als der Weg zu seinem Einfluss und Erfolg erwies.

In unserem Leben können wir Zurücksetzungen und Demütigungen ohnehin nicht ausweichen, nicht wahr? Warum gehen Sie also nicht vorwärts, nehmen die Zügel in die Hand und wählen die Bescheidenheit nicht gleich selber?

— 4 —

Geben Sie Ihr Ego an der Garderobe ab

„Johannes antwortete: … Er muss wachsen, ich aber geringer werden." (Joh 3,27.30)

Wayne, einer unserer Freunde, führt eine erfolgreiche Firma im Bereich der Eigentumsverwaltung. Ein Grund für seinen großen Erfolg ist, dass er weiß, wo der neuralgische Punkt in seinem Geschäft versteckt ist. Wayne kennt nämlich sehr genau die Art von Gebäuden und jene Standorte, die zu seinem Geschäftsmodell passen, und er hat gelernt, sich auf diejenigen Eigenschaften zu konzentrieren, die dafür geeignet sind. Um sich in dieser Disziplin zu üben, braucht es Weisheit des Herzens. Wenn Wayne eine Immobilie begutachtet, dann gibt er immer sein Ego an der Tür ab. Er hat kürzlich bemerkt: „Wenn ich an einem Gebäude interessiert bin, weil ich meinen Namen an diesem Gebäude geschrieben sehen möchte, und wenn dies der Hauptgrund dafür ist, dass ich dieses Gebäude kaufen möchte, dann lasse ich es." Wayne weiß genau: Wenn sein Ego die treibende Kraft seines Unternehmens ist, wird er damit scheitern.

Wie sehr Sie sich auch unwillkürlich oder bewusst in Demut üben: Wenn Sie ein kommunikativer Mensch sind, kann Ihr Ego für Sie zum Problem werden, und davor sollten Sie sich schützen. Wenn Sie auf eine wirkungsvolle Weise kommunizieren, werden Ihnen die einen ihre Aufmerksamkeit schenken, andere werden sich von Ihnen angezogen fühlen – Sie werden bewundert und gelobt. Das fühlt sich erst einmal gut an. Es schmeichelt Ihrem Ego. Aber mit der Zeit kann sich das zu Ihrer eigentlichen Motivation auswachsen. Auf der anderen Seite laufen wir Gefahr, übermäßig empfindlich zu werden oder in eine Verteidigungshaltung zu geraten, wenn wir mit Kritik konfrontiert werden. Unser Ego kann uns davon abhalten, wohlwollende Korrekturen oder Ratschläge anzunehmen mit der Folge, dass wir in unserer Rolle als Kommunikatoren nicht wachsen.

Wenn es um Kommunikation geht, müssen wir uns vor unserem eigenen Ego hüten und daran arbeiten, dass es uns nicht im Wege steht. Besser noch: Wir sollten es an der Garderobe abgeben, denn natürlich geht es im Kern unserer Kommunikation nicht um uns.

Tom: Wenn ich mich auf eine wichtige Predigt vorbereite, bitte ich von Zeit zu Zeit andere Teammitglieder, mir bei einem Übungsdurchlauf eine Rückmeldung zu geben. Offen gestanden fühle ich mich jedes Mal bei solchen Übungen unbehaglich, ja sogar leicht verletzbar. Mein innerer Stolz möchte jedes Mal die Verteidigungsmauern hochziehen und zum Gegenangriff übergehen. Es braucht schon einen starken Willen, um einfach auf die Ratschläge der anderen zu hören und mir bewusst zu werden, dass meine Kommunikation besser werden könnte. Umgekehrt muss ich anerkennen, dass ich auch das Bedürfnis nach einem positiven Feedback nach einer Predigt oder Rede habe. Das Ego ist einfach ein Teil der Kommunikation.

Probieren Sie dies aus:

Überprüfen Sie Ihre Motivation

Bitten Sie kontinuierlich den Heiligen Geist, Ihr Herz und Ihre Seele von unangemessenem Stolz zu reinigen. Sobald Sie merken, dass sich Ihr Ego eingeschlichen hat (und das wird von Zeit zu Zeit geschehen – besonders, wenn die Dinge gut laufen) – geben Sie es zu und reinigen Sie sich davon. Wenden Sie sich wieder Gott zu.

Nehmen Sie Kritik ernst

Anstatt von Kritik enttäuscht oder entmutigt zu sein, betrachten Sie sie als eine Gelegenheit, in der Demut zu wachsen. Nicht jede Kritik ist wirklich nützlich; manchmal will sie schlicht verletzen. Aber bevor Sie Kritiker oder Kritik zurückweisen, denken Sie sorgfältig darüber nach, ob sich darin nicht auch Wahrheit finden lässt. Abgesehen davon: Suchen Sie ganz bewusst Kritik von Menschen, denen Sie vertrauen und die Sie lieben. Diese Menschen, die von Ihnen die Erlaubnis haben, etwas zu Ihrem Leben zu sagen, werden Kritik äußern, die Sie unterstützen und ermutigen soll. Diese Kritik wird Ihnen helfen zu lernen und zu wachsen.

Überhören Sie (weitgehend) Lobhudeleien

Wir meinen, eine solche Haltung ist normalerweise richtig. Jene, die Sie loben, tun dies meist aus einer ganzen Menge Gründe, und meist fühlt sich dies gut an, besonders am Anfang. Aber Sie dürfen sich wirklich nicht allzu sehr damit aufhalten, wenn Sie Ihr Ego in Schach halten wollen. Genießen Sie das Lob – und dann gehen Sie weiter.

Im dritten Kapitel des Johannes-Evangeliums wird berichtet, wie sich die Jünger Johannes' des Täufers beklagen, dass die Menschen sich abwenden und nun lieber Jesus nachfolgen, der nach und nach mehr Aufmerksamkeit auf sich zieht als Johannes. Der Täufer aber antwortet, dass dies genauso sein soll – ganz dem Plane Gottes entsprechend. Er erklärt sogar, dass diese Entwicklung für ihn eine Quelle der Freude sei.

Der Zweck unserer Kommunikation als Pfarreileiter ist einzig und allein, die Menschen zu Christus zu führen. Wir sollen kleiner werden, damit er größer wird.

— 5 —

Zuallererst: Leben Sie es

„Jesus stand vom Mahl auf, legte sein Gewand ab und umgürtete sich mit einem Leinentuch. Dann goss er Wasser in eine Schüssel und begann, den Jüngern die Füße zu waschen ... [Er] sagte zu ihnen: ... Ich habe euch ein Beispiel gegeben, damit auch ihr so handelt, wie ich an euch gehandelt habe."
(Joh 13,4-5.12.15)

Tom: Kürzlich war ich in einem Austausch mit Teammitgliedern einiger Pfarreien, die uns besuchten. Ein Pfarrer aus dieser Gruppe teilte uns mit, wie sehr er sich damit abmühte, eine multikulturelle Gemeinde zu leiten. Einige, die mit am Tisch saßen, begannen sofort, dem armen Kerl allerlei Ratschläge zu erteilen, obwohl – wie sich herausstellte – keiner von ihnen auch nur die geringste Erfahrung mit seinem Problem hatte.

In der Welt der Kirche kommt es leider zu oft vor, dass der Blinde die Blinden führt. Das griechische Wort *Logos* schlägt ein grundlegendes Konzept vor, wenn es um Kommunikation geht. *Logos* meint, dass die Zuhörerschaft sichergehen möchte, dass wir tatsächlich wissen, wovon wir sprechen. Wenn wir predigen, verdient es die Gemeinde, dass wir Wissen weitergeben, das wir aufgrund solider Erfahrungen erworben haben, und nicht nur Theorien oder gute Ideen. Abgesehen von einer gewissen inneren Logik sollte unsere Botschaft nicht nur Sinn machen, weil wir lange studiert oder darüber nachgedacht oder irgendwelche Experten hinzugezogen haben – sondern weil wir diese Botschaft selbst gelebt haben und wissen, dass sie funktioniert.

Beim letzten Abendmahl verblüfft Jesus seine Freunde ein weiteres Mal. Er kniet sich vor ihnen nieder und dient ihnen in einer vollkommen demütigen Geste. Natürlich: All dies war lediglich eine Vorwegnahme der Hingabe, wie er sie später am Kreuz vollziehen würde. Er ruft seine Jünger in den Dienst der Selbsthingabe – aber er nimmt diesen Dienst zuallererst selbst auf sich. Dies ist die Art des Führens und des Predigens, wie wir sie uns alle zu eigen machen sollten.

Die erste Person, deren Leben sich aufgrund Ihrer Predigt ändern sollte, sind Sie selbst.

— 6 —

Machen Sie Ihr persönliches Leben öffentlich

„So waren wir euch zugetan und wollten euch nicht nur am Evangelium Gottes teilhaben lassen, sondern auch an unserem Leben; denn ihr wart uns sehr lieb geworden." (1 Thess 2,8)

Father Michael: Wenn ich am Ende des Tages nach Hause gehe, mache ich eines am liebsten: Ich setze mich in meinen gemütlichen Sessel vor ein knackendes Kaminfeuer (eigentlich ist es ein Gaskamin), verschlinge die Tageszeitung, während gleichzeitig die Fernsehnachrichten laufen, ganz zu schweigen von dem Genuss, den ich empfinde, dass ich einen Abend ohne irgendwelche Sitzungen verbringen kann. Hin und wieder schaue ich mir auch ganz unterschiedliche Programme an. Ich liebe alte Filme, besonders Historienfilme oder solche über berühmte Persönlichkeiten. Manchmal sehe ich mir auch die Fernsehprediger an. Einmal predigte da ein Kamerad, der mir – um ehrlich zu sein – etwas zu hochtrabend daherredete. Ich habe ihm nicht viel Interesse geschenkt und vertiefte mich lieber in die Zeitung – bis zu dem Zeitpunkt, an dem er seine theologischen Ausführungen unterbrach und eine Geschichte aus seinem persönlichen Leben erzählte. Und plötzlich hatte er meine ganze Aufmerksamkeit. Ich legte die Zeitung hin und folgte ihm höchst konzentriert.

Tom: Bei einem Teammittagessen bat uns eine Mitarbeiterin, uns für ein Foto aufzustellen. Ich fragte: „Warum? Was ist der Anlass?“ – „Kein Anlass“, erklärte Kristin. Aber sie fuhr fort: Jedes Mal, wenn sie auf Facebook ein Teamfoto poste, führe das zu wachsenden, manchmal extrem wachsenden Zugriffszahlen.

Geschichten und Schnappschüsse von „hinter den Kulissen“ ziehen unsere Aufmerksamkeit auf sich und lenken uns. Das trifft besonders dann zu, wenn es sich um Personen handelt, zu denen wir eine Beziehung haben. Und wenn Sie predigen und lehren, haben die Menschen, zu denen Sie sprechen, eine Beziehung zu Ihnen, selbst wenn Sie sie selbst nicht einmal kennen. Aber sie kennen *Sie* und haben natürlich ein Interesse daran, Sie und Ihre Geschichte besser kennenzulernen und die Aspekte Ihres Lebens, die sich „hinter den Kulissen“ abspielen.

Wenn Sie es zulassen, dass Ihr persönliches Leben öffentlich wird, machen Sie es Ihrer Gemeinde einfacher, sich mit Ihnen zu verbinden. Sie zeigen dann, dass Sie eine „reale“ Person sind. Und das wiederum gibt Ihnen eine stärkere Basis, um geistliche Weisheit und Führerschaft zu teilen. Tatsächlich: Wenn Sie etwas von Ihrem privaten Leben preisgeben, baut das Ihre moralische Autorität auf.

Wenn Prediger oder Lehrer Geschichten aus ihrem Leben erzählen, insbesondere solche, die auch Scheitern und Fehler beinhalten, zeigen sie offen eine Verletzlichkeit, was oftmals Glaubwürdigkeit und Vertrauen nach sich zieht. Und es ermutigt auch andere, ebensolche Geschichten von sich zu erzählen. Wenn Sie Ihr persönliches Leben öffentlich machen, geben Sie anderen Mitgliedern Ihrer Gemeinschaft ein Beispiel, es genauso zu tun. So werden Sie zum Vorbild und etablieren eine Kultur, in der Pfarreimitglieder ihr Leben mit anderen teilen können.

Probieren Sie dies aus:

Kennen Sie die Grundregeln

Teilen Sie keine persönlichen Informationen, die unangemessen sind oder die bei Ihrem Publikum Unbehagen hervorrufen. Es gibt Dinge, die einfach unausgesprochen bleiben sollten. Achten Sie auch darauf, dass Dinge, die Sie veröffentlichen, jene Menschen nicht niedermachen, die Sie lieben. Und wenn Sie etwas Privates zeigen, dann sollten andere Menschen, die daran beteiligt sind, dies vorher wissen; überraschen Sie sie nicht damit. Es ist durchaus legitim, Namen oder Umstände zu verändern, um Unschuldige zu schützen (oder auch die Schuldigen, was das betrifft).

Berücksichtigen Sie Ihre Vergangenheit

Wenn Sie an einer Predigt arbeiten, suchen Sie nach Episoden oder Anekdoten aus Ihrer Vergangenheit. Denken Sie an Geschichten, die Sie Ihrer Familie oder Ihren Freunden immer wieder erzählen. Es handelt sich dabei um Schlüsselmomente in Ihrem Werden und Wachsen, um Momente des Entdeckens oder neuer Einsichten oder schlicht um lustige oder überraschende Dinge, die geschehen sind. Sie haben ziemlich sicher Geschichten, die es wert sind, erzählt zu werden. Nutzen Sie sie (siehe Kapitel 60).

Halten Sie Ausschau nach aktuellen Geschichten

Leben Sie mit einem offenen Auge für Erfahrungen, die Sie in nützliche Geschichten kleiden können. Alltägliche Dinge wie etwa Einkaufengehen und simple Begebenheiten wie Autofahren oder Zeit mit der Familie verbringen können sich als eine gute Quelle erweisen. Betrachten Sie also Ihre Gegenwart als eine Gelegenheit, sie mit anderen zu teilen. Schauen Sie insbesondere sehr genau auf die unterschiedlichen Dinge, die Sie tun. Es gibt das Sprichwort: „Interessante Redner haben ein interessantes Leben." Seien Sie gewiss, dass es einige interessante Dinge gibt, die sich in Ihrem Leben abspielen. Besuchen Sie einen Kurs oder unternehmen Sie eine Reise, gehen Sie Fallschirmspringen oder Bergsteigen, lesen Sie ein Buch oder schreiben Sie eines (*das* wird Ihr Leben ganz gewiss sehr interessant machen).

Der heilige Paulus verstand, dass es bei Kommunikation um das Aufbauen von Beziehungen geht, die durch Selbstmitteilung entstehen. Das ist exakt das, was Gott in Jesus Christus getan hat.

Wenn Sie ein Diener der Frohen Botschaft sein wollen, müssen Sie sich entscheiden, dasselbe Opfer zu vollbringen. Machen Sie Ihr persönliches Leben öffentlich, dann wird Ihre Kommunikation kraftvoller und überzeugender sein.

— 7 —

Vergessen Sie ein paar der Dinge, die Sie in der Schule gelernt haben

„Und es geschah, als Jesus diese Rede beendet hatte, war die Menge voll Staunen über seine Lehre; denn er lehrte sie wie einer, der Vollmacht hat, und nicht wie ihre Schriftgelehrten." (Mt 7,28-29)

Father Michael: Ich habe im Priesterseminar keine einzige Vorlesung in Sachen Predigt, Lehren oder Kommunikation besucht. Der einzige Kurs, den ich besucht habe, war noch nicht einmal ein richtiger Kurs. Es war ein Nachmittagsseminar, das von einem Priester gegeben wurde, der selbst kein besonders guter Redner war. Ich habe in dieser Konstellation irgendwie zu predigen gelernt – irgendwie … Aber unglücklicherweise habe ich nicht gelernt, wie ich zu den Menschen predigen sollte, vor denen ich Woche für Woche stehen würde. Ich lernte, Predigten für Seminaristen zu halten. Sie waren meine Zuhörer, und sie evaluierten und bewerteten meine Bemühungen. Sie waren es, zu denen ich predigte, und ich gab ihnen, was sie hören wollten: Viel Theologie mit vielen theologischen Spitzfindigkeiten, lustige Einzelheiten über die Liturgie, große Momente der Kirchengeschichte und Insider-Witze. All das war sicher sehr wertvoll in meinen Seminarpredigten. Meine Mitstudenten liebten es und gaben mir positive Rückmeldungen.

Aber als ich meinen Abschluss machte und zum Priester geweiht wurde, begann ich leider, in derselben Art und Weise in der Pfarrei zu predigen (zum Leidwesen der armen Pfarreimitglieder). So klug meine Predigten auch manchmal gewesen sein mögen – eines waren sie nicht: erfolgreich. Im Hinblick auf Evangelisierung und Jüngerschaft waren sie mehr oder weniger nutzlos.

Die Herausforderung für viele von uns ist, dass wir absichtlich oder unwillkürlich in eine Art zu predigen eingewiesen wurden, die in starkem Kontrast steht zum Grund, warum wir am Anfang eigentlich lernen wollten zu predigen. Wir üben einen Dienst in der Kirche aus, um Menschen zu erreichen, die weit weg von Christus leben, und sie zu Jüngerinnen und Jüngern zu machen. Um diesem Auftrag gerecht zu werden, müssen Sie in Situationen der Kommunikation tatsächlich manchmal vergessen, was Sie wissen, und ändern, was Sie gewöhnlich tun. Dies zu akzeptieren ist ein großer Schritt, um das Problem zu lösen.

Als Jesus seine „Kommunikationskampagne" – genau das war ja sein öffentlicher Dienst – begann, gerieten seine Zuhörer in Staunen, weil er es verstand, sich mit ihnen zu verbinden, sie innerlich zu berühren, sie zu verändern und sie näher zu Gott zu bringen. Und er hatte dies weder von den Schriftgelehrten noch von den Pharisäern gelernt.

— 8 —

Entwickeln Sie Ihren eigenen Stil

„Am dritten Tag legte Ester ihre königlichen Gewänder an und trat in den inneren Palasthof, der vor dem Haus des Königs lag. Der König saß im Königshaus auf seinem Königsthron, dem Eingang gegenüber. Als der König die Königin Ester im Hof stehen sah, fand sie Gnade vor seinen Augen."
(Ester 5,1-2)

Abgesehen von allem anderen, worüber wir in Sachen Kommunikation gesprochen haben, sollten Sie Ihren eigenen Stil entwickeln. Der Stil ist der Schlüssel für Unterscheidbarkeit und Unverwechselbarkeit. Er hat zu tun mit Inhalt und Qualität eines Vortrags.

Tom: Ich gebe zu: Ich habe keinen Stil.

Father Michael: Er hat tatsächlich keinen.

Tom: Ja, so ist es, aber ich gehe noch einen Schritt weiter und bekenne, dass ich von meiner Veranlagung so etwas habe wie einen „Anti-Stil". Als während der High-School-Zeit mein Interesse an Mädchen erwachte, begannen mir Freunde zu raten, ich solle mehr auf meinen Kleidungsstil achten. Ich solle mehr die aktuelle Mode berücksichtigen und auch meine Frisur in Form bringen. Ich wies ihre guten Ratschläge als unnötig und oberflächlich zurück. Ich empfand mich selber als jemand mit größerer Tiefgründigkeit, der zu wenig Zeit für solche Oberflächlichkeiten hatte. Als ich später dann mit der Arbeit in der Pfarrei begann, wurde dies – so seltsam dies klingen mag – zum Störfaktor meiner Kommunikation. Und es betraf den Kern und den Inhalt. Im Rückblick muss ich feststellen, dass die Art und Weise, wie ich meine Botschaft verpackte und präsentierte, leider dieser Botschaft selbst nicht diente.

Father Michael: Ich habe dies noch nicht einmal recht verstanden, als ich Pfarrer einer Gemeinde wurde. Wenn man mich damals gefragt hätte, wie ich über die ganze Sache dachte, hätte ich geantwortet, meine Predigt drehe sich nur um das Evangelium und habe rein gar nichts mit mir selbst zu tun. Mein Ziel war es, hinter der Botschaft zu verschwinden, um Gottes Wort nicht im Wege zu stehen. Meine Strategie war es, mich selber einfach zu ignorieren und der Art und Weise, wie ich daherkam, keine Aufmerksamkeit zu schenken. Gutes Ziel, schlechte Strategie.

Wenn man schlussendlich wirklich hinter die Botschaft zurücktreten möchte, die man verkündet, muss man an einer Front sehr hart arbeiten: wenn es nämlich um einen selbst geht.

Als junger Pastor habe ich nicht bemerkt, wie streng ich auf der Kanzel erscheinen konnte. Oftmals klang meine Stimme unbeabsichtigt harsch und scheltend. Ich achtete zu wenig auf die Tatsache, dass einige meiner Erklärungen und Veranschaulichungen nicht den gewünschten Effekt hatten. Und als ob das nicht schon schlecht genug gewesen wäre, liebte ich die Verwendung von besonders gelehrten – aber nutzlosen – Formulierungen oder übermäßigen theologischen Bezügen. Dies alles ließ mich zwar als sehr klug erscheinen (jedenfalls bildete ich mir das ein), aber es ließ mich gewissermaßen auch abheben. Das Ergebnis war schließlich ein wütender, unnahbarer und ungenießbarer Kerl, der nicht wirklich eine Botschaft für die vorstädtische Gemeinde hatte, die vor ihm saß. Hätte ich das damals begriffen, ich wäre völlig entsetzt gewesen.

Vor einiger Zeit haben wir beide an einer Konferenz über Fundraising und Verwaltung teilgenommen, die von einer katholischen Diözese unterstützt wurde. Der Berater, der den Hauptvortrag halten sollte, schlich mit einer irgendwie abgehobenen, müden Körperhaltung zum Podium. Er war so lässig gekleidet, dass man den Eindruck hatte, dass er dies eher aus Nachlässigkeit denn aus Bequemlichkeit tat. Als er zu uns sprach, wurde offensichtlich, dass er seinen Vortrag schon tausend Mal zuvor gehalten hatte, und wir alle waren von seinen Informationen gelangweilt – genauso wie er selbst auch.

Etwas anderes wurde uns schlagartig klar: Nicht nur die Art, wie er selbst aussah, sondern auch die Art, wie er uns betrachtete, ließ erkennen, dass er sein Publikum nicht besonders wertschätzte. Es war, als ob wir uns etwas zu Schulden hätten kommen lassen, nur weil wir nicht wussten, wovon er sprach. Er schaute herablassend auf uns. Wir sagen nicht, dass er herablassend war, wir konnten ja nicht in sein Herz blicken. Aber er wirkte herablassend auf uns und die anderen Pfarreileiter, die mit uns bei dieser Veranstaltung waren. Nichts stößt ein Publikum schneller ab als der Eindruck, von einem Redner nicht respektiert zu werden.

Es ist unglaublich wichtig zu wissen, wie Sie auf das Publikum blicken, zu dem Sie sprechen wollen – und wie Sie selbst dabei aussehen. Ihr Look ist selbst eine Botschaft und kann das, was Sie sagen, kraftvoll unterstützen, zurückhalten oder sogar entgleisen lassen.

Tom: Ich werde niemals elegant sein, aber ich habe gelernt, stetig an meinem Stil als Redner zu arbeiten. Grundsätzlich mag ich es zu lehren, und wie auch immer der Rahmen aussieht, in dem ich rede: Er ist der Weg, wie ich meine Botschaft zu den Leuten bringen kann. Normalerweise ist mein Redestil entspannt und lässig, aber er kann auch kraftvoll wie harte Einschläge sein. Mein Humor ist eher trocken und zurückhaltend. Wenn ich mir überlege, wie ich mich zum Beispiel für ein Kleingruppenvideo anziehen soll, dann wähle ich das Outfit eines typischen Kirchenbesuchers am Sonntag.

Father Michael: Ich habe meine Lektionen gelernt. Mir wurde klar, dass ich lockerer werden und aufpassen musste, nicht allzu streng und mürrisch herüberzukommen. Deshalb verwende ich so viel Humor wie nur möglich. Mein Humor ist das genaue Gegenteil von Toms (wer hätte das gedacht?) und entspringt der Übertreibung.

Die wunderbare biblische Geschichte von Ester ist – abgesehen von anderen Dingen – eine Lektion in wirkungsvoller Kommunikation. Ester erhielt den Auftrag von Gott, eine Botschaft zu überbringen, die über Leben und Tod des Volkes Israel entschied – und die Zeit drängte. Dennoch – so erzählt es uns die Bibel – nahm sie sich Zeit, um über ihr Aussehen nachzudenken, bevor sie versuchte, dem König ihren Rat zu geben. Ihr wurde eine Audienz gewährt, durchaus auch wegen ihrer makellosen Schönheit – ein Umstand, den der Rest von uns nicht unbedingt für sich beanspruchen kann. Aber wir dürfen Esters Strategie übernehmen, Zeit in die Frage zu investieren, was unsere Erscheinung über unsere Botschaft aussagt.

— 9 —

Kommen Sie in Form

„... Vielmehr züchtige und unterwerfe ich meinen Leib, damit ich nicht anderen verkünde und selbst verworfen werde." (1 Kor 9,27)

Tom: Ich bin ein großer Sportfan (ein wiederkehrendes Thema). Als Jugendlicher spielte ich sehr viel Basketball, Baseball und Fußball. Sport bedeutete mir alles, und vermutlich habe ich es damit übertrieben. Aber gewiss hat mich der Sport vor einer Menge Probleme bewahrt und half mir, in Form zu bleiben. Als ich älter wurde und die Möglichkeiten zum Spielen immer weniger wurden, wurde mir bewusst, dass ich nun für meine mentale, emotionale und physische Gesundheit trainieren musste. Momentan gehören Workout-Videos zu meiner Leidenschaft, vor allem Ganzkörperprogramme mit einem Schwerpunkt auf das Herz-Kreislauf-System. Zunächst sind diese Programme hart und schmerzhaft, aber je mehr du dich selber disziplinierst und bei einem Training eine bestimmte Zeit am Ball bleibst, desto leichter wird es, die Herausforderung zu meistern.

Auf dieselbe Art und Weise, wie man für eine Mannschaftssportart oder ein Workout in Form sein muss, muss man dies auch im Hinblick auf Predigen und Lehren. Reden ist eine schwierige, herausfordernde Arbeit. Sie erfordert Ausdauer und Opfer. Sie kann einen physisch erschöpfen und mental entleeren. Der Autor und Redner Michael Hyatt vergleicht eine 45-minütige Rede mit einem Acht-Stunden-Arbeitstag. Tatsächlich? Ja, tatsächlich; probieren Sie es aus. Deshalb müssen

Sie für Ihre körperliche Gesundheit Sorge tragen und Ihre Art zu denken disziplinieren, wenn Sie ein wirkungsvoller Kommunikator sein möchten. Das bedeutet: viel Arbeit und jede Menge Übung.

Father Michael: Egal, wer dem Gottesdienst vorsteht: Normalerweise predige ich in allen Wochenendgottesdiensten in unserer Kirche, in den meisten Wochen im Jahr vom Tag der Arbeit [in den USA der erste Montag im September] bis zum Muttertag (welches die Hauptsaison des Kirchenbesuchs ist). Wenn ich dies anderen Priestern mitteile, dann sind sie oft erstaunt, dass ich diesen Takt aufrechterhalten kann. Meistens reagieren sie mit Kommentaren wie: „Ich könnte niemals so viel arbeiten." Als ich mit diesem Rhythmus begonnen habe, schaffte ich es auch kaum, so viel zu arbeiten. Nach der Hälfte der Gottesdienste am Wochenende war ich ziemlich erschöpft. Und es ist in der Tat ermüdend, Wochenende für Wochenende so viele Gottesdienste zu halten. Aber mit der Zeit nahmen meine Ausdauer und meine physische Stabilität deutlich zu.

Und so mache ich es heute: Zum einen steht – nach der Feier der Sakramente – die Vorbereitung und das Halten der Predigt auf Nummer eins meiner Prioritätenliste. Davon mache ich keine Abstriche, und es gibt auch keine Ausflüchte. Und auf der anderen Seite macht es eine komplett vorbereitete Predigt weitaus einfacher, sie auch zu halten. Vollumfänglich vorbereitet zu sein ist wesentlich, um in die richtige „Predigtform" zu kommen (siehe Kapitel 23).

Natürlich ist all das auch eine Frage der physischen Gesundheit, des richtigen Schlafs und der ausgewogenen Ernährung. Als wir durch das ganze Land gereist sind, um unsere Bücher vorzustellen, lernten wir den Wert dessen schätzen, am Tag vor der Präsentation an einem Ort anzukommen, um ausgeruht und erfrischt sprechen zu können. Die körperliche Verfassung ist von außerordentlicher Bedeutung, um sich gut zu konzentrieren. Und eine gute körperliche Verfassung wird einem dabei helfen, eine größere Ausdauer zu entwickeln.

Der heilige Paulus versicherte der Gemeinde von Korinth, dass er in der richtigen Form war, um das Evangelium mit ihnen zu teilen. Mache es so wie Paulus und bleibe auf die Tatsache konzentriert, dass Kommunikation ein Ganzkörper-Workout bedeutet.

— 10 —

Ihr Körper hat eine Sprache

„Simson aber rief zum HERRN und sagte: Herr und GOTT, denk doch an mich und gib mir nur noch dieses eine Mal Kraft … Dann ertastete Simson die beiden Mittelsäulen, auf denen das Haus fest auf-ruhte, und stemmte sich gegen sie, gegen die eine mit der rechten Hand und gegen die andere mit der linken." (Ri 16,28-29)

Wahrscheinlich ist etwa die Hälfte von erfolgreicher Kommunikation nonverbal. Die Menschen sind imstande, Körpersprache und den Tonfall zu „lesen", bevor sie noch ein einziges gesprochenes Wort hören (siehe Kapitel 8). Abgesehen von Ihrem Verhalten und Ihrer Einstellung kann Ihre Körpersprache die Botschaft, die Sie senden möchten, kraftvoll unterstützen – sie allerdings auch schwächen. Ihre Körpersprache kann dazu führen, dass die Menschen ein tieferes Verständnis Ihrer Botschaft bekommen – aber eben auch, dass sie total davon abgelenkt werden.

Probieren Sie dies aus:

Suchen Sie festen Stand

Tom: Mein Sohn Max bekam unlängst in der Schule die Aufgabe, eine Rede vorzubereiten und diese vor seinen Schulkameraden zu halten. Als ich beim Üben zuschaute, bemerkte ich, dass er beim Reden unablässig nach vorne und hinten schaukelte. Offensichtlich war er ziemlich unsicher, und seine Nervosität äußerte sich dadurch, dass er sein Gewicht dauernd von einem Fuß auf den anderen verlagerte. Ich musste schmunzeln, da ich genau dasselbe Problem hatte, als ich anfing Reden zu halten. Und tatsächlich habe ich bis heute ab und zu noch damit zu kämpfen. Von einem Fuß auf den anderen zu wechseln, herumzutänzeln oder zu wippen – all das lenkt das Publikum ab und zeigt, dass man nervös und möglicherweise selbst abgelenkt ist. Umgekehrt: Einen festen Stand zu haben vermittelt das Gefühl der Vertrauenswürdigkeit. Und dies wiederum schenkt dem Publikum das Vertrauen, dass die Botschaft es wert ist, gehört zu werden.

Benutzen Sie Ihre Hände

Father Michael: Als ich ein Neuling im Predigen war, fuchtelten meine Hände wie von selbst herum (ich habe italienische Wurzeln, ich kann nichts dafür). Die Geste war stereotyp: Ich legte meine Hände ineinander und ließ sie dann auseinanderschleudern, so als ob ich einen Ball werfen wollte. Die Leute kamen immer wieder in die Situation, mehr meine Hände zu beobachten als meinen Worten zuzuhören. Ich habe dieses Problem nie ernsthaft in Angriff genommen, bis ich auf die Idee kam, einem begabten Prediger zuzuschauen (und ihm dann auch nachzueifern), der seine Hände in einer einfach wunderschönen Weise einzusetzen versteht. Auf unbeschreiblich kunstvolle Weise schienen seine Gesten Worte, die er sprach, geradezu zu bilden und zu formen. Auf diese Art zog er seine Zuhörer in seine Botschaft hinein. Unsere Hände können subtil, aber gleichwohl kraftvoll das verstärken, was wir sagen möchten. Offene Hände können auf ein offenes Herz hinweisen, sie können eine Einladung zu neuen Verhaltensweisen oder zu einem Neuanfang sein. Geballte Fäuste hingegen stehen für Kraft und Leidenschaft oder unterstreichen eine Schlussfolgerung.

Bewegen Sie sich mit Bedacht

Seien Sie vorsichtig mit impulsiven Bewegungen: Plötzliche und ruckartige Aktionen oder Reaktionen können ablenken und für das Publikum unangenehm sein. Achten Sie darauf, dass sich Ihr Körper im Rhythmus der Botschaft selbst bewegt. Einen Schritt nach vorne treten oder sich mit dem Oberkörper in Richtung Publikum lehnen, kann eine wichtige Mitteilung unterstreichen oder die Atmosphäre von Intimität erzeugen. Große, auslandende Gesten lassen Sie weltläufig erscheinen. Ein seitlicher Blick zeugt von Humor oder Satire, und hochgezogene Augenbrauen deuten Überraschung an. Die Liste kann man beliebig fortsetzen. Denken Sie darüber nach und wählen Sie bewusst aus.

Das Leben von Simson ist eine der großartigen Geschichten in der Bibel. Simson war sich seiner Stärke bewusst und der Macht dessen, was er tat. Auf eine schlussendlich dramatische Weise lernte er, welche Wirkung er erzielen konnte. Ihr Körper hat eine Sprache. Lernen Sie diese Sprache wirkungsvoll zu sprechen.

— 11 —

Es ist normal, nervös zu sein

„Werft alle eure Sorge auf ihn, denn er kümmert sich um euch!" (1 Petr 5,7)

Father Michael: Johnny Carson war jeden Tag bei den Aufnahmen der *Tonight Show* nervös. Rick Warren hat nach wie vor am Sonntagmorgen Lampenfieber. Ich werde jedes Mal wenigstens ein bisschen unruhig, wenn ich an den Ambo trete, und manchmal – etwa an Weihnachten oder Ostern – zittere ich richtiggehend vor Angst. Nervosität wird oft in Verbindung gebracht mit Premieren oder wenn Amateure am Werk sind. Manchmal jedoch sucht sie die erfahrensten Profis heim.

Nervosität vor dem Reden kann durchaus ein gutes Zeichen sein. Es kann bedeuten, dass Sie Wert darauf legen, was Sie tun, und besorgt sind, es gut zu tun. Vielleicht machen Sie sich Sorgen, dass Ihnen niemand zuhört. Oder Sie fürchten, dass sie zuhören, Sie dabei aber ziemlich albern aussehen oder klingen. Möglicherweise haben Sie einfach Angst, einen Fehler zu machen.

Es ist eine absolut verständliche – manchmal sogar lobenswerte – Reaktion, die überwunden werden muss. Denn letzten Endes dreht sich unsere Nervosität nur um uns selbst. Sie konzentriert den Fokus auf uns. Gehen Sie darüber hinaus und nutzen Sie Ihre „nervöse Energie", um sie in Ihre Botschaft zu stecken. Achten Sie darauf, dass Sie richtig atmen, ausreichend trinken und sich entspannen. Sich Menschen mit positiver und unterstützender Wirkung vorzustellen (oder sie in der Menge zu fokussieren), kann ebenfalls helfen. Besonders aber denken Sie daran, für wen Sie arbeiten und was Sie versuchen zu vollenden (siehe Kapitel 26).

Der Apostel Petrus wusste sehr genau, was ihn im Dienst für den Herrn nervös machte. Die Bibel berichtet uns genauer als bei den anderen Aposteln von Petrus' Angst. Er erwidert den Ruf des Herrn mit Zaghaftigkeit (Lk 5). Er versinkt in Furcht, als Jesus ihn auffordert, über das Wasser zu gehen (Mt 14). Und er verhält sich unangemessen bei der Verklärung (Mt 17). Vor allem anderen aber ist zu nennen, dass er Jesus aus reiner Feigheit vor der Kreuzigung verleugnet (Lk 22).

Später dann, als Führer der Kirche, während er zu den Gläubigen als deren Hirte spricht, geht er das Thema aus eigenem Antrieb an. Er leugnet keineswegs die Wirklichkeit von Nervosität und Furcht auch im Leben und im Dienst eines Christen, aber er ordnet sie in den richtigen Kontext von Glaube und Gebet ein.

— 12 —

Entdecken Sie, was Ihnen auf dem Herzen liegt

„Kommt alle zu mir, die ihr mühselig und beladen seid! Ich will euch erquicken. Nehmt mein Joch auf euch und lernt von mir; denn ich bin gütig und von Herzen demütig; und ihr werdet Ruhe finden für eure Seele. Denn mein Joch ist sanft und meine Last ist leicht." (Mt 11,28-30)

Um mit Autorität und Wirkung zu kommunizieren, müssen Sie etwas tun, was zunächst nicht besonders logisch klingt: Sie müssen Ihr Herzensanliegen identifizieren. Dabei geht es schlicht darum, die eine Sache zu entdecken, an der Ihr Herz hängt und die Ihnen auf der Seele liegt, wenn es um Ihre Botschaft geht. Es ist Ihr Herzensanliegen, das Sie aus tiefstem Antrieb mit Ihrem Publikum oder Ihrer Gemeinschaft teilen möchten. Möglicherweise ist es einfach etwas, das Ihnen sehr viel bedeutet, wenn Sie Ihre persönliche Geschichte erzählen.

Wenn Sie kein Herzensanliegen haben oder wenn Sie in Ihrem Predigtthema keines finden, haben Sie offenbar das falsche Predigtthema; zumindest ist es das falsche Thema für Sie. Wenn Sie ein solches Anliegen entdecken, können Sie es kaum erwarten, darüber zu predigen oder zu lehren. Natürlicherweise sprechen Sie über dieses mit Begeisterung und voller Spannung, vielleicht sogar mit Leidenschaft.

Das wahrscheinlich intensivste Beispiel zu diesem Thema war der Aufruf unserer letzten Spendenkampagne. Manchmal können solche Unternehmungen alles andere als inspirierend sein, sobald sie sich auf Bedarf und Kosten oder auf Ziegel und Mörtel konzentrieren. Unsere Kampagne, die die Finanzierung des Baus einer neuen und deutlich größeren Kirche ermöglichen sollte, war im Gegensatz dazu ganz entscheidend anders. Wir nannten unser Vorhaben „Vision", und es ging dabei um alles, was unsere Pfarrei nach vorne bringen könnte und sollte. Und wir stützten unsere Botschaft auf die Überzeugung, dass Gott selbst uns dieses Projekt aufgetragen habe, dass es das richtige Projekt und dass die Zeit dafür nun gekommen sei. Am letzten Sonntag unseres Aufrufs sagten wir dies:

„Gottes Vision und Gottes Absicht sind unwiderstehlich und sie werden mit Sicherheit eintreten. Gottes Vision für diese Pfarrei kommt. Und an diesem Wochenende geht es um das Feiern des Bekenntnisses, das so viele zu dieser Vision in unserer Gemeinschaft und Generation abgeben. Wir feiern und ehren euer Bekenntnis, und Gott wird es belohnen. Vision hat eine festgelegte Zeit. Diese Zeit ist jetzt."

Die Kampagne war – nebenbei erzählt – ein beispielloser Erfolg. Allerdings nicht wegen unserer Redegewandtheit oder der Stärke unserer Argumente. Es ging in erster Linie um die Offenbarung eines ehrenwerten Herzensanliegens – eines Anliegens aus der Tiefe unserer Herzen.

Probieren Sie dies aus:

Verbringen Sie Zeit mit der Heiligen Schrift

Welche Aussagen der Bibel versetzen Sie besonders in Aufregung? Wenn Sie Zeit mit dem Wort Gottes verbringen: Was lässt Ihr Herz höher schlagen und fesselt Ihre Vorstellungskraft? Warum bewegt es

Sie? Was findet einen Resonanzraum in Ihrer eigenen Geschichte? (Siehe Kapitel 19 und 61).

Üben Sie Ihre Predigt laut

Jesus sagt, dass die Worte, die wir sprechen, ein Spiegel unserer Herzen sind. Manchmal ergibt sich Ihr Grundgedanke aus dem konkreten Prozess des Übens. Je mehr Sie den Vortrag Ihrer Botschaft üben, desto mehr werden Sie entdecken und verstehen, was Sie tatsächlich sagen wollen (siehe Kapitel 23).

Beachten Sie die Konsequenzen im echten Leben

Stellen Sie sich vor, dass jemand, den Sie sehr mögen, das erste Mal seit langem wieder einmal zur Kirche kommt. Bedenken Sie: Wenn diese Person nicht etwas Überzeugendes oder Interessantes in Ihrer Predigt findet, wird sie anschließend nie wieder in die Kirche gehen und möglicherweise sogar den Glauben an Gott aufgeben. Sprechen Sie genau zu dieser Person, und Sie werden Ihren Grundgedanken, ihr Herzensanliegen entdecken. Oder benennen Sie die Botschaften, von denen Sie sich wünschen, Sie hätten sie früher entdeckt – oder eine Orientierung, die Sie gerne früher von jemandem erhalten hätten. Identifizieren Sie die Information, die Sie einer jüngeren Version Ihrer selbst geben könnten. Oder die Einsichten, die Sie durch harte Erfahrungen gewonnen haben. Ihre Misserfolge und Fehlschläge in der Vergangenheit sind der Nährboden zum Herausfinden der Botschaften, die Ihnen wirklich auf dem Herzen liegen (siehe Kapitel 6).

Eine der tröstlichsten und schönsten Reden Jesu taucht im Matthäus-Evangelium auf. Jesus lädt uns ein, unsere Mühsal und auch die Herzenslasten ihm zu übergeben. Im Austausch damit legt er seine Last auf uns, die allerdings nicht wirklich belastend ist, da er uns hilft, sie zu tragen – und ja: sie sogar selber für uns trägt. Als Prediger sollten wir danach streben, das Herz unserer Botschaft zu entdecken – das, was Gott selbst auf dem Herzen hat.

— 13 —

Verdienen Sie Ihr Ethos

„Mose antwortete Gott: Wer bin ich, dass ich zum Pharao gehen und die Israeliten aus Ägypten herausführen könnte? ... Was aber, wenn sie mir nicht glauben und nicht auf mich hören ...?" (Ex 3,11; 4,1)

Für jede Art von Kommunikation ist das Ethos wichtig. Ethos ist entscheidend, wenn wir versuchen, Menschen zu bekehren. Ethos ist schlicht der Charakter oder die Verhaltensweisen und die Überzeugungen, die die Kultur einer Gruppe formen. Das Ethos des Katholizismus ist in die grundlegende Botschaft eingepflanzt, dass man sein Leben verlieren muss, um es zu finden. Um die Welt zu gewinnen, müssen wir sie beiseitelegen. Wir müssen die Menschen davon überzeugen, dass es ihr Bestes ist, Zeit, Geld, Energie, Kontrolle, Stolz und vieles andere, was sie wertschätzen, für ein Leben in Christus zu opfern. Die Botschaft des Evangeliums fordert die Menschen letztendlich dazu heraus, das Kreuz freiwillig auf sich zu nehmen. Wenn unsere Zuhörer jemals solche Opfer bringen sollen, dann müssen sie an uns glauben. Sie werden kommen und fragen: „Kann ich Ihnen vertrauen? Oder wollen Sie mich nur manipulieren? Haben Sie wirklich mein Wohl vor Augen oder nur Ihr eigenes?" Sie müssen am Vertrauen der Menschen arbeiten.

Probieren Sie dies aus:

Seien Sie großzügig

Geben Sie den Menschen die Erlaubnis, das nicht zu tun, was Sie von ihnen möchten. Das ist besonders wichtig für Menschen, die noch keine Beziehung zu Christus haben oder neu in Ihrer Kirche sind. Dies ist absolut zutreffend für die Millenniums-Generation – und meist auch für alle anderen. Wir misstrauen unwillkürlich einem aufdringlichen Verkäufer. Aber wenn man den Menschen sagt, dass sie nicht verpflichtet sind zu kaufen, was man anbietet; dass sie es nehmen können oder auch nicht – dann werden sie ziemlich sicher eine größere Bereitschaft zeigen, sich zu entspannen, zuzuhören und zu lernen. Wenn sie das tun, werden sie anfangen, Ihnen zu vertrauen. Das nächste Mal, wenn Sie etwas sagen müssen, das für kirchendistanzierte Menschen schwer verdaulich sein wird, sagen Sie einfach: „Sie müssen nicht zuhören." Raten Sie mal! Sie werden.

Zeigen Sie sich verwundbar

Teilen Sie Ihre Kämpfe, erzählen Sie Ihre Horrorgeschichten und enthüllen Sie Ihre Menschlichkeit. Zeigen Sie sich verwundbar (siehe Kapitel 3). Dies mag durchaus paradox klingen, aber die Offenlegung unserer Fehler und Schwächen stärkt die Botschaft, weil Wahrheit Vertrauen schafft. Niemand glaubt einer Person (und mag sie auch nicht besonders), die vorgibt, alles im Griff zu haben. Wir alle wurden verwundet durch die Ursünde, und es gibt etwas in uns, das der Person misstraut, die so tut, als ob sie eine Ausnahme davon wäre. Das Eingestehen unserer Misserfolge schafft bei unserer Zielgruppe Vertrauen, weil die Botschaft ihr Fundament in einer Wirklichkeit hat, die sie kennt und mit der sie vermutlich intime Erfahrungen hat (siehe Kapitel 6).

Seien Sie liebevoll

In *Rebuilt* sprechen wir viel über eine frei erfundene Figur, die wir „Timonium Tim" nennen. Timonium ist der Ort, an dem sich unsere Pfarrei befindet, und Tim ist der Prototyp eines kirchendistanzierten Menschen, der in unserer Gemeinde wohnt. Wenn wir lehren und predigen, dann versuchen wir immer, dies aus der Perspektive von Tim zu tun. Das bedeutet: Wir müssen den Kerl kennenlernen und verstehen, wie er ist und was er mag. Aber um wirklich erfolgreich zu sein, müssen wir lernen, ihn zu lieben (siehe Kapitel 84).

In dem erstaunlichen Dialog zwischen Gott und Mose, wie er im Buch Exodus erzählt wird, stellt der zukünftige Anführer des Volkes seine eigene Glaubwürdigkeit bei den Menschen infrage. Mose wird mit einer mächtigen Botschaft zu den Israeliten geschickt, aber er fürchtet, dass ihm niemand zuhören wird – und das zu Recht: Er ist nicht nur ein schlechter Redner, sondern verfügt auch noch über null Autorität. Während sich die Geschichte entfaltet, bittet Mose die Leute natürlich nicht darum, etwas zu tun, bevor er nicht erfolgreich ihr Vertrauen und ihren Respekt erworben hat.

Verlassen Sie sich nicht auf Ihre Position, Ihre Autorität, Ihre Weihe oder Ihr Amt, um Glaubwürdigkeit zu erlangen. Verdienen Sie sie sich.

— 14 —

Es schmerzt, wenn Sie Ihre eigene Stimme hören

„Darum setzt allen Eifer daran, mit eurem Glauben die Tugend zu verbinden, mit der Tugend die Erkenntnis, mit der Erkenntnis die Selbstbeherrschung, mit der Selbstbeherrschung die Ausdauer, mit der Ausdauer die Frömmigkeit, mit der Frömmigkeit die Brüderlichkeit und mit der Brüderlichkeit die Liebe!" (2 Petr 1,5-7)

Als Menschen wissen wir nicht, wie es ist, „auf der anderen Seite" von uns zu sein. Wir wissen nicht, wie wir auf andere im Alltag wirken. Wir sehen uns selbst nicht, wir hören uns nicht, und wir sprechen nicht mit uns. Dies ist der Grund, warum uns die Heilige Schrift rät, uns mit weisen Ratgebern zu umgeben. Wir brauchen einfach Menschen, die uns helfen, unser Leben aus einer anderen Perspektive zu betrachten. Ebenso haben wir höchstwahrscheinlich Schwierigkeiten damit, unsere eigenen Bemühungen in Sachen Kommunikation richtig einzuschätzen.

Tom: Die beste Methode, um die eigene Fähigkeit als Redner zu beurteilen, ist, sich selbst so häufig wie möglich auf Video anzusehen oder wenigstens Audioaufnahmen anzuhören. Aber Vorsicht: Das ist schmerzhaft. Erst kürzlich habe ich bei einer solchen Übung sehr gelitten. Ich hielt eine Präsentation und

> war eigentlich überzeugt, dass sie ganz gut gelaufen sei. Später wurde mir klar, dass ich die Qualität meiner Leistung ziemlich überschätzt hatte. Meine Stimme war monoton, Äußerungen, die ich für dramatisch hielt, erschienen bei späterer Betrachtung recht flach. Ich habe Silben verschluckt, sodass manche Wörter nicht gut zu verstehen waren. Ich sah sogar etwas unordentlich und ein wenig desinteressiert aus. Diese Übung war demütigend, aber gleichzeitig eine wichtige Erinnerung daran, wie viel Raum zum Wachstum ich als Redner habe.

Es tut weh, seine eigene Stimme zu hören. Es schmerzt zu beobachten, wie man steht, wie die eigene Haltung wirkt, und dass die Perspektive der Kamera einen nicht besonders gut aussehen lässt. Aber wenn man sich einer solchen Übung nicht unterzieht, wird man seine Chance, als Redner zu wachsen, erheblich einschränken (siehe Kapitel 1, 8 und 10).

Während der Zeit der schrecklichen Verfolgung der Kirche unter Kaiser Nero war die Botschaft des Petrus in seinem zweiten Brief eine Botschaft der Hoffnung und der Ermutigung für die christliche Gemeinde. Er ermutigte die Gläubigen, aus ganzem Herzen den christlichen Glauben in ihrem Alltag zu leben und innere Stärke aufgrund guter Gewohnheiten zu erwerben.

Die Botschaft unseres christlichen Glaubens – auf der all unsere Kommunikation aufbauen sollte – ist die wichtigste Botschaft von allen, die wichtigste Botschaft schlechthin. Sie verdient unsere größten Anstrengungen, aber diese werden sich nicht lohnen, wenn uns nicht gute Gewohnheiten beim Wachsen helfen. Das tut weh, aber es hilft.

— 15 —

Es ist eine Vorlage

„Ich habe gepflanzt,
Apollos hat begossen,
Gott aber ließ wachsen."
(1 Kor 3,6)

Unsere Pastoralratssitzungen sind großartig. Der Hauptgrund dafür ist, dass wir im Laufe der Jahre mit hervorragenden Leitern gesegnet wurden. Unser jetziger Vorsitzender ist dafür ein gutes Beispiel. Ed weiß, wie man eine gute Sitzung abhält. Die Organisation und die Energie, die er mit an den Tisch bringt, sind so beeindruckend, dass man meinen könnte, dass er sehr viel Mühe und Zeit in die Vorbereitung investiert. Aber in Wirklichkeit ist es nicht so viel. Er selbst sagt dazu: „Es ist einfach. Es ist eine Vorlage." Ed führt das Gremium so effektiv, weil er mit einer einfachen Vorlage beginnt, einem einfachen Muster in seinem Kopf, wie Besprechungen funktionieren und effektiv ablaufen.

Kommunikation und die Vorbereitung einer Predigt sind schwierig. Sie verlangen Arbeit. Eine Idee in die Tat umsetzen, genau zu wissen, was man sagen will und dann auch zu formulieren, wie man es sagt – all das erfordert Anstrengung (siehe Kapitel 23 bis 25).

Währenddessen versucht man, die nagenden Fragen zum Schweigen zu bringen: „Wird dies jemals irgendwie zusammenpassen? Wird das jemals einen Sinn ergeben?" Das bedeutet: Wenn man einen grundlegenden Prozess für die Vorbereitung und die Präsentation entwickelt, wird man es viel einfacher haben zu überleben und sogar in der Kunst der Kommunikation noch besser werden. Anstatt der eigenen Kreativität zu schaden, hilft eine solche Disziplin ihr sogar.

Tom: Ein Beispiel ist die Vorbereitung unserer Wochenendbotschaft (der Predigt), die einer ausgefeilten Vorlage folgt. Auch dies ist eine Teamleistung. Und während nur Michael predigen kann, helfen dennoch mehrere Leute mit, die Predigt zu schreiben. Unsere Vorlage zur Predigtvorbereitung ist nicht sehr kompliziert. Nach dem Gebet denken wir nach (siehe Kapitel 26). Ich beginne mit den Sonntagslesungen und ziehe dazu auch jedes Mal exegetische Kommentare hinzu. Als nächstes mache ich eine Vers-für-Vers-Betrachtung und schreibe jeden Vers und alles, was mir dazu in den Sinn kommt, auf. Dann bin ich bereit, meinen Text zu verfassen. Mithilfe dieses Prozesses und der Disziplinierung, die er mit sich bringt, juckt es mich oftmals an diesem Punkt richtiggehend, mit dem Schreiben zu beginnen. Das fällt mir dann oft auch nicht mehr besonders schwer. So oder so hilft mir das Schreiben, meine Gedanken mehr und mehr zu präzisieren. Schließlich übergebe ich Michael einen ersten Entwurf, den er „Rohentwurf“ nennt.

Father Michael: Sobald ich Toms Entwurf habe, konzentriere ich mich auf die Einführung. Ich frage: „Wie will ich anfangen? Oft beginne ich mit einer Geschichte, um die Gemeinsamkeit der menschlichen Erfahrung zu würdigen. Oder ich stelle eine Frage, die Spannung erzeugt und die Zuhörer dazu anregt, gemeinsam Antworten zu finden (siehe Kapitel 70). Danach gehe ich, gemäß *meiner* Vorlage, geradewegs zum Ende: Wo wollen wir die Leute hinbringen? Wie möchte ich sie motivieren und inspirieren? Nur dann, wenn ich weiß, woher die Botschaft kommt und wohin sie geht, komme ich in das tiefe Gestrüpp des Textentwurfs. Unterdessen trifft sich unser Predigtteam wöchentlich, um meine Predigten zu beurteilen, neue Themen zu entwickeln und im Voraus zu planen.

Wir glauben nicht, dass unser Weg der einzig richtige Weg für Sie ist. Aber wir ermutigen Sie, Ihren eigenen Weg zu entwickeln und für sich eine eigene Vorlage zu erstellen.

Der Apostel Paulus nahm die bahnbrechende Herausforderung in Angriff, der heidnischen Welt das Evangelium von Jesus Christus zu predigen – auch in der Stadt Korinth. Paulus gründete die Gemeinde von Korinth, bevor er zu anderen missionarischen Aktivitäten überging. Apollos, im Grunde genommen so etwas wie der Pfarrer von Korinth, arbeitete für die Gemeinde am Ort, lehrte und predigte dort und tat das, was Paulus „Begießen“ nennt. Mit der Zeit erkannten sie, dass ihre Fortschritte im Glauben – in Form einer zuverlässigen Vorlage – von Gott gesegnet wurden und die Gemeinde wuchs.

Ihre Bemühungen in Sachen Kommunikation werden einfacher und viel nachhaltiger sein, wenn Sie sich eine Vorlage bilden, die für Sie arbeitet und auf die Sie sich dann verlassen können, und wenn Sie dabei erkennen, dass es am Ende des Tages immer Gottes Werk ist – und er es erfolgreich vollbringt.

— 16 —

Ein Vorbild wirkt besser als Belehrung

„Nehmt mich zum Vorbild,
wie ich Christus zum Vorbild nehme!"
(1 Kor 11,1)

Tom: Kinder lieben es, ihre Eltern und älteren Geschwister nachzuahmen. Als Vater hatte ich jede Menge Gelegenheiten, dies immer und immer wieder zu erleben (und als Vater von sieben Kindern immer und immer und immer und immer und immer und immer wieder). Das liegt daran, dass unsere menschliche Natur darauf angelegt ist, von anderen zu lernen. Es gibt jede Menge Arten von Lernen und von Kompetenzentwicklung, die dadurch entstehen, dass wir beobachten, wie andere tun, was wir nicht können oder was sie besser können als wir. Wir lernen zu sprechen, zu gehen und all die anderen Fähigkeiten, die wir als Kinder beherrschen, indem wir diejenigen beobachten, die wir in unserem Leben vor Augen haben. Allerdings hört dieses Muster nicht in der Kindheit auf. Wenn es um das lebenslange Lernen geht, lernen wir immer besser durch Vorbilder, als wenn wir belehrt werden.

Das Gleiche gilt für unsere Kommunikationsfähigkeiten. Wenn Sie ein Prediger oder Lehrer sind, werden Sie mehr aus dem Beobachten und Hören großer Prediger und Lehrer lernen als aus jeder anderen Maßnahme. Wir haben unglaubliche Möglichkeiten, Predigten und Vorträge anderer anzusehen; das Internet gibt uns mehr als je zuvor die Möglichkeit dazu. Nutzen Sie die verfügbaren Ressourcen (siehe Kapitel 17).

Beobachten Sie andere Prediger und Lehrer – aber hören Sie an dieser Stelle nicht auf. Beobachten Sie, wie Verkäufer verkaufen. Sehen Sie sich an, wie Leiter leiten. Lernen Sie von Komikern, wie Sie die Aufmerksamkeit eines Publikums auf sich ziehen, Geschichten erzählen und sich das Stilmittel der Übertreibung zu Nutze machen. Studieren Sie Nachrichtensprecher und Reporter, um herauszufinden, wie sie Betonung oder Schlagworte einsetzen. Beobachten Sie großartige Schauspieler und machen Sie es zu Ihrer Gewohnheit, sorgfältig zu beobachten, wie sie arbeiten und ihre Talente einsetzen. Nehmen Sie sich sogar Zeit, um einer besonderen Berufsgruppe zuzusehen – wagen wir es zu sagen: Politikern!

Die erste und grundlegende Anweisung, die der heilige Paulus den Christen in Korinth gibt, ist lediglich, ihm auf seinem Weg mit Christus zu folgen. Das war auch die wiederholte Einladung Jesu an seine Freunde und zukünftigen Jünger: Folgt mir. Lassen Sie Ihre eigene Art zu kommunizieren und auch Ihre ganze Vorbereitung von dem durchdrungen sein, was Sie vom Beispiel anderer lernen können. Lernen Sie von und wachsen Sie am Beispiel von großen Kommunikatoren, und Sie werden ganz am Ende besser als sie sein.

— 17 —

Kreativität ist die Kunst, Ihre Quellen zu verstecken

„Vielfältig und auf vielerlei Weise hat Gott einst zu den Vätern gesprochen durch die Propheten; am Ende dieser Tage hat er zu uns gesprochen durch den Sohn, den er zum Erben von allem eingesetzt, durch den er auch die Welt erschaffen hat." (Heb 1,1-2)

Father Michael: Als ich Rick Warren das erste Mal traf, lobte er mich sehr wohlwollend wegen *Rebuilt.* Er sagte: „Ich hörte auf zu betonen, weil ich irgendwie alles betonte. Ich sagte mir immer wieder: ‚Dieses kann ich brauchen und jenes kann ich brauchen.'" Ich antwortete ihm: „Vielen Dank, Rick, aber das meiste von diesen Dingen haben wir von dir gelernt."

In der Schule lernen wir, dass Plagiate ethisch nicht vertretbar sind. Unehrliche Aneignung oder einfaches Stehlen von Gedanken, Worten oder Ideen eines anderen sind ernsthafte Vergehen. Deshalb müssen wir richtigerweise in Fuß- und Endnoten oder auf andere Art und Weise unsere Quellen korrekt angeben.

Während dies in akademischen Kreisen und im Verlagswesen wichtig ist, scheint es in anderen Zusammenhängen, offen gesagt, weniger wichtig zu sein. Menschen entlehnen sich ständig etwas voneinander und halten leider nicht immer ausreichend inne, um die zu würdigen, die eigentlich zu würdigen wären. Von der Wall Street bis zum Silicon Valley kopiert einer vom anderen. Einer unserer Freunde hat uns erklärt, dass in nahezu jedem Unternehmen die Praxis des „Abschauens und Kopierens“ vielfach der Schlüssel zum Erfolg sei.

Nennen Sie die Quellen, wo immer Sie können, aber leihen und nutzen Sie gute Ideen für Ihre Kommunikation, wo immer Sie können und wann immer Sie die Möglichkeit haben, wenn es Ihnen dabei helfen kann, das Evangelium zu predigen oder darüber etwas zu lehren.

Probieren Sie dies aus:

Entlehnen Sie Ideen aus der Populärkultur

Vor ein paar Jahren gaben wir Gummiarmbänder heraus, auf denen der Schriftzug „Pray 10“ eingeprägt war. Wir wollten damit die Menschen einladen, es sich zur Gewohnheit zu machen, zehn Minuten am Tag zu beten – und zur Erinnerung das Armband zu benutzen. Armbänder sind freilich ein Accessoire der Alltagskultur, und unser „Pray 10“ hatten wir von der Kampagne „Play 60“ abgekupfert, die die NFL fördert. Wenn es gut gemacht ist, kann das Entlehnen von Ideen aus der Populärkultur helfen, Ihren Standpunkt vor einem Publikum wirkungsvoll zu vertreten. In der Zwischenzeit „arbeitet“ die Kultur für Sie. Wenn die Leute dann zum Beispiel das nächste Mal die Anzeige von „Play 60“ sahen, wurden sie wahrscheinlich an die Bedeutung des täglichen Gebets erinnert.

Übernehmen Sie Ideen von anderen Pfarreien

Eine Pfarrei, mit der wir verbunden sind und von der wir immer wieder lernen, wirbt auf ihrer Website: „Verwendet unsere Sachen, wir sind im selben Team.“ Hoffentlich ist das in der christlichen Welt wahr, warum sollten wir nicht tatsächlich so handeln? Wir arbeiten zusammen, um Jünger für Jesus Christus zu sammeln, und wenn eine andere Gemeinde eine großartige Botschaft hat, die Ihnen dabei helfen kann (und sie Ihnen die Erlaubnis gibt), sollten Sie die Möglichkeit nutzen. Es gab ganze Predigtreihen, Pläne für Kleingruppen und Kinderprogramme sowie Pakete für Bibel-Feriencamps, die wir von anderen Pfarreien übernommen haben. Ja, wir wollen fair sein und bekennen, dass wir gelernt haben, unser eigenes Material zu entwickeln, indem wir zuerst andere kopiert haben (siehe Kapitel 16).

Borgen Sie sich Ideen von anderen Rednern und Predigern

Wir leihen uns Phrasen oder Zitate von anderen Sprechern, die wir mögen, und verwenden sie immer wieder, besonders wenn jemand ein gutes Motto oder ein „Twitter-fähiges" Zitat hat. Wir mögen zum Beispiel diesen Aphorismus: „Weise Menschen bauen ihr Leben um das Ewige herum und quetschen das Zeitliche hinein." Das haben wir von John Ortberg. Wenn wir über Geld reden, sagen wir gerne: „Jesus will nichts *von* dir, er will etwas *für* dich." Das stammt von Andy Stanley. „Die Zukunft beginnt heute, nicht morgen", sagen wir regelmäßig – dieses Zitat haben wir von Johannes Paul II.

Entlehnen Sie bei anderen, aber ahmen Sie nicht nur geistlos nach, was bereits gesagt wurde. Sie müssen es sich zu eigen machen und zu etwas, was Sie gerne sagen und was Ihrem Stil entspricht. Passen Sie es an Ihre Persönlichkeit und Ihre Pfarrei an, und dadurch werden Sie etwas davon befreit, einfach nur sorgfältig zu zitieren und das Zitat nachweisen zu müssen und auf diese Weise zu riskieren, eine Kopie eines anderen zu sein. Denn das sollten Sie auf keinen Fall tun (siehe Kapitel 8).

Im Hebräerbrief lernen wir, dass die Verheißungen und Prophezeiungen des Alten Testaments im Neuen Testament erfüllt werden. Der Alte Bund ist vollständig verwirklicht im Neuen Bund, welcher Jesus selbst ist. Etwas Ähnliches gilt für uns. Wir können auf den Schultern anderer stehen und ihre Sachen auf ethisch vertretbare Weise nutzen. Verwenden Sie die Ideen anderer, wenn Sie die Erlaubnis dazu haben, um die Arbeit für das Reich Gottes voranzutreiben, aber *nicht*, um Geld zu verdienen. Nutzen Sie Ideen und Materialien anderer ehrlich, ethisch, ernsthaft.

— 18 —

Seien Sie kreativ, nicht originell

„Wie sollen sie nun den anrufen, an den sie nicht glauben? Wie sollen sie an den glauben, von dem sie nichts gehört haben? Wie sollen sie hören, wenn niemand verkündet? Wie soll aber jemand verkünden, wenn er nicht gesandt ist?" (Röm 10,14-15)

Hier scheint es sich um eine offensichtlich schmerzhafte Aussage zum Thema Kommunikation in der Kirche zu handeln. Aber wir dürfen vor dem Offensichtlichen nicht die Augen verschließen, auch wenn es schmerzhaft ist. Schließlich wollen wir in dieser Sache die absoluten Experten werden. Wir können und müssen kreativ sein, aber wir sollten wirklich nicht *originell* sein.

Als Kommunikatoren in und für die Kirche stehen wir in der Pflicht, dem Wort Gottes auf sehr disziplinierte und wohlüberlegte Weise zu dienen. Als katholische Christen lehren wir die Schriften, wie sie uns durch unsere Tradition und durch das Lehramt überliefert sind. Das bedeutet, dass wir einerseits wissen müssen, was die Schrift sagt, und andererseits, was die Kirche dazu lehrt. Wir stehen also in einer großen Verantwortung in Bezug auf das, was wir „Kommunikation in der Kirche" nennen.

Allerdings: Wenn wir diese Verantwortung übernehmen, dann schränkt diese uns nicht im Geringsten ein. Im Gegenteil: Das kann unglaublich befreiend und ermächtigend sein. Denken Sie darüber nach: Unsere Botschaften kommen nicht aus unserer eigenen Weisheit; sie müssen sich nicht einfach auf das stützen, was wir wissen.

Wir müssen nicht originell sein, und wir beginnen nie mit einem leeren Blatt Papier.

Andererseits müssen unsere Botschaften über die zeitlose Wahrheit des Wortes Gottes absolut frisch und ganz sicher auch kreativ sein. Im Hinblick auf die Generation und Kultur, in der wir leben und arbeiten, sollten wir immer die Besonderheiten unserer Zeit und des Ortes, an dem wir sind, im Blick haben.

Paulus befasst sich mit den Grundlagen der Gemeinde in Rom. Im Hinblick auf die Verkündigung sagt er: Nichtgläubige kommen durch die Verkündigung der Frohen Botschaft zum Glauben. Also braucht es jemanden, der sie den Ungläubigen verkündet. Aber Prediger und Lehrer, in welcher Umgebung sie sich auch befinden mögen, arbeiten niemals für sich alleine oder isoliert. Wir alle sind gesandt von der Kirche.

— 19 —

Erzählen Sie die Geschichte hinter der Geschichte

„Als König Herodes das hörte, erschrak er und mit ihm ganz Jerusalem. Er ließ alle Hohepriester und Schriftgelehrten des Volkes zusammenkommen und erkundigte sich bei ihnen, wo der Christus geboren werden solle. Sie antworteten ihm: in Betlehem in Judäa; denn so steht es geschrieben bei dem Propheten ..." (Mt 2,3-5)

„Aber du, Betlehem-Efrata, bist zwar klein unter den Sippen Judas, aus dir wird mir einer hervorgehen, der über Israel herrschen soll." (Mich 5,1)

Ein evangelischer Pastor, den wir kennen, erzählte eine Begebenheit aus seiner eigenen Kleingruppe. Einmal lasen sie die Geschichte von David und Goliath. Nach der Versammlung kam eines der Mitglieder der Gruppe auf ihn zu. Unser Freund erklärte, dass dies ein gut ausgebildeter, liebenswürdiger Katholik gewesen sei, der nebenbei gestand, dass er nicht wusste, dass die Geschichte von David und Goliath tatsächlich in der Bibel stand. Er dachte, es handle sich dabei um eine Metapher aus einem Märchen. Wer, fragte er sich, war David überhaupt?

Wenn es um die Schrift geht, ist es wichtig, die Geschichte zu erzählen (siehe Kapitel 60). Die Geschichte „hinter der Geschichte" zu erzählen, ist aber auch wichtig. Katholiken neigen dazu, nur recht lückenhaftes Wissen zu besitzen, wenn es um die Bibel geht – bestenfalls. Diese traurige Tatsache ist allerdings auch eine Gelegenheit. Wenn man die Geschichte hinter der Geschichte erzählt, beginnt dies, gewisse Lücken zu füllen und auch den Sinn deutlich zu machen, der in einem bestimmten Abschnitt steckt.

Reduzieren Sie die Geschwindigkeit beim Predigen und Verkündigen, um die Schichten einer Geschichte freizulegen: die Entstehung der jüdischen Glaubensfamilie, die Geschichte des Volkes Israel, das Leben Jesu und die Entstehung und Entwicklung der Kirche. Gleichzeitig ermöglicht das Darlegen des Kontextes der Geschichte den Zugang zu den kirchenfernen oder nicht gläubigen Menschen in Ihrer Gemeinde. Diese müssen sich also nicht unwissend oder ausgeschlossen fühlen.

Gleichzeitig werden Sie aber keineswegs Gefahr laufen, die Intelligenz der biblisch gebildeten Menschen zu beleidigen; Sie werden sie im Hinblick auf das, was sie wissen, bestärken. Außerdem können gute Geschichten nie oft genug erzählt werden.

Den Hintergrund einer Geschichte zu erzählen, die Sie verwenden, erhöht auch ihre Wirkung. Wir lieben die großen Linien in einem Film wegen der Geschichte, die dahintersteckt. In *Brave Heart* wird sich jeder an den Satz erinnern: „Jeder Mensch stirbt; aber nicht jeder Mensch lebt wirklich", denn Wallace steht kurz davor, nach einem tapferen Einsatz hingerichtet zu werden. In *Vom Winde verweht* spricht die hungernde und verarmte Scarlett O'Hara jenes unvergessliche Gelübde aus: „Ich werde nie wieder hungern." Oder im Film *Der Pate*, als Tom Hagens eine Abfuhr durch den rachsüchtigen Filmmogul einfährt und diesem mit ominösem Understatement erwidert: „Mr. Corleone ist ein Mann, der darauf besteht, schlechte Nachrichten sofort zu erfahren."

Probieren Sie dies aus:

Kennen Sie die Geschichte

Bevor Sie etwas präsentieren, lesen sie die Geschichte nochmal und stellen Sie sicher, dass Sie verstehen, wie die Passage, über die Sie predigen, in den größeren Zusammenhang der Heilsgeschichte passt. Wenn Sie es nicht wissen, dann finden Sie es heraus. Wenn Sie es vergessen haben, lernen Sie es neu. Sie müssen ein Gefühl dafür haben, was damals los war. Versetzen Sie sich in die Geschichte und stellen Sie sich vor, wie es sich anfühlt, ein Teil davon zu sein.

Sorgen Sie dafür, dass Sie den Teil der Geschichte kennen, den Sie vermitteln wollen

Einige Details verleihen der Geschichte Geschmack, während andere für Ablenkung sorgen. Wenn Sie eine Geschichte präsentieren, versuchen Sie sich darüber im Klaren zu sein, welche Teile zum Kern gehören und was davon eher ablenkt oder sogar verwirrt.

Haben Sie eine Vorstellung davon, was Sie erreichen möchten

Wo geht die Geschichte hin? Wie endet sie? Was ist das Ergebnis? Stellen Sie sicher, dass Sie das wissen, bevor Sie beginnen. Das Ende sollte den Anfang und auch den Teil dazwischen bereits formen.

Die wunderbare Geschichte von Weihnachten kreist um den überraschenden Ort Bethlehem. Warum? Es war der Geburtsort von Israels größtem König David und sollte auch der Geburtsort von

Israels ewigem König, Jesus Christus, sein. Matthäus kannte die Geschichte hinter der Geschichte in der Heiligen Schrift und verknüpft Punkt für Punkt für uns. Dies war eine sehr machtvolle Angelegenheit, denn ganz plötzlich wurde die Geschichte größer.

— 20 —

Fokussieren Sie, um mehr Wirkung zu erzielen

„Noch vieles habe ich euch zu sagen,
aber ihr könnt es jetzt nicht tragen."
(Joh 16,12)

Die Sonne und ein Laserstrahl verströmen beide Licht, aber die Sonnenstrahlen haben ganz offensichtlich riesige Dimensionen und ein Laserstrahl ist nur so groß wie ein Nadelöhr. Doch der Laser kann durch Stahl schneiden, die Sonne – soweit wir wissen – nicht. Wie funktioniert das? Es geht hier um Konzentration und den richtigen Fokus.

Ein wichtiger Erfolgsfaktor in jedem Betrieb oder Unternehmen ist der Fokus. Er ermöglicht uns, eine größere Wirkung zu erzielen und im Laufe der Zeit Schwung aufzubauen. Sich auf etwas zu fokussieren ist weitaus kraftvoller, als mit der Schrotflinte zu schießen, und das gilt nirgendwo in höherem Maß als in der Verkündigung.

Effektive Kommunikation erfordert Konzentration. Und in unseren Pfarreien könnte das den großen Unterschied machen; im Hinblick auf Evangelisation und Jüngerschaft könnte es mehr bewirken als alles andere.

Probieren Sie dies aus:

Entscheiden Sie sich für einen zentralen Punkt

Ihre Botschaft hat (oder braucht) einen Punkt oder eine zentrale Idee. Stellen Sie diesen Punkt direkt in den Mittelpunkt Ihrer Botschaft und kehren Sie immer wieder zu ihm zurück. Konzentrieren Sie sich darauf, um die Aufmerksamkeit Ihres Publikums zu gewinnen und zu bewahren.

Nehmen Sie eine einzelne Passage in den Blick

Konzentrieren Sie sich in einer bestimmten Botschaft auf eine Bibelstelle oder sogar einen einzelnen Vers und versuchen Sie, ihren oder seinen ganzen Wert herauszukehren (und da wir es mit dem Wort Gottes zu tun haben, ist ihr oder sein Wert grenzenlos). Gehen Sie nicht zu schnell über ein Wort hinweg, tauchen Sie in eine Szene ein und beschreiben Sie sie ausführlich; verhelfen Sie Ihren Zuhörern zu einem inneren Bild.

Bieten Sie eine einzige Herausforderung an

Wenn es dann darum geht, dass Sie Ihre Zuhörer zu irgendetwas bewegen möchten, dann stellen Sie ihnen eine einzige Herausforderung vor Augen und nicht eine ganze Waschküche.

Lassen Sie Ihre Zuhörer entscheiden, ob sie den von Ihnen beschriebenen Schritt wagen wollen oder nicht, aber geben Sie ihnen keinen Freifahrtschein mit einem ganzen Menü von (unverbindlichen) Optionen.

Jesus bereitet seine Freunde und Jünger auf die kommenden Ereignisse der Passion vor, indem er ihnen hilft, ihre Aufmerksamkeit auf das zu richten, was sie wissen müssen, damit es ihnen hilft, durch all die Ereignisse hindurchzukommen. Sie werden in Ihrer Rolle als Prediger wachsen, wenn Sie lernen, sich zu fokussieren.

— 21 —

Marinieren Sie Ihre Botschaft

„Der Knabe aber stand von da an im Dienst des HERRN unter der Aufsicht des Priesters Eli.“
(1 Sam 2,11)

„Jesus aber wuchs heran und seine Weisheit nahm zu und er fand Gefallen bei Gott und den Menschen.“
(Lk 2,52)

Tom: Ich mag es zu grillen, und ich grille „old school“. Ich will keinen Gasgrill – für mich gibt es nur den guten alten Holzkohlegrill. Ich bin ein echter Jünger von *Weber's Art of the Grill*, dem kompetenten und klassischen Führer für echte Grillfans weltweit. Im Laufe der Jahre habe ich viele der Rezepte durchgearbeitet. Auf dem Weg dorthin habe ich die Kraft des Marinierens entdeckt (den Prozess des Einlegens des Fleisches in flüssiger Würze, bevor man es grillt). Das Marinieren kann alle Arten von Fleisch zart machen, und es ist der einfachste Weg, um Geschmack in das Essen zu bringen und eine Mahlzeit zu einem echten Erlebnis zu machen. Aber das wird nur dann erfolgreich sein, wenn man gut plant. Last-Minute-Marinaden funktionieren nicht, sie können einfach nicht den vollen Geschmack entwickeln. Für einen guten Geschmack muss man das Marinieren am Morgen erledigen – und bei kräftigeren Fleischstücken, wie z. B. bei Londoner Grillfleisch, sogar am Abend zuvor.

Wenn es Ihre Gewohnheit ist, am Vorabend eine Botschaft vorzubereiten, wenn Sie sie planmäßig am nächsten Morgen halten sollten, und wenn Sie Ihre Predigtvorbereitungen immer nur auf den letzten Drücker machen, werden Sie sich selbst und Ihren Zuhörern der Wirkung berauben, die Sie eigentlich haben könnten. Vielleicht gibt es Menschen, die am besten auf diese Art arbeiten – aber es sind nicht viele.

Eine gute Nachricht muss mariniert werden, da die Marinade den Geschmack liefert. Sie kann etwas zart machen, was ansonsten schwierig oder herausfordernd sein würde. Sie kann der Punkt in einem Prozess sein, wo Humor oder interessante Bilder entstehen.

Probieren Sie dies aus:

Planen Sie langfristig

Sie sollten Ihre gesamte Verkündigung so weit wie möglich im Voraus planen. Wenn Sie predigen, dann planen Sie eine Saison oder sogar ein ganzes liturgisches Jahr. Wenn Sie lehren oder für die Glaubensbildung bei Erwachsenen verantwortlich sind, sollten Sie jedes Semester bereits auf das nächste Semester vorausschauen.

Benutzen Sie Ihren Plan als Linse

Ihr Plan kann ein Aussichtspunkt oder eine Linse sein, durch die Sie Bücher lesen, Erfahrungen interpretieren und Filme sehen. Sie können so Ausschau halten nach dem, was Sie „benutzen" können. Sie können darüber in der Dusche, bei der Fahrt zur Arbeit oder beim Mähen des Rasens nachdenken.

Beginnen Sie frühzeitig mit den notwendigen Vorbereitungen

Setzen Sie sich nicht hin, um Ihre Predigt für den Sonntagmorgen am Samstagabend zu schreiben. Warten Sie nicht, bis Sie auf dem Weg zu einer Präsentation sind, um Ihre Notizen zu sortieren. Tun Sie dies so viele Tage im Voraus wie möglich, auch wenn es dann einfach auf Ihrem Schreibtisch liegt. Setzen Sie sich damit auseinander.

Wie auch beim großen Propheten Samuel verbrachte Jesus seine Jugend in völliger Dunkelheit, unbekannt und scheinbar ohne Zweck und Richtung. Aber tatsächlich entfaltete sich Gottes Plan im Leben von jedem der beiden Männer, und sie hatten die Weisheit, darauf zu warten, dass Gott selbst diesen Prozess vollendete.

— 22 —

Bereiten Sie sich selbst und Ihre Umgebung vor

„Geht in die Stadt; dort wird euch ein Mensch begegnen, der einen Wasserkrug trägt. Folgt ihm, bis er in ein Haus hineingeht; dann sagt zu dem Herrn des Hauses: Der Meister lässt dich fragen: Wo ist der Raum, in dem ich mit meinen Jüngern das Paschalamm essen kann? Und der Hausherr wird euch einen großen Raum im Obergeschoss zeigen, der schon für das Festmahl hergerichtet und mit Polstern ausgestattet ist. Dort bereitet alles für uns vor!" (Mk 14,13-15)

Wir haben dieses Kapitel geschrieben und dann überlegt, es wieder zu löschen. Es scheint alles so offensichtlich zu sein.

In jedem Handwerk oder bei jeder Aufgabe ist es notwendig, seine Umgebung herzurichten, bevor man mit der Arbeit beginnt. Ein Maler räumt Möbel weg, klebt Steckdosen ab, reinigt und grundiert Oberflächen; ein Chirurg legt medizinische Instrumente bereit, kümmert sich um die richtige Beleuchtung und reinigt vorher alles sorgfältig; Piloten überprüfen immer wieder die Instrumententafeln und richten sich im Cockpit ein. Wenn Profis die physischen Rahmenbedingungen für ihre Arbeit vorbereiten, bereiten sie sich gleichzeitig auch mental vor.

Das Gleiche gilt für die Verkündigung. Wir müssen den gesamten Rahmen und uns selbst vorbereiten.

Probieren Sie dies aus:

Kümmern Sie sich um den richtigen Sound

Testen Sie jedes Mal die Lautsprecheranlage aus, die Sie verwenden – unabhängig davon, wie oft Sie sie verwenden. Dies ist besonders wichtig, wenn Sie sich in einer fremden Umgebung befinden. Ersparen Sie Ihrem Publikum die Qual eines Soundchecks sozusagen als Einleitung zu Ihrem Vortrag.

Bereiten Sie den Ort vor

Bringen Sie in Erfahrung, von wo aus Sie reden sollen: Handelt es sich um eine Bühne, ein Podium oder einen Tisch? Ordnen Sie Ihre Notizen so an, dass sie für Sie leicht zugänglich sind. Überprüfen Sie, ob die Beleuchtung funktioniert und Sie Ihre Notizen deutlich sehen können (siehe Kapitel 59). Und vergewissern Sie sich, dass Sie ein Glas Wasser haben.

Bereiten Sie sich selbst vor

Wenn wir reden sollen, ist es wichtig, nicht erst in letzter Minute zu erscheinen. Stattdessen sollten Sie sich viel Zeit und Spielraum nehmen, sowohl vor als auch nach Ihrer Rede. Stellen Sie sich auch einen kleinen Routine-Ablauf zusammen, mit dem Sie die Rede beginnen. Das ist kein Witz; es kann wirklich einen Unterschied machen.

Tom: Bei mir ist es so: Ich mache eine Atemübung, bei der ich tief einatme und meinen Atem reguliere. Und ich spreche ein kleines Gebet, bei dem ich Psalm 51,17 zitiere: „Herr öffne meine Lippen, damit mein Mund dein Lob verkünde!" Herr, öffne meine Lippen, damit mein Mund dein Lob verkünde!

Father Michael: Wenn ich vor einem Publikum spreche, fühle ich mich vorher oft nervös und bin gestresst. Ich habe herausgefunden, dass Musik mich beruhigen und meine Emotionen ausgleichen kann.

Der ganze Zyklus der Passion unseres Herrn, sein Tod und seine Auferstehung wird durch einige einfache Schritte der Vorbereitung in Gang gesetzt. Und doch scheinen sie wichtig genug zu sein, um in der bemerkenswerten Darstellung von Jesu Leben beim Evangelisten Markus Erwähnung zu finden. Übernehmen Sie das Beispiel unseres Herrn und bereiten Sie Ihre Umgebung vor, damit Sie alles haben, was Sie brauchen.

— 23 —

Vorbereitung scheint durch

„Eine Stimme ruft: In der Wüste bahnt den Weg des HERRN, ebnet in der Steppe eine Straße für unseren Gott!" (Jes 40,3)

Vorbereitung meint eine Handlung oder einen Prozess, um sich bereit zu machen, um etwas für den Gebrauch bereitzustellen oder um sich auf etwas gedanklich einzustellen. Wenn Ihre Botschaft etwas nützen soll und es sich für ein Publikum ernsthaft lohnen soll, ihr zu folgen, müssen Sie sich vorbereiten.

Sehr leicht – und oftmals sofort – erkennt man, ob jemand vorbereitet ist oder nicht. Und leider ist gerade der Mangel an Vorbereitung besonders leicht zu erkennen. Wir alle kennen Vorträge, bei denen wir erlebt haben, wie der Redner ins Trudeln kam. Das kann eine sehr schmerzhafte Erfahrung für ein Publikum sein. – Für den Vortragenden selber aber wird so etwas nicht selten zu einer lähmenden Tortur. Selbst für diejenigen, die Talent für das Improvisieren haben und regelmäßig ohne Vorbereitung auskommen, gibt es dieses nagende Gefühl, dass die Präsentation besser hätte sein können.

Am Ende des Tages gibt es keinen wirklichen Ersatz für die Vorbereitung. Sie schafft Vertrauen in den Redner und hilft gleichermaßen dem Publikum, dem Vortrag entspannt zuzuhören. Die Vorbereitung ermöglicht auch eine kraftvollere Präsentation. Und je mehr Sie sich vorbereiten, desto natürlicher wird Ihre Botschaft rüberkommen und aus dem hervorsprudeln, wer Sie selbst wirklich sind (siehe Kapitel 54).

Die meisten von uns wissen intuitiv, dass wir uns vorbereiten müssen. Das Problem ist, dass sich alles Mögliche gegen uns verschwören wird, um uns von dieser Aufgabe abzulenken. Wir müssen lernen, eifersüchtig auf die Zeit zu achten, die wir brauchen.

Wie viel Zeit brauchen Sie? Das hängt von der Art der Präsentation ab sowie auch davon, wie sehr Sie mit der Materie vertraut sind. Wenn es um Themen geht, bei denen Sie sich zunächst nicht so gut auskennen, gibt es sehr unterschiedliche Antworten. Pastor Rick Warren von der Saddleback Church steckt Woche für Woche sechzehn Stunden in seine Predigtvorbereitung. Pastor Perry Noble von der New Spring Church rät, für jede Minute, die Sie sprechen, eine Stunde Vorbereitung einzuplanen.

Father Michael: Ich reserviere mindestens zehn Stunden pro Woche für die Arbeit an meiner Wochenendpredigt. Ich arbeite jeweils an einem Entwurf von Tom weiter, den er für mich vorbereitet hat und in den er zuvor wahrscheinlich selbst schon fünf bis sechs Stunden investiert hatte (siehe Kapitel 15). Wir hatten nicht von Anfang an geplant, auf diese Weise die Predigtvorbereitung anzugehen. Wir mussten sie uns erarbeiten. Setzen Sie sich ein Ziel, wie lange Sie für die Vorbereitung brauchen möchten. Bewerten Sie dann ehrlich, wie viel Zeit Sie tatsächlich gebraucht haben, und fangen Sie dann an, nach Wegen zu suchen, um die Lücke zwischen Anspruch und Wirklichkeit zu schließen.

Der Prophet Jesaja sagt den Beginn des Verkündigungsdienstes von Johannes dem Täufer voraus. Tatsächlich sind alle alttestamentlichen Propheten Vorläufer von Johannes, dem letzten und größten Propheten. Denn er weist direkt auf das Kommen von Christus hin. Wenn Gott sich tausend Jahre Zeit genommen hat, um sich auf seine größte Predigt, Jesus von Nazareth, vorzubereiten, verdient unsere Verkündigung nicht all die Zeit, die wir nur imstande sind, in sie zu investieren?

— 24 —

Hauchen Sie Ihrer Botschaft Leben ein

„Da sagte er zu mir: Sprich als Prophet über diese Gebeine und sag zu ihnen: Ihr ausgetrockneten Gebeine, hört das Wort des HERRN! So spricht GOTT, der Herr, zu diesen Gebeinen: Siehe, ich selbst bringe Geist in euch, dann werdet ihr lebendig. … Dann werdet ihr erkennen, dass ich der HERR bin." (Ez 37,4-6)

Tom: Ich habe mir vorgenommen, eines Tages ein Stand-up-Comedy-Programm aufzuführen. Und das ist wahrlich eine echte Herausforderung für mich, da ich eigentlich gar nicht lustig bin. Meine Frau Mia schenkte mir zu meinem Geburtstag ein Buch mit Interviews mit berühmten Stand-up-Comedians. Jeder Komiker erläutert darin seine Auffassung von Komik sowie den Weg, wie er zu seinem Material kommt und es auf der Bühne umsetzt. Fast alle von ihnen haben gemeinsam, dass sie ihre Vorbereitung mit dem Schreiben beginnen. Einige bezeichnen sich sogar in erster Linie als Schriftsteller.

Aber es ist auch klar, dass ihr Erfolg von der Fähigkeit abhängt, vom geschriebenen zum gesprochenen Wort zu gelangen. Sie müssen ihr Publikum ansprechen und letztendlich ihren Vortrag lebendig gestalten.

Ein Teil unserer Kommunikation, wie z.B. Bloggen oder Twittern, spielt sich ausschließlich schriftlich ab. Das ist der Sinn des Ganzen, und das ist auch das Ziel. Aber für die Verkündigung oder die Predigt ist der schriftliche Text nicht der Sinn oder das Ziel. Wir behaupten, dass das Schreiben, so schwierig es für uns auch sein mag, immer noch einfacher ist als das Sprechen. Ganz bestimmt sind die meisten Leute in der Lage, einfach über die Köpfe ihrer Zuhörer hinweg etwas vorzutragen. Aber eine wirkungsvolle mündliche Präsentation gehört zu den herausforderndsten Arten der Kommunikation überhaupt. Denn Ihre Rede oder Predigt ist eine Ausarbeitung und Erweiterung Ihrer schriftlichen Arbeit. Das Schreiben ist nur ein Teil der Reise. Irgendwann, früher oder später, muss sich der Sprecher vom geschriebenen Wort lösen und die Botschaft mit dem wirklichen Leben zusammenbringen.

Dies bedeutet, dass Sie es laut üben müssen. Das klingt selbstverständlich, wird aber in der Vorbereitung oft völlig übersehen. Die Predigt laut zu üben führt dazu, ihr einen gewissen Rhythmus und Fluss zu geben. All dies wird ein geschriebenes Stück nicht unbedingt haben, so gut es auch geschrieben ist. Hier beginnen Sie, Übergänge zu bilden, die Ihre schriftliche Arbeit nicht immer braucht. Wenn Sie den Vortrag im „wahren Leben" halten, lernen Sie, wann es sich anbietet durchzuatmen und an welcher Stelle Sie in Ihrer Präsentation eine kurze Pause einbauen sollten.

Beim Sprechen entdeckt man seine Leidenschaft und sein Herz für die Botschaft. Es hilft Ihnen auch, die tiefere innere Logik Ihrer Präsentation herauszuarbeiten. Manchmal, ja sogar sehr oft, haben wir beim Üben einer Botschaft plötzlich gemerkt: „Oh, das ist es, was ich sagen will!" (Siehe Kapitel 12).

In seiner Vision vom Tal der trockenen Gebeine empfängt Ezechiel eine Hoffnungsbotschaft für Israel. Er bekommt die Botschaft, aber nichts geschieht, bis er die Botschaft ausspricht. Er spricht – wörtlich – die Botschaft in das Leben hinein. Und damit werden die Gebeine wie von selbst lebendig und symbolisieren auf diese Weise die Auferstehung und Erneuerung Israels. Hauchen Sie Ihrer Botschaft Leben ein!

— 25 —

Üben Sie mehr als Sie spielen

„David sagte zu Saul: Dein Knecht hat für seinen Vater die Schafe gehütet. Wenn ein Löwe oder ein Bär kam und ein Lamm aus der Herde wegschleppte, lief ich hinter ihm her ... Der HERR, der mich aus der Gewalt des Löwen und des Bären gerettet hat, wird mich auch aus der Gewalt dieses Philisters retten." (1 Sam 17,34-35.37)

„Lies ihnen eifrig aus der Schrift vor, ermahne und belehre sie, bis ich komme! Vernachlässige die Gnade nicht, die in dir ist und die dir verliehen wurde, als dir die Ältesten aufgrund prophetischer Worte gemeinsam die Hände auflegten! Dafür sollst du sorgen, darin sollst du leben, damit allen deine Fortschritte offenbar werden." (1 Tim 4,13-15)

Tom: Wenn man sich Profisport ansieht, lassen es die Athleten immer sehr leicht aussehen. Baseballspieler scheinen mühelos zu schlagen. NFL-Quarterbacks werfen den Ball mit der gleichen Leichtigkeit, mit der Sie ihn in Ihrem Garten hin- und herwerfen würden. Aber: Es ist nicht einfach. Es sieht nur so aus.

Jedes Mal, wenn man jemanden sieht, der etwas Außergewöhnliches einfach erscheinen lässt, oder wenn etwas Bedeutendes einfach aussieht – mag es sich nun um Leichtathletik, Schauspielerei, Kochen oder Basteln oder um sonst etwas handeln: Man kann sicher sein, dass die Vorbereitung viel mehr Stunden der Vorbereitung gebraucht hat als die eigentliche Handlung selbst. Bei den Profis sieht es einfach aus, denn für sie ist es ein natürlicher Vorgang geworden ist, da sie ihre Fähigkeiten entwickelt haben.

Verkündigung funktioniert genauso: Sie ist ein Handwerk und sie erfordert Übung (siehe Kapitel 63). Es geht dabei nicht nur um Vorbereitung, es ist so viel mehr als Vorbereitung. Es geht darum, es immer und immer wieder zu tun. Um ein erfolgreicher Prediger zu werden, müssen Sie an der Entwicklung Ihrer Talente arbeiten. Vielleicht ist eine der Schwächen unserer katholischen Kultur nicht der Mangel an Talent, sondern der Mangel an entwickelten Talenten. Viele Gemeinden, die gezielt auf Wachstum setzen (das sind vor allem evangelikale Gemeinden), genießen den Ruf, ausgezeichnete Predigten zu haben – nicht, weil sie dort über mehr Talente verfügen, sondern weil sie mehr Wert auf die Entwicklung ihrer Talente legen.

Wir sollten von den großen Rednern und Verkündigern unserer Generation lernen, von Menschen wie dem heiligen Johannes Paul II., von Pastor Andy Stanley und dem Schriftsteller Patrick Lencioni. Wenn Sie Patrick sprechen hören, scheint er seinen Humor und seine Weisheit aus dem Handgelenk zu schütteln. Andy klingt lässig, als ob er mit seinen Zuhörern plaudern würde. Und Papst Johannes Paul II. klang so, als ob er frei von seinem Herzen weg sprach. Aber was einfach und mühelos aussieht, ist das Produkt von Talenten, die über disziplinierte Arbeit und ein ganzes Leben lang sorgfältig geschliffen wurden. Das braucht einen Lebensstil, der auf der Bereitschaft zu kontinuierlichem Üben fußt.

In seinem Buch *Outliers* untersuchte Malcolm Gladwell verschiedene Disziplinen und deren jeweilige Protagonisten, angefangen von Bill Gates bis zu den Beatles. Gladwell fand heraus, dass selbst die erstaunlichsten Talente durchschnittlich etwa zehntausend Stunden Übung brauchten, um ein Experte auf ihrem Gebiet zu werden.

Probieren Sie dies aus:

Finden Sie die Zeit

Schaffen Sie sich Zeit in Ihrem Wochenplan, wann Sie üben können. Vielleicht können Sie nicht irgendwo zehntausend Stunden einsparen, aber höchstwahrscheinlich haben Sie die Möglichkeit, sich irgendwo wenigstens ein bisschen zusätzliche Zeit herauszuschneiden. Dabei ist es allerdings wichtig, nicht nur einfach Zeit, sondern auch die richtige Zeit zu finden, wenn man auch in der besten Verfassung zum Üben ist.

Finden Sie den richtigen Raum

Suchen Sie einen Ort, wo Sie nicht von anderen Menschen, vom Telefon oder von all den anderen Medien gestört werden. Üben Sie so weit wie möglich frei von Ablenkungen.

Finden Sie die Disziplin

Entfernen Sie Dinge von Ihrem Zeitplan, die Sie vom Üben abhalten. Nach unserer Erfahrung ist dies eine ständige Herausforderung und erfordert tägliche Disziplin, die noch anspruchsvoller ist, als Zeit zum Schreiben oder zur Vorbereitung zu finden. Die Welt, unser Fleisch und der Teufel werden sich immer und überall verschwören, um Sie Ihrer Disziplin zu berauben, die Sie brauchen, um der wirkungsvollste Verkündiger zu sein, der Sie sein können. In den meisten Gemeinden gibt es immer so viel zu tun, und so viele Dinge erscheinen stets als ganz dringend. Leider sind die ersten Dinge, die jeweils geopfert werden, meist die Vorbereitung und das Üben. Erstellen Sie einen Zeitplan und disziplinieren Sie sich selbst und auch Ihre Umgebung, um den Zeitplan zu wahren. Möglicherweise müssen Sie einfach aufhören, einige Dinge zu tun, die Sie für gewöhnlich tun. Wenn das so ist, finden Sie möglicherweise andere, die besser für diese Aufgaben geeignet sind.

In Ihrer Aufgabe in der Verkündigung haben Sie vielleicht das Gefühl, nie genug Zeit zu haben, um sich Ihrem Handwerk zu widmen. Wenn Sie sich so fühlen, könnte das bedeuten, dass Gott Ihnen eine tiefe Sehnsucht zu verkündigen gegeben hat – und Sie tatsächlich am richtigen Ort sind.

Es ist noch kein Meister vom Himmel gefallen. Ein Beispiel dafür ist: David. Er verbrachte Jahre völlig unbekannt und kümmerte sich um die Schafe. Vielleicht glaubte er, seine Zeit zu verschwenden, aber er entwickelte in Wirklichkeit seine Stärke und sein Können, bevor er in der Lage war, sich dem Riesen Goliath zu stellten.

Niemand wird ohne Talent geboren. Ein Beispiel dafür: Timotheus. Und deshalb listet Paulus seine Gaben auf und ermutigt ihn, sie nicht zu vernachlässigen, trotz der menschlichen Versuchung, genau das zu tun.

Großes Talent ist ein Geschenk – und eine bewusste Entscheidung. Beginnen Sie mit der Arbeit an dem Talent, das Ihnen gegeben wurde, und werden Sie gut darin. Und dann – werden Sie großartig.

Teil 2

Über Ihr Umfeld

— 26 —

Beginnen Sie mit Gebet

„Da betete Jona zum HERRN, seinem Gott, aus dem Inneren des Fisches heraus ... Das Wort des HERRN erging zum zweiten Mal an Jona: Mach dich auf den Weg und geh nach Ninive, der großen Stadt, und rufe ihr all das zu, was ich dir sagen werde!"
(Jona 2,2; 3,1-2)

Father Michael: Bei meiner Diakonenweihe bekam ich die Pflicht und das Privileg des Predigens übertragen, was ich von Anfang an sehr genoss. Doch immer, wenn ich mich dieser Verantwortung stellte, Woche für Woche, Jahr für Jahr – immer, wenn der Montag zurückkam, wusste ich nicht einmal, wo ich anfangen sollte. Vor mir lag ein weißes, leeres Blatt Papier, und ich hatte keine Ahnung, wie ich anfangen sollte, es zu füllen. Manchmal begann ich mit Exegese oder Textanalyse (und das musste ich auch angesichts meines begrenzten Hintergrundwissens im Hinblick auf die Bibel). Andere Male begann ich mit der Suche nach einem Aufhänger. Wenn es gut genug oder lustig genug war, spielte es keine Rolle, was folgte, oder? Im Laufe der Jahre verließ ich mich immer mehr auf die schlechte Angewohnheit, einfach wieder in meine Schublade zu greifen, um zu sehen, was ich zuvor einmal bei einer bestimmten Lesung oder am Sonntag gesagt hatte, und frischte es einfach auf, in der Hoffnung, dass niemand es merkte (allerdings merkte es immer jemand).

Tom: Ich könnte dasselbe sagen, wenn ich mich an die Zeit erinnere, als ich ein frischgebackener Jugendarbeiter war und mich mit unseren Teenagern auseinandersetzte. Ich habe eine Menge Zeit damit verschwendet, einfach nur anzufangen.

Tatsache ist: Wenn wir verkündigen sollten, hatten wir keine Ahnung, womit wir anfangen konnten. Und da wir in einer Pfarrei waren und die Aufgabe hatten, das Wort Gottes zu verkünden, war das eine etwas seltsame Situation. Wir hatten einen ziemlich offensichtlichen Punkt übersehen. Als Nachfolger Christi ist das Gebet der beste Weg, um etwas zu beginnen – ob es sich nun um eine Sitzung oder um das gemeinsame Essen handelt.

Probieren Sie dies aus:

Halten Sie inne mit Gebet

Bevor Sie in die Vorbereitung der Predigt einsteigen, halten Sie inne. Finden Sie Zeit und einen guten Ort für das Gebet. Beten Sie darum, dass Gott den Prozess leitet und Ihnen die Botschaft eingibt, die er im Sinn hat. Lassen Sie es seine Botschaft sein – die er will, nicht nur Ihre eigene.

Lernen Sie mit Gebet

Als nächstes – egal welche Art von Botschaft Sie vorbereiten: Konzentrieren Sie sich auf die Heilige Schrift und nähern Sie sich ihr mit mit Blick auf die Botschaft, die Gott durch Sie verkünden will. Auch wenn Ihre Botschaft keine Predigt in der Liturgie ist, kann sie sich auf Gottes Wort stützen und sich daraus speisen. Verbringen Sie Zeit mit dem Text, nicht auf eine akademische, sondern auf eine betende, demütige Weise (siehe Kapitel 3 und 12).

Bereiten Sie sich vor mit Gebet

Gehen Sie im Gebet voran, schreiben Sie im Gebet und üben Sie Ihre Botschaft im Gebet – gewissermaßen als eine Form des Gebets.

In der Bibel wird der Prophet Jona – vorsichtig ausgedrückt – als ein widerwilliger Prophet dargestellt. Er tut alles, was er kann, um der Aufgabe zu entgehen, die Gott ihm gibt. Dabei gerät er in große Schwierigkeiten. Er kommt erst voran, als er sich im Gebet (endlich) an Gott wendet. Dort entdeckt er die Botschaft, die Gott ihm aufträgt, und wie er sie genau überbringen soll. Er hat noch viel Arbeit vor sich, aber im Gebet ist er auf dem besten Weg, der Verkündiger zu werden, zu dem Gott ihn geformt hat.

— 27 —

Auch das Äußere transportiert eine Botschaft

„Als Jesus den Tempel verließ, sagte einer von seinen Jüngern zu ihm: Meister, sieh, was für Steine und was für Bauten!" (Mk 13,1)

Als wir zum ersten Mal nach Nativity kamen, hörten wir immer wieder Bemerkungen von Außenstehenden. Diese überraschten uns zunächst, begannen uns dann aber zu ärgern und motivierten uns schließlich zum Handeln. Die Leute sagten Dinge wie: „Ich wusste nicht, dass es da hinten eine Kirche gibt." – „Da hinten" bezieht sich auf die Wälder, die unser Gelände mehr oder weniger gänzlich umgeben. Aber denken Sie nicht, dass wir uns an einem dunklen Ort befinden; wir sind ganz in der Nähe einer großen Kreuzung einer der belebtesten Straßen des Staates Maryland. *Walgreens* hat kürzlich zehn Millionen Dollar für einen Bauplatz bezahlt, der an unser Grundstück angrenzt. So begehrt ist unser Standort. Aber die meisten Leute, einschließlich der Leute in unserer unmittelbaren Nachbarschaft, wussten nicht, dass wir hier sind. Wie konnte das passieren?

Es gibt eine Menge Gründe dafür, aber der wichtigste war wahrscheinlich unser Eingang.

Er war dicht bewachsen, die Einfahrt selbst schlecht gepflegt und typischerweise mit einer verrosteten alten Kette abgeriegelt. Das Schild der Kirche war eigentlich ein Schandfleck, schwer zu lesen und leicht zu übersehen, mit verblasster, abgeblätterter Farbe. Es war in der Tat so, dass dieser Eingang von Passanten weitgehend übersehen wurde, aber er vermittelte definitiv eine subtil traurige Botschaft. Der vernachlässigte Zustand war wie eine Botschaft, die den Leuten sagte, dass es hier nichts für sie gäbe – weder etwas von Interesse noch von irgendeinem Wert. Im Grunde genommen konnte man an all dem ablesen: „Wir haben geschlossen."

Die Kommunikation in Ihrer Gemeinde beginnt mit Ihrem Gelände, und die Kommunikation auf dem Gelände beginnt beim Eingang. Also schauen Sie sich ihn an. Entscheiden Sie selbst, ob er Menschen anzieht oder sie abweist. Wenn Sie sich an einer Hauptverkehrsstraße befinden, bietet Ihre Beschilderung eine großartige Gelegenheit für die Öffentlichkeitsarbeit und für einen positiven ersten Eindruck. Unabhängig von Ihrem Standort sollten Sie aber sicherstellen, dass Ihr Schild zeigt, wer Sie sind.

Danach sollten Sie eine sorgfältige Bewertung des allgemeinen Zustands Ihres gesamten Geländes vornehmen. Denn dieser Zustand erzählt den Menschen von Ihnen und der Botschaft Ihrer Kirche, lange bevor Sie jemals eine Chance dazu erhalten, ein Wort zu ihnen zu sprechen. Fahren Sie Ihre ganze Einfahrt entlang, gehen Sie die vorderen Stufen hinauf und um das ganze Gebäude herum. Sehen Sie es sich genau an. Fragen Sie sich selbst, was dieser Eindruck Ihnen sagen würde, wenn Sie nichts anderes über die Gemeinde wüssten. Nicht gemähtes Gras, tote Sträucher, schmutzige Gehwege, Unordnung und Müll – all das zeigt, dass Sie sich nicht um Ihr Gelände kümmern. Das wiederum vermittelt Ihren Gästen – wenn auch nur auf einer unterbewussten Ebene –, dass Sie sich nicht um sie kümmern. Vielleicht finden Sie das unfair, aber es ist wahr.

Die gewaltige Pracht, mit der König Herodes der Große den Tempel in Jerusalem ausgeschmückt hat, wurde erst kürzlich durch archäologische Untersuchungen entdeckt. Sie sollte ein mächtiges Zeichen für die Besucher sein, und wie wir durch die Evangelien erfahren, hat das besonders auf die Apostel großen Eindruck gemacht.

Wenn wir an kirchenferne Menschen denken, spielen die Anlagen und Gebäude eine große Rolle. Nicht zuletzt ist es wichtig, dass sie sauber und gepflegt sind. Wir haben einige der größten und erfolgreichsten Gemeinden der Welt besucht, und wir waren auch in einigen völlig bescheidenen Pfarreien. Und manchmal haben wir in beiden Fällen tatsächlich die gleiche Reaktion gezeigt. Wenn wir erfolgreiche, gesunde Gemeinden – egal welcher Größe – besuchen, denken wir meist – oder sprechen es sogar aus: „Jemand kümmert sich darum, wie dieser Ort aussieht." Und das führt dann dazu, dass wir auch eine solche Art von Kirche sein möchten.

— 28 —

Verkaufen Sie nichts in Ihrer Lobby

„Dann ging er in den Tempel und begann, die Händler hinauszutreiben. Er sagte zu ihnen: Es steht geschrieben: Mein Haus soll ein Haus des Gebetes sein. Ihr aber habt daraus eine Räuberhöhle gemacht." (Lk 19,45-46)

Vielleicht haben Sie eine geräumige Lobby oder auch nicht, und wenn Sie keine haben, gibt es wahrscheinlich nicht viel, was Sie dagegen tun können. Aber Ihr Gebäude hat einige spezifische „Einstiegspunkte" für Ihre Gäste und für jene Besucher, die zum ersten Mal da sind. Und diese „Einstiegspunkte" senden eine Botschaft. Und Sie können diese Botschaft bestimmen.

Die besten Lobbybereiche, die wir gesehen haben, sind natürlich sauber; das ist selbstverständlich. Wenn Ihr Lobbybereich nicht sauber ist, dann haben Sie etwas ganz Entscheidendes vergessen. Denn wir alle reinigen unsere Häuser und Wohnungen, wenn Gäste kommen. Sie kämen nicht auf den Gedanken, etwas anderes zu tun. Sauberkeit sagt: „Wir warten auf dich, wir sind bereit für dich." Das Gleiche gilt für Ihre Kirchenlobby. Sie muss sauber sein.

Aber Sauberkeit reicht nicht aus. Ihre Lobby muss frei von Unordnung sein. Nebenbei: Unordnung ist wahrscheinlich mehr ein Thema für Kirchenleute als für Gäste. Dazu gehört auch, dass keine Möbel herumstehen, die nicht unbedingt für den Komfort der Kirchenbesucher notwendig sind. Unordnung kommt auch auf, wenn Anzeigen an Pinnwänden hängen, die veraltete oder irrelevante Informationen enthalten. Viele Gemeinden unternehmen große Anstrengungen, um schon im Eingangsbereich die Aufmerksamkeit der Menschen auf sich zu ziehen. Wenn Ihre Lobby mehr sagt als: „Hallo, herzlich willkommen, wir freuen uns, dass du da bist!", sagt sie zu viel. Sagen Sie nicht zu viel (siehe Kapitel 53).

Wenn Sie den Raum und die Technologie dafür haben, ist es eine großartige Sache, wenn man Bild und Ton aus der Kirche in die Lobby übertragen kann. Dies ist ein einfacher und unaufdringlicher Weg, um Zuspätkommer in die Atmosphäre des Gottesdienstes eintauchen zu lassen, Menschen mit besonderen Bedürfnissen zu unterstützen und Eltern mit Kleinkindern einen echten Service zu bieten (siehe Kapitel 29).

Aber hier ist der wichtigste Punkt: Verkaufen Sie nichts in Ihrer Lobby. Wir meinen es ernst. Verkaufen Sie nichts. Jesus mag das nicht.

— 29 —

Pflücken Sie die tiefhängenden Früchte

„Da brachte man Kinder zu ihm, damit er ihnen die Hände auflegte und für sie betete. ... Doch Jesus sagte: Lasst die Kinder und hindert sie nicht, zu mir zu kommen! Denn Menschen wie ihnen gehört das Himmelreich." (Mt 19,13-14)

Eltern mit Kindern brauchen viel Hilfe, und je jünger die Kinder sind, desto mehr Hilfe brauchen sie. Interessanterweise wünschen sich in unserer Gemeinde viele Eltern, vielleicht sogar die meisten, auch heute noch irgendeine Art von Religion oder religiöser Erfahrung für ihre Kinder. Religion kommt in der Prioritätenliste zwar erst nach Sport und Schule, steht aber immerhin noch auf der Liste. Selbst unter kirchenfernen Eltern ist dieses Bedürfnis zu finden. Wir wissen nicht genau, warum das so ist. Vielleicht sehen sie instinktiv die Notwendigkeit, ihre Kinder in einer verlässlichen Tradition zu verwurzeln oder ihre Erziehung an eine höhere Instanz zu binden. Wie auch immer: Wenn es um die Themen Kirche und Glaube geht, sind Eltern definitiv auf der Suche nach Hilfe und schätzen sie außerordentlich.

Wenn wir Eltern mit kleinen Kindern erreichen können, haben wir einen Doppelsieg errungen. Denn wenn wir Kinder für den Besuch der Kirche begeistern, so bildet das einerseits ein starkes Fundament für ihren Glauben, führt gleichzeitig aber auch ihre Eltern wieder ein Stück näher zur Feier des Gottesdienstes hin. Im Hinblick auf die Evangelisierung ist dies definitiv ein leicht zu erreichender Erfolg.

Wir glauben, dass dies am effektivsten in Räumen geschieht, die speziell für die Kindergottesdienste vorgesehen sind, abgetrennt vom eigentlichen Gottesdienstraum. Wir wissen, dass nicht jeder mit uns einverstanden ist, vor allem viele Mütter, die ihre kleinen Kinder mutig zur Messe bringen und darum kämpfen, mit ihnen dort zu bleiben. Sie tun dies Woche für Woche, obwohl es fast unmöglich ist, die Liturgie nicht zu stören und Gottesdienstbesucher und den liturgischen Dienst gleichermaßen abzulenken. Am Ende sind sie selbst und ihre Kinder unglücklich. Wir denken, dass es einen besseren Weg für alle gibt, und er beginnt in bestimmten Bereichen außerhalb der Messe, nicht als Ausschluss unserer jungen Mitglieder, sondern vielmehr als deren Aufnahme; nicht als Ersatz für die Messe, sondern als Vorbereitung darauf. Uns ist wichtig, dass die Bereiche für die Kinder so gestaltet sind, dass sie große Räume haben, in denen sie „spielen, anbeten, lernen" können. In einem Ablauf, der die Form der Liturgie widerspiegelt, versammeln sich die Kinder zum Spaßhaben, das dann in Anbetung und Bibelerzählung übergeht. Wenn Kinder in dieser Form an unsere Gemeinde herangeführt werden, werden sie die Liturgie kennenlernen, wie man sich dabei verhält, und sie werden lernen, die Liturgie zu lieben.

Wenn jedoch unsere Kinderbereiche nicht die richtige Botschaft vermitteln, werden sich die Eltern nicht wohlfühlen, wenn sie ihre Kinder bei uns lassen. Und statt dass wir neues Land einnehmen können für das Reich Gottes, verlieren wir es.

Probieren Sie dies aus:

Sicherheit

Der Bereich für die Kinder muss zuallererst Sicherheit ausstrahlen. In unserer Gesellschaft, die ständig vor Gefahren und Bedrohungen warnt, die in unzähligen Arten auf unsere Kinder zukommen, ist dies ein Hauptanliegen der Eltern. Grundlegend für alle Kinderprogramme sind natürlich die Erfordernisse hinsichtlich des Kinderschutzes, die heute in jeder Diözese und vermutlich in jeder katholischen Gemeinde gelten. Aber solche Vorkehrungen und Anforderungen finden von Natur aus hinter den Kulissen statt. Unsere Programme müssen nicht nur sicher sein, sie müssen auch Sicherheit vermitteln. Die Kommunikation von Sicherheit ist freilich nicht so wichtig wie die tatsächliche Sicherheit von Kindern, aber es ist von entscheidender Bedeutung, wie sicher Eltern die Situation empfinden, wenn sie ihren Nachwuchs den Leiterinnen und Leitern der Kinderprogramme anvertrauen.

Sie kommunizieren Sicherheit, indem Sie ein Team oder mehrere Teams von Freiwilligen (je nach Größe Ihres Programms) haben, die für Sicherheit und Service sorgen. Ein einzelner Erwachsener (der Ihrem Gast sogar noch fremd ist) strahlt nicht die Botschaft aus, dass die Kinder sicher sind. Ein Team schon. In unserem Kinderprogramm haben wir nicht nur Freiwillige, die mit den Kindern arbeiten, sondern auch zusätzliche Engagierte, die wir Gastgeber nennen. Ihr Job ist es im Grunde, für die Eltern da zu sein, sie zu begrüßen und ihre Fragen zu beantworten.

Eine weitere Möglichkeit, Sicherheit zu kommunizieren, besteht in einem etablierten und einheitlichen Check-in-System. Unabhängig vom Stil sagt ein Check-in-and-out-System den Eltern, dass ihr Kind dort ist und bleibt, wo es sein soll. Unsere eigene Methode hat sich im Laufe der Jahre zusammen mit der verfügbaren Technologie weiterentwickelt. Aktuell läuft alles über unsere Pfarreidatenbank und verbindet sich mit den Smartphones der Eltern. Beim Einchecken geben die Eltern einfach ihre Nummern ein, der Name ihrer Kinder erscheint auf dem Bildschirm und ein Namensschild (komplett mit allen Allergien und Unverträglichkeiten) wird gedruckt. Kommt eine Familie zum ersten Mal, kann sie sich auch am selben Terminal registrieren.

Sauberkeit

Müssen wir es überhaupt sagen? Nach der Sicherheit wollen wir, dass die Räume für die Kinder alle Gesundheits- und Hygieneanforderungen erfüllen.

> **Tom:** Vor kurzem habe ich eine andere Pfarrei besucht, anderswo in unserer Region, um dort die Heilige Messe mitzufeiern. Ich ging zusammen mit meiner Familie dorthin und angesichts unserer großen Zahl kleiner Kinder saßen wir im abgetrennten Gottesdienstraum für Kinder. Das Zimmer sah aus, als wäre es seit Jahren nicht mehr gereinigt worden. Auf dem Boden lag Müll herum, und die Teppiche waren alt und fleckig. Die Stühle waren schmutzig und die Wände brauchten dringend einen neuen Anstrich. Sogar das Fenster, das eigentlich einen Blick in die Kirche erlauben sollte, war so verschmiert, dass man kaum hindurchsehen konnte. Handschriftliche Schilder, wahllos an den Wänden angebracht, sahen alt und überholt aus. Der ganze Ort fühlte sich einfach schmierig an und alles, was ich wollte, war zu gehen.

Sauberkeit und Sicherheit müssen Hand in Hand gehen. Wenn das Aussehen eines Ortes nicht vermittelt, dass er regelmäßig gereinigt und gepflegt wird, wenn er unordentlich oder gar verschmutzt ist, gehen wir instinktiv davon aus, dass der Raum auch nicht sicher ist.

Es ist schon erstaunlich: Der Kinderraum vermittelt Sauberkeit am ehesten, wenn wir tatsächlich loslegen und ihn reinigen. Zwischen den Gottesdiensten nehmen sich unsere ehrenamtlichen Diener einige Minuten Zeit, um die Oberflächen und Spielzeuge mit desinfizierenden Tüchern abzuwischen und alles wieder in Ordnung zu bringen. Jeden Montag werden unsere Kinderzimmer vom Boden bis zur Decke gründlich geputzt.

Ein paar Mal im Jahr machen wir auch eine Grundreinigung. Wir packen die Möbel aus dem Raum, nehmen alles aus den Regalen und Schubläden, reinigen alles, putzen den Raum gründlich und stellen dann alles wieder zurück. Dies alles kann gut von Freiwilligen erledigt werden.

Eine weitere Möglichkeit, Sauberkeit in den Bereichen unserer Kinder zu vermitteln, besteht darin, nur wenig Spielzeug zu haben. Viele Kindertagesstätten und Kinderbereiche, die wir gesehen haben, quellen über von „Spielzeug-Müll“ (alte Sachen, die von Leuten „gespendet“ wurden, die sie loswerden, aber nicht wegwerfen wollten).

Unübersichtliche Räume kommunizieren nichts anderes als Unordnung. Niemand will seine Kinder in Ihrer Unordnung lassen.

Spaß

Neben Sauberkeit und Sicherheit wollen wir, dass unsere Kinderbereiche eine Willkommenskultur und Gastfreundschaft vermitteln. Wenn Familien zum ersten Mal an unseren Programmen teilnehmen, sollen sie wissen und spüren, dass wir froh sind, dass sie sich uns mit ihren Kindern angeschlossen haben. Und Kinder fühlen sich dann am wohlsten, wenn sie einen Platz vorfinden, der ihnen Spaß verheißt. Ja, wir wollen, dass unsere Programme den Kindern Spaß machen. Lebendige Farben, freundliche ehrenamtliche Mitarbeiter und weitläufige, zugängliche Räume geben Zeugnis davon, dass diese Kirche ein guter Ort auch für Kinder ist. Es braucht aber auch Dekoration auf Augenhöhe der Erwachsenen, damit sich auch die Eltern wohlfühlen.

Matthäus, Markus und Lukas erzählen uns alle davon, wie Jesu seine eigenen Jünger gerügt hat, als es um den Umgang mit den Kindern ging. Jesus bestand darauf, dass die Art von Gemeinschaft, die er gründete, ein sicherer und einladender Ort für sie sein müsse. Das Gleiche gilt für unsere Gemeinden. Und wenn sie es sind, bringen wir eine starke Botschaft an Eltern und Großeltern, in der Tat an alle Erwachsenen. Im Grund können wir hier auf sehr einfache Weise Erfolg haben. Es ist eine große Chance. Man könnte sie die „tiefhängende Frucht“ nennen. Los geht's!

— 30 —

Werden Sie dem Geheimnis gerecht

„Sie sollen mir ein Heiligtum machen!
Dann werde ich in ihrer Mitte wohnen." (Ex 25,8)

Die Feier der Eucharistie erfordert nur wenige einfache Dinge: Erstens die wichtigsten Elemente – Brot und Wein. Dann gibt es den Altar, den Ambo, um dort das Wort Gottes zu inthronisieren, und einen Ort für die Versammlung. Dazu kommt der Stuhl des Zelebranten, ein Kreuz, Kerzen, Kelch und Patene, und das ist es dann in etwa.

Die Kirche ist das Zentrum des Wochenenderlebnisses und der Mittelpunkt all unserer Verkündigungsarbeit. Und gleichzeitig bildet sie einen heiligen Raum, der darauf abzielt, Zeichen und Symbol der himmlischen Wirklichkeit zu sein. Allerdings muss sie dann auch dem dargestellten Geheimnis würdig sein. Das heißt: Jedes Element ist wichtig und hat Bedeutung. Das wiederum bedeutet vermutlich, dass weniger mehr ist: effektiver und erfolgreicher.

Wir verstehen, dass viele Kirchen in historisierendem und aufwendigem Stil mit wunderbaren Bildern und schmuckvollen Statuen entworfen und gebaut werden, die alle voller Respekt behandelt und sorgfältig gepflegt werden müssen. Aber was ist mit:

- Stühlen, die nur für Hochzeiten oder Beerdigungen benötigt werden, aber die als permanente Accessoires im Altarraum stehen?
- verwelkten oder gar toten Blumengestecken oder Dekorationen aus längst vergangenen Jahreszeiten?

- Bannern, die einfach alt und überholt sind, oder Altartüchern und Leinentüchern, die abgenutzt – oder schlimmer noch – schmutzig sind?
- dem Chor oder Musikraum und all dem, was Musiker brauchen (wenn das an den Altarraum angrenzt)?
- Mikrofonen, Lautsprechern und all den dazugehörigen Kabeln?

Als Gott sich Mose und den Israeliten offenbart, lernen sie unter anderem, dass er sich um die Details kümmert, besonders wenn es um die Details von Lobpreis und Anbetung und den Gottesdienstraum geht.

Erwägen Sie sorgfältig, was Ihre Kirche zum Ausdruck bringt.

Sagt sie: „Der Herr sei mit euch"?

Fordert sie auf: „Erhebt eure Herzen"?

Verkündet sie das Geheimnis des Glaubens?

— 31 —

Beleuchtung ist Architektur

„Gott sprach: Es werde Licht. Und es wurde Licht. Gott sah, dass das Licht gut war. Und Gott schied das Licht von der Finsternis."
(Gen 1,3-4)

In unserem Buch *Rebuilt* berichten wir von unserer Entscheidung, die wir vor einigen Jahren getroffen haben, nämlich von unserem Pfarreizentrum für unsere Heiligabendgottesdienste zum Messegelände zu wechseln. Diese Entscheidung wurde unter anderem getroffen, um den vielen Menschen besser gerecht zu werden, die an diesem Tag immer zum frühestmöglichen Zeitpunkt kommen. Zu den vielen Lektionen, die wir dabei gelernt haben, gehört – für uns etwas überraschend – die Bedeutung der Beleuchtung für eine gute Verkündigung.

Als wir eine Bühne für unseren Altar aufbauten und alle anderen notwendigen Vorbereitungen getroffen hatten, kam ein freundlicher Wartungstechniker vorbei und fragte uns, wie wir die Bühne beleuchten würden. Wir hatten nicht darüber nachgedacht, aber sofort wurde uns klar, dass wir etwas brauchten oder die Leute uns schlicht und ergreifend nicht besonders gut sehen konnten. Die verfügbare Deckenbeleuchtung war einfach zu schwach. Der Kerl verschwand und kam schließlich mit ein paar alten Scheinwerfern zurück, die er im Lager hatte, und so konnten wir unsere Beleuchtung in letzter Minute aufrüsten.

Tom: Es war brutal, aber es hat uns geholfen, unsere Arbeit zu erledigen. Die Lichter waren so hell, dass ich Migräne bekam. Für mich also eine schmerzhafte und unvergessliche Lektion über die Wichtigkeit der richtigen Beleuchtung.

In den folgenden Jahren haben wir viel Zeit in die Beleuchtung unserer Heiligabendfeier investiert. Da die Kulisse für den Gottesdienst der „Kuhpalast" ist (und ja, er ist genauso schön, wie er klingt), verwenden wir eine minimale Beleuchtung, die nur das leistet, was für die Sicherheit notwendig ist. Alles andere schalten wir ab. Dann beleuchten wir strategisch das, von dem wir wollen, dass die Menschen es sehen: den Altar, den Chor und das Kreuz. Die Beleuchtung macht aus einem unschönen, alten Schuppen ein spannendes, ja sogar elegantes Erlebnis.

Als wir zum ersten Mal nach Nativity kamen, wurden der Altarraum und das Kirchenschiff von einer grellen Deckenbeleuchtung überflutet, die alles und jeden hässlich aussehen ließ (wir nannten sie respektlos die Stadionbeleuchtung). Und da es sich um ein Gebäude aus den Siebzigerjahren handelte (man denke an viele dunkelbraune Ziegel), war das, was so intensiv beleuchtet wurde, nicht den Aufwand oder die Kosten wert. Viele Menschen haben sich damals wohl beim Zählen der Ziegelsteine ertappt, weil die Beleuchtung vor allem auf das Mauerwerk aufmerksam machte.

Wenn Sie heute unsere Gemeinde besuchen, werden Sie sicher erstaunt sein, wie dunkel unsere Kirche ist. Das ist Absicht. Wir benutzen die Dunkelheit, um das Gebäude so weit wie möglich zu verstecken und es verschwinden zu lassen. Inzwischen beleuchten wir, genau wie bei unserem Vorgehen im Kuhpalast, einige Schlüsselelemente in dramaturgischer Art und Weise. Im Laufe des Gottesdienstes können wir die Aufmerksamkeit der Gemeinde sogar auf das Wichtigste im jeweiligen Moment richten, was auch ihre Konzentration auf einem hohen Niveau hält.

Licht vermittelt auch Stimmung. Nach der Kommunion lassen wir alle Altarlichter außer dem Licht am Kreuz für einen Moment der Stille und Besinnung aus. Diese bewusste Verwendung von Licht hat eine große Auswirkung. Im Gegensatz zu unserer vorherigen Praxis, die dazu führte, dass nach der Kommunion alle zur Ausgangstür rannten, bewegen sich die meisten Menschen nicht, und es ist in der Kirche mucksmäuschenstill. Es ist eine sehr kraftvolle Erfahrung, der sich niemand entziehen kann, und so haben wir das Wesentliche erreicht – durch kluge Verwendung des Lichts.

Die wohl schönste Kirche des Landes ist die Basilika von Baltimore, die kürzlich aufwändig restauriert wurde. Die Restaurierung beinhaltete eigentlich nur sehr wenige architektonische Veränderungen. Hauptsächlich ging es darum, das Licht zurückzubringen, den dunkel gewordenen Raum von neuem zu durchfluten.

Unabhängig vom Stil Ihrer Kirchenarchitektur können Sie Ihre Beleuchtung bewusster gestalten, möglicherweise sogar ohne besonders großen Aufwand. Es geht nicht um Helligkeit oder Dunkelheit; es geht um die effektivste Nutzung von Licht in dem Raum, der Ihnen zur Verfügung steht. Was beleuchten Sie und warum? Was können Sie ändern, um das Gottesdienst-Erlebnis für Ihre Gemeinde und Ihre Gäste zu verbessern?

Vergessen Sie nicht: Letztendlich bestimmt die Beleuchtung und nicht die Architektur die Erfahrung des Gebäudes. Licht ist Architektur, und es ist ein wichtiges Hilfsmittel Ihrer Verkündigung.

Eines der ersten Dinge, die jemals geschahen, war, dass Gott für die richtige „Beleuchtung“ sorgte. Sie ist so wichtig. Sie ist so grundlegend.

— 32 —

Investieren Sie in eine ausgezeichnete Akustik

„Sieben Priester sollen sieben Widderhörner vor der Lade hertragen. Am siebten Tag sollt ihr siebenmal um die Stadt herumziehen und die Priester sollen die Hörner blasen. Wenn das Widderhorn geblasen wird und ihr den Hörnerschall hört, soll das ganze Volk in laut schallendes Geschrei ausbrechen. Darauf wird die Mauer der Stadt in sich zusammenstürzen."
(Jos 6,4-5)

Das Wochenende ist absolut entscheidend, um die Verlorengegangenen zu erreichen und die Pfarreimitglieder auf den Weg der Nachfolge zu bringen (siehe Kapitel 38). Wir glauben auch, dass für die Fernstehenden (zumindest am Anfang) die Wochenenderfahrung nicht auf der Eucharistie beruht, die sie zunächst weder schätzen noch verstehen können, sondern auf drei grundlegenden Säulen: Musik, Botschaft und handelnde Personen. Zwei dieser drei Säulen wiederum hängen zusammen mit Ihrem Audiosystem. Wenn Menschen nichts hören können oder wenn sie sich anstrengen müssen, um etwas zu hören, wird es für Ihre Pfarrei schwierig sein, die maximale Wirkung zu erzielen, die Sie erzielen können – oder vielleicht sogar nur die minimale Wirkung, die Sie erzielen sollten. Dass die Menschen mühelos hören können, ist wichtiger als alles andere bei der Wochenenderfahrung.

Sie brauchen also das beste Soundsystem, das Sie sich leisten können. Und was Sie sich leisten können, sollte ganz oben auf Ihrem Budget stehen.

Als Israel Jericho eingenommen und das verheißene Land in Besitz genommen hat, war dies vor allem auch eine Frage des „Sounds“. Das gilt auch für Ihr Wochenendprogramm.

— 33 —

Sie müssen auch etwas sehen können

„Da warf er seinen Mantel weg, sprang auf und lief auf Jesus zu. Und Jesus fragte ihn: Was willst du, dass ich dir tue? Der Blinde antwortete: Rabbuni, ich möchte sehen können. Da sagte Jesus zu ihm: Geh! Dein Glaube hat dich gerettet. Im gleichen Augenblick konnte er sehen und er folgte Jesus auf seinem Weg nach." (Mk 10,50-52)

Als wir begannen, einige der erfolgreichsten evangelikalen Gemeinden zu besuchen und von ihnen zu lernen, waren wir überrascht von den großen Videowänden, die gewöhnlich ihre Kirchenräume schmückten. Sie erschienen uns zunächst etwas merkwürdig, auch einigermaßen unpassend und letztlich auch unnötig zu sein. Aber das ist der Punkt: Wir haben diese Bildschirme falsch beurteilt. Irgendwann kam es uns in den Sinn: Warum machen wir das nicht auch? Wirklich, warum nicht?

Also probierten wir es aus.

Zuerst wussten wir nicht, was wir taten oder gar was wir wirklich tun sollten. Und zu allem Überfluss war unsere neue Technik ständig defekt. Trotz unserer Unwissenheit und der Fehltritte, die mit dem Ausprobieren der neuen Dinge einhergingen – ganz zu schweigen von Kritik und Beschwerden am Anfang –, waren wir froh, dass wir uns auf die neue Technik eingelassen hatten. Zum einen wird es eigentlich mehr zur Norm als zur Ausnahme. Besuchen Sie zum Beispiel die Messe auf dem Petersplatz oder in der St. Patrick's Cathedral oder in unzähligen neueren Kirchen im ganzen Land. Sie werden jede Menge Bildschirme, Kameras und Projektoren finden.

Aber vor allem sind sie unglaublich hilfreiche Werkzeuge für die Kommunikation in ganz vielen Bereichen.

Wir benutzen unsere Bildschirme, um die Texte zu unserer Lobpreismusik anzuzeigen. Dadurch entfällt der Bedarf an altmodischen Gesangbüchern oder der Aufwand und die Kosten für Liederzettel.

Auf diese Weise richten sich auch die Köpfe der Menschen nach oben – eine viel bessere Position, um zu singen! Dasselbe gilt für das Glaubensbekenntnis und die anderen Messteile; wenn sie auf den Bildschirmen gezeigt werden, neigen die Menschen dazu, auf einer ganz anderen Ebene teilzunehmen, und Neuankömmlinge wissen, was sie sagen sollen und auf welche Weise sie mitmachen sollen – wenn sie es wollen. Und der Effekt ist eine signifikant größere Beteiligung.

Das meiste, was wir auf den Bildschirmen zeigen, sind Kameraaufnahmen, die dem Fluss der Liturgie selbst folgen. Die Bilder helfen der Gemeinde, der liturgischen Handlung zu folgen, besonders den Kindern, die sonst oft nicht über die Erwachsenen sehen, die vor ihnen sitzen.

> **Father Michael:** Ich erinnere mich, als wir die Bildschirme zum ersten Mal installierten und eine Person sich beschwerte. Eigentlich haben sich viele Leute beschwert, aber hier ist, was dieser spezielle Typ gesagt hat: „Ich mag sie nicht, weil sie mich ablenken." Diese Beschwerde hat mich verwirrt, denn natürlich ist es genau das, was sie nicht sind. Es sei denn, man besucht die Messe als private Andacht oder als Zeit, um ganz bei sich selbst zu sein, verloren in den eigenen Gedanken. Dann ist es natürlich schwierig, das mit den Bildschirmen zu tun.

Wenn es aus Gründen der Kirchenarchitektur, der Gemeindekultur oder wegen Ihrer eigenen Vorlieben und Vorstellungen einfach nicht wünschenswert ist, während der Messe Videotechnik einzusetzen, wie wäre es dann, es um die Messe herum zu tun? Bildschirme sind eine effektive Möglichkeit, um Ihre Mitteilungen vor oder nach der Messe anzuzeigen (Sie können sogar den Druck eines Pfarrblattes einstellen). Bildschirme sind großartig, um Fotos von Gemeindeveranstaltungen zu zeigen oder Siege zu feiern. Sie können Videobildschirme verwenden, um Menschen zu danken und ihren Einsatz zu würdigen – ganz ohne Kosten und mit wenig Aufwand. Wenn Sie die Kapazität haben, können Sie Videos produzieren, um eine Geschichte zu erzählen, tiefer in die Botschaft der Predigt einzutauchen und sogar Zeugnis von Lebensveränderungen und Bekehrungen abzulegen.

Der arme Bartimäus will nur sehen. Und wenn man genau hinschaut: Als sein Gebet erhört wird, ist das erste, was er sieht, der Herr. Letztendlich ist das der Grund all unserer Verkündigung, das ist unser Ziel: Menschen in den Kirchenbänken zu helfen, den Herrn zu sehen.

— 34 —

Das Internet ist wahrscheinlich keine vorübergehende Mode

„Danach sah ich und siehe, eine große Schar aus allen Nationen und Stämmen, Völkern und Sprachen." (Offb 7,9)

Wir sind weit davon entfernt, Experten für dieses Thema zu sein, aber in einem Buch über Kommunikation wären wir nachlässig, wenn wir nicht auch ein Kapitel über elektronische Kommunikation und soziale Medien hinzufügen würden. Mehr und mehr ist dies die bevorzugte Form der Kommunikation und deshalb sollte sie auch ein wachsender Teil der Kommunikation in unserer Pfarrei sein. Tatsächlich dürfte es als sicher gelten, dass wir einen der größten Paradigmenwechsel in diesem Bereich in der christlichen Zeitrechnung erleben, und die Kirche hat Mühe, dabei auf die Höhe der Zeit zu kommen.

Zumindest sollten wir diesen Wandel, in dem wir uns befinden, anerkennen und unseren Widerstand dagegen ablegen. Eine Gemeinde kann nicht alles tun, aber jede Gemeinde kann einige Dinge tun. Wenn Ihre Gemeinde Twitter, Facebook und Instagram nicht nutzt, wenn Sie keine Präsenz in dieser ganz neuen Welt haben, die, ob es Ihnen gefällt oder nicht, unsere Welt ist, verpassen Sie eine große Chance auf Verkündigung (vielleicht die Gelegenheit Ihres Lebens). Betrachten Sie diese einzige, weit verbreitete Statistik: Eine

Pfarrei, die Facebook nutzt, erreicht ein Publikum von durchschnittlich 166 Prozent gemessen an der Größe ihrer Gemeinde.

Das bedeutet nicht, dass der Seelsorger alles selbst meistern muss, aber Sie brauchen jemanden oder eine Gruppe von Menschen, die die Kommunikation über das Medium für Sie erledigen. Das können auch Freiwillige sein.

In unserer Pfarrei nutzen wir Facebook und besitzen Twitter-Accounts, die von Mitarbeitern und Freiwilligen unterhalten werden. Zusammen erreichen sie inzwischen täglich Tausende von Menschen. Das bedeutet, dass wir bis zum Ende der Woche mit mehr Menschen über diese Medien kommuniziert haben, als wir es in unserer Gemeinde jemals tun werden, selbst an unserem am besten besuchten Wochenende.

Finden Sie heraus, welche Arten von Social Media von Ihren Gemeindemitgliedern genutzt werden. Wir haben festgestellt, dass Facebook momentan in unserer Gemeinde beliebter ist als andere soziale Medien. Gleichzeitig nehmen wir zur Kenntnis, dass Facebook-Nutzer immer älter werden. Social Media verändert sich so schnell, dass dies sicherlich anders sein könnte, wenn Sie dieses Buch lesen. Seien Sie sich bewusst, dass Ihre Gemeinde, je nach Alter und Demographie, natürlich mehr an der einen oder anderen Form von sozialen Medien interessiert sein könnte.

Father Michael: Ich habe einen Twitter-Account und einen Blog und nutze beides in meiner beruflichen Eigenschaft als Pfarrer konsequent. Für Twitter besteht meine aktuelle Strategie im Wesentlichen aus vier Tweets pro Tag: einer aus der Schrift als Inspiration, einer aus einer anderen Quelle als Motivation, einer aus meinem eigenen Alltag zur Veranschaulichung meiner Arbeit, und einer, der einfach unerwartet oder lustig ist. Ich blogge einmal pro Woche und nutze diese Plattform, um Informationen mit Insidern auszutauschen und sie regelmäßig mit Ankündigungen zu „belohnen", bevor der Rest der Gemeinde die Nachricht erhält. Dort gehe ich auch tiefer in die Diskussion der Gemeindestrategie – aber nicht zu tief. Meine Beiträge umfassen etwa vierhundert Wörter, nie mehr. In nur ein paar Jahren habe ich Tausende von Followern auf Twitter und Hunderte von Hits wöchentlich im Blog gewonnen. Diese Kontinuität hat dafür gesorgt, dass diese Zahlen weiter wachsen.

Tom: Wir haben auch einen Dienst, der täglich eine Besinnung und ein Gebet per E-Mail sendet, den wir als „vollkommene Anbetung" bezeichnen. Neben der Ermutigung zum täglichen Gebet bringt er eine kurze Botschaft, die in einer Minute oder weniger gelesen werden kann, um die Themen zu vertiefen, die wir in unserer Predigtreihe oder bei den Kleingruppen vorlegen. Viele unserer Mitarbeiter nutzen den gleichen Service, um ihre manchmal sehr große Gruppe von ehrenamtlich Engagierten über Veranstaltungen, Abläufe und Leitlinien auf dem Laufenden zu halten. Diese Verteilersysteme sind extrem hilfreich, um unsere Dienstbereichsleiter zu unterstützen und zu ermutigen.

Man könnte sagen, dass die Vision des heiligen Johannes in der Offenbarung von der „großen Schar" das Internetzeitalter vorwegzunehmen scheint. Unabhängig davon hat uns Gott ein mächtiges Werkzeug gegeben und erwartet, dass wir es nutzen.

Sie können uns für verrückt erklären, aber wir glauben, dass diese neue Sache namens Internet nicht nur eine vorübergehende Modeerscheinung ist. Es ist wahrscheinlich etwas von Dauer, und trotzdem veröffentlichen nur etwa sieben Prozent der Pfarreien ihr Programm online. Wenn wir nicht die elektronische Kommunikation in all ihren Formen nutzen, dann verpassen wir in hohem Maße wichtige Gelegenheiten, um das Evangelium zu verkünden und die Frohe Botschaft zu verbreiten.

— 35 —

Sie sind Ihre Webseite … Sie werden Ihre App

„Eines habe ich vom HERRN erfragt, dieses erbitte ich: im Haus des HERRN zu wohnen alle Tage meines Lebens; die Freundlichkeit des HERRN zu schauen und nachzusinnen in seinem Tempel."
(Ps 27,4)

Während das wöchentliche Mitteilungsblatt immer mehr an Bedeutung verliert (und auch Papierverschwendung ist), wird die Webseite wichtiger denn je und hat mehr Potential, als Sie vielleicht meinen. Heutzutage ist es so, dass der erste Besuch auf der Webseite stattfindet, bevor jemand überhaupt Ihre Kirche betritt. Was die Menschen auf der Webseite sehen, bestimmt, was sie über Ihre Gemeinde denken. Sie sind Ihre Webseite. Und weil die Leute sich immer mehr auf ihre Smartphones, Tablets und anderen Mobilgeräte verlassen, was inzwischen mehr als die Hälfte aller Webseitenzugriffe ausmacht, ist es für den Internetauftritt der Pfarrei zwingend nötig, für den Zugriff durch Mobilgeräte ausgelegt zu sein.

Noch wichtiger als eine Webseite ist eine, die beständig gepflegt und aktualisiert wird. Es kommt nicht auf eine extravagante und teure Webseite mit allen möglichen Spielereien an, sondern auf eine, die wöchentlich neu mit Inhalten gefüllt wird. Wenn Sie das nicht sicherstellen können, schalten Sie Ihre Webseite ab, bis Sie dazu in der Lage sind. Wenn Sie eine haben, halten Sie sie aktuell, fügen Sie von Zeit zu Zeit neue Bilder und Funktionen hinzu. Arbeiten Sie unbedingt daran, dass Ihre Webseite attraktiv bleibt.

Bestimmen Sie darüber hinaus Ihre Ziele: Wen versuchen Sie zu erreichen und was versuchen Sie ihm zu sagen? Das ist nicht anders als mit Ihren anderen Kommunikationswegen. Wenn Sie jeden erreichen und alles sagen wollen oder keine Ahnung haben, wer gemeint sein könnte, wird die Sache wahrscheinlich keinen Erfolg haben.

Probieren Sie dies aus:

Machen Sie die Webseite zu einem Ziel für Einladungen

Die vorrangige Zielgruppe unserer Webseite sind Katholiken ohne Pfarreibindung im Norden Baltimores. Nach der persönlichen Einladung durch eines unserer Gemeindemitglieder ist die Webseite unser zweitwichtigstes Mittel für die Evangelisierung. Genau genommen wirken beide zusammen. Wenn jemand eingeladen wird und sich ernsthaft überlegt in die Kirche zu kommen, schaut er zuerst auf die Webseite. Sie ist der Ort, wohin jemand eingeladen wird. Deshalb muss es dort Informationen geben, die für ihn von Interesse sind, z. B. was ihn in der Kirche erwartet.

Machen Sie die Webseite selbst zu einem Ziel

Darüber hinaus sollte die Webseite nicht nur ein Wegweiser, sondern ein eigener Ort für unsere Besucher sein. Wir haben die technischen Möglichkeiten, den Gottesdienst live zu übertragen. Zusätzlich stellen wir – nach dem Prinzip der Selbstbedienung – die vergangenen Predigten und weitere Vorträge, wie z. B. Materialien für die Kleingruppen, zur Verfügung.

Machen Sie die Webseite zu einem Ziel für die Pfarrei

Natürlich soll unsere Webseite auch für unsere Pfarreimitglieder hilfreich und nützlich sein (sie sind nicht unsere einzige und vorrangige Zielgruppe, aber eine außerordentlich wichtige). Unsere Webseite versorgt sie mit allen nötigen Informationen, ohne dass sie anrufen oder zum Pfarrbüro kommen müssen. Man kann sich online für alle Programme und Dienste anmelden. Inzwischen ist es einfach, alle Anmeldungen und Einschreibungen über die Webseite vorzunehmen. Wir arbeiten entschlossen an der Umstellung der Spenden auf Online-Basis.

In den Psalmen preist David Gott so, wie er ihn erfahren hat, als er Zeit mit ihm verbracht hat. Ihre Webseite kann ein Ort sein, an dem Menschen aus Ihrer Region, die fern von Gott sind, Sie kennenlernen und damit beginnen, Gott kennenzulernen.

Die Wichtigkeit der Webseite können wir nicht genügend unterstreichen. Danach aber müssen wir noch über die App sprechen …

— 36 —

Ignorieren Sie Ablenkungen

„In aller Frühe, als es noch dunkel war, stand er auf und ging an einen einsamen Ort, um zu beten. Simon und seine Begleiter eilten ihm nach, und als sie ihn fanden, sagten sie zu ihm: Alle suchen dich. Er antwortete: Lasst uns anderswohin gehen, in die benachbarten Dörfer, damit ich auch dort verkünde; denn dazu bin ich gekommen." (Mk 1,35-38)

Erzbischof Fulton Sheen erzählte einmal eine Geschichte, als er vor einer Gemeinschaft von Ordensschwestern zu predigen hatte. Während der Exerzitien saß eine der Schwestern konsequent in der ersten Reihe, direkt vor der Kanzel. Jedes Mal, wenn er zu ihr blickte, konnte er nicht anders, als ihr finsteres Gesicht zu bemerken: Es gab einfach keinen Zweifel an ihrem Unmut über das, was er ihnen zu sagen hatte. Die Frau war dermaßen störend für ihn, dass er sich schließlich entschied, sie damit zu konfrontieren und sie zu bitten, sich woanders hinzusetzen. Als er sich nach einer seiner Ansprachen der Schwester näherte, war der Erzbischof überrascht, als er sah, wie sich ihr ganzer Ausdruck änderte. Ihr Stirnrunzeln löste sich in ein breites Lächeln auf. Sie dankte ihm sehr herzlich für den Einkehrtag. Wo lag das Missverständnis? Es stellte sich heraus, dass sie an chronischen Rückenproblemen litt, die sie ständig so schmerzten, dass sie nicht anders konnte, als mürrisch dreinzublicken.

Wenn wir uns der Aufgabe der Verkündigung zuwenden, wird es immer Ablenkungen geben. Die Menschen werden ohne ersichtlichen Grund aufstehen und gehen. Sie werden reden, auf ihrem Handy herumtippen, mit ihren Kindern spielen und in den Raum schauen, als ob man sie ins Koma geschickt hätte. Bei einem „Live-Publikum" gibt es immer Ablenkungen.

Und wir neigen dazu, uns von den Menschen besessen zu fühlen, die nicht aufzupassen scheinen. Wir wollen einfach herausfinden, warum sie nicht zuhören, und werden alles versuchen, um ihre Aufmerksamkeit zurückzugewinnen. Wir werden anfangen, uns selbst in Frage zu stellen, und verlieren so den roten Faden. Aber indem wir uns auf die Ablenkungen konzentrieren, schwächen wir unsere Botschaft. Sie halten uns davon ab, die Menschen zu erreichen, die wir erreichen könnten, und jene Menschen zum Handeln zu bewegen, die bereit sind, sich zu verändern.

Ignorieren Sie die Ablenkungen, wenn Sie sprechen, und tun Sie so, als wären sie gar nicht da. Bleiben Sie konzentriert auf das, was Sie sagen wollen, und auf die Menschen, die bei Ihnen sind (siehe Kapitel 84).

Darüber hinaus sollten Sie vorausschauend sein, um mögliche Ablenkungen zu erkennen, bevor Sie anfangen: eine Mutter mit einem Kleinkind, das nicht stillsitzen kann, oder ältere Menschen mit Handy, die nicht wissen, wie man es stumm schaltet. All das sind Probleme, die nur darauf warten, aufzutreten. Einige von ihnen können vermieden werden, zum Beispiel durch einen höflichen Hinweis oder durch eine freundliche Einladung, sich besser zu verhalten.

Auch ist eine gute Vorbereitung ein nützliches Hilfsmittel bei der Bekämpfung von Ablenkungen. Je mehr Sie Ihre Materie im Griff haben, desto einfacher wird es sein, Ablenkungen zu ignorieren oder zumindest gut mit ihnen umzugehen (siehe Kapitel 23).

Der Evangelist Markus erzählt uns vom Beginn des öffentlichen Auftretens Jesu. Von Anfang an zeigt er eine erstaunliche Disziplin und eine unerschütterliche Weigerung, sich ablenken zu lassen. Tatsächlich ist das ganze Markusevangelium mehr oder weniger eine Erzählung über den Weg Jesu auf das Kreuz hin.

Ignorieren Sie Ablenkungen beim Reden und entwickeln Sie durch Ihre Vorbereitung Strategien, um mit ihnen umzugehen. Auf diese Weise werden Sie schnell Fortschritte machen. Sie können die Reaktionen der Leute oder die Störungen in Ihrem Publikum nicht kontrollieren. Sie können nur die Kontrolle über Sie selbst übernehmen und sie behalten.

— 37 —

Fassen Sie Mut, wenn Sie beschossen werden

„Wir hatten vorher in Philippi viel zu
leiden und wurden misshandelt, wie ihr wisst;
dennoch haben wir im Vertrauen auf unseren Gott
das Evangelium Gottes trotz harter Kämpfe
freimütig bei euch verkündet."
(1 Thess 2,2)

Father Michael: Ich werde nie vergessen, als ich einmal vom „Zehnten" in einer Predigt gesprochen habe. Unmittelbar nach der Messe kam eine Frau auf mich zu, die bedrohlich mit dem Finger auf mich zeigte und sagte: „Ich will dieses Wort, das sie da gerade gesagt haben, nie wieder in der Kirche hören." Nun, ich gebe zu, dass ich nicht besonders viel darüber nachgedacht hatte, bevor ich dieses Wort benutzte – ganz zu schweigen davon, dass ich damals selbst ziemlich inkonsequent bei der Abgabe des Zehnten war. Aufgrund ihrer Kritik haben wir dieses Wort jedoch in unserer Kirche tatsächlich sehr lange nicht erwähnt. Und offen gesagt war der einzige Grund, warum ich es überhaupt benutzte, dass Tom zu kündigen drohte, wenn wir nicht anfingen, davon zu predigen (und ich dachte ernsthaft darüber nach, ihn gehen zu lassen). Eine bedrohliche, wütende Frau hielt mich davon ab, Gottes Wort zu predigen.

Die Angst vor Menschen ist eine Falle. Dies gilt insbesondere für die Verkündigung in der Kirche. Überall, wo wir Vorträge halten, stellt man uns immer wieder die gleiche Frage: „Wenn wir eure Strategien ausprobieren, wird sich dann nicht jemand beschweren?" Natürlich werden sich die Leute beschweren – oder zumindest jeder, der derzeit hat, was er will, und befürchtet, es durch Veränderungen zu verlieren.

Wir wollen auf keinen Fall Menschen verärgern, nur um sie zu verärgern. Und wir müssen vermeiden, Menschen abzuschrecken, die weit von Christus entfernt sind, wenn sie dabei sind, zur Kirche zurückzukehren. Aber wir müssen auch die Tatsache berücksichtigen, dass wir manchmal die Leute wütend machen werden, und wenn sie wütend sind, werden sie sich wahrscheinlich beschweren. Einige der Beschwerden werden gerechtfertigt und andere unfair sein, aber weder das eine noch das andere wird sich jemals sehr gut anfühlen.

Wenn Sie im Verkündigungsdienst überleben und wachsen möchten (und das müssen Sie tun, um den Auftrag zu erfüllen, den Gott Ihnen gibt), ist es notwendig, dass Sie unter Beschuss Mut entwickeln.

Der heilige Paulus wusste alles über Kritik. Als Weltklassekommunikator stand er direkt in der Schusslinie. Er blieb dort und hielt es aus. Gewinnen Sie im Gebet Mut, um das Evangelium Gottes furchtlos zu verkündigen. Gott wird Ihnen diesen Mut schenken.

— 38 —

Es ist (nach wie vor) das Wochenende, Dummkopf!

„Schick die Leute weg, damit sie in die umliegenden Dörfer und Gehöfte gehen, dort Unterkunft finden und etwas zu essen bekommen; denn wir sind hier an einem abgelegenen Ort. ... Es waren nämlich etwa fünftausend Männer."
(Lk 9,12.14)

Verzeihen Sie das Klischee und die Wortwahl, aber wenn Sie unsere anderen Bücher gelesen haben, haben Sie das sicher schon einmal gehört. Das Wochenende ist das „Kerngeschäft" und das wichtigste „Produkt" jeder Pfarrei. Bei der Auswertung unseres Pfarreilebens und in vielen Gesprächen mit Leitern anderer Gemeinden sind wir immer mehr von der Wahrheit und dem Nutzen dieses Prinzips überzeugt worden. Wenn Sie mit diesem Prinzip ebenfalls übereinstimmen, dann folgt daraus natürlich, dass das Wochenenderlebnis Ihr wichtigstes Kommunikationsmittel als Gemeinde ist. Wenn es um Verkündigung geht, ist das Wochenende immer noch am wichtigsten (sorry wegen des „Dummkopfs"; das ist eine lange Geschichte).

Kirchenferne Menschen bewerten unsere Pfarreien anhand dessen, was sie am Wochenende erleben. Sie sind bereits aus ihrer Komfortzone herausgetreten, indem sie überhaupt in die Kirche gekommen sind, und es ist unsere Aufgabe, sie für diesen Schritt und die damit verbundene Anfahrt zu belohnen. Wenn sie kommen und eine gute Erfahrung machen, dann besteht eine Chance, dass sie wiederkommen. Und umgekehrt: Wenn sie keine gute Erfahrung machen, dann kommen sie wahrscheinlich kein zweites Mal. Diese einzelne Begegnung könnte die einzige Chance sein, die wir bekommen.

Gleichzeitig gilt: Wenn wir es ernst meinen, unsere „Stammgäste“ auf den Weg der Jüngerschaft zu bringen und ihnen zu helfen, im Glauben mehr und mehr zu wachsen, ist die Wochenenderfahrung unsere beste, manchmal unsere einzige Gelegenheit, sie zu inspirieren und zu ermutigen.

Abgesehen davon kann man am Wochenende am besten von uns erfahren, was wir tun, wer wir sind und welche Werte wir leben. Bei der sonntäglichen Feier der Eucharistie zeigen wir ganz grundlegend und authentisch, wer wir sind. Und das ist, offen gesagt, auch der Ort, an dem Sie Ihr Geld verdienen. Vielleicht klingt das krass, aber es ist wahr.

Probieren Sie dies aus:

Denken Sie daran: Es muss eine Erfahrung sein

Vom ersten Moment an, an dem die Menschen unser Gelände betreten, bis sie gehen, wollen wir ihnen zeigen, dass die Zeit, die sie bei uns verbringen, eine Erfahrung ist. Beim Sonntagsgottesdienst geht es nicht nur darum, eine Stunde einzuplanen, um Gott zu befriedigen und um Schuld abzutragen. In die Kirche zu kommen ist nicht wie einkaufen oder einen Termin mit dem Zahnarzt zu vereinbaren; es ist eine Gelegenheit, eine Beziehung mit dem lebendigen Gott und seinem Leib, der Kirche, einzugehen. An jedem Wochenende umfasst unsere Verkündigung die Predigt, die Mitteilungen, die Wortliturgie für Kinder, die Katechese, die Berichte, die Musik, das Auftreten und die Ausstrahlung unserer Freiwilligen und

Mitarbeiter und vieles mehr. Wir wollen, dass all diese Elemente eine Erfahrung schaffen, die die Menschen in eine persönlichere Beziehung zu Gott und zu einer Erfahrung von Gemeinschaft in seiner Kirche führt. Jeder Aspekt unserer Bemühungen sollte dies zum Ausdruck bringen.

Sorgen Sie dafür, dass die Erfahrung fließt

Wir sind uns nicht ganz sicher, wo jemals entschieden wurde, dass riesige Lücken in der Messe oder gähnende Stille zwischen liturgischen Abschnitten ein Spiegelbild der Heiligkeit oder ein Ausdruck von Frömmigkeit sind. Wann wurde das Zuspätkommen oder das frühere Gehen zu einem festen Bestandteil der Wochenenderfahrung in den katholischen Pfarreien? Wie kommt es, dass so viele Prediger und Verkündiger in einer Weise sprechen, die darauf hindeutet, dass sie für immer weiterreden werden (auch wenn sie nicht sehr lange sprechen, vermitteln sie den Eindruck, dass sie es tun werden). Unabhängig von den Gründen ist das Endergebnis oft eine klobige, schwerfällige Erfahrung, die die Menschen, insbesondere die Kirchenfernen, verängstigt und dafür sorgt, dass sie sich nicht wohl fühlen.

Von Anfang an wollten wir zum Ausdruck bringen, dass unsere Gemeinde eine Bewegung ist, kein Denkmal. Sie ist eine Bewegung, das bedeutet, sie muss sich bewegen: Wir wollen die Menschen auf eine Reise zu den höheren Dingen Gottes mitnehmen, bevor wir sie auf eine Mission zu den grundlegenden Bedürfnissen ihrer Brüder und Schwestern sowie den Herausforderungen ihres täglichen Lebens schicken. Um das zu ermöglichen, muss die Wochenenderfahrung „fließen", das heißt: Jedes Element fließt aus dem vorherigen und geht über in das nächste.

Sorgen Sie dafür, dass die Erfahrung exzellent wird

Wenn es um das Erlebnis am Wochenende geht, steigern Sie den Wert von Exzellenz – Exzellenz, und nicht Perfektion (siehe Kapitel 49). Bei Exzellenz geht es um außergewöhnliche oder herausragende Qualität, und selbst das Streben danach ehrt Gott und kann Menschen inspirieren.

Manchmal wird in der Geschichte von den Broten und Fischen übersehen, dass Tausende von Menschen Jesus in eine trostlose, isolierte Umgebung folgten, um ihn predigen zu hören. Sie waren von dieser Erfahrung so fasziniert, dass sie ganz vergessen haben, vor Einbruch der Dunkelheit für sich selbst zu sorgen. Was die Jünger nicht verstehen und Jesus sie lehren muss, ist, dass diese Menge, diese Versammlung eine Chance bietet, die sie ergreifen müssen. Und für uns ist diese Chance das Wochenende.

— 39 —

Und alles beginnt auf dem Parkplatz

„Der HERR aber sagte zu Samuel: Sieh nicht auf sein Aussehen und seine stattliche Gestalt, denn ich habe ihn verworfen; Gott sieht nämlich nicht auf das, worauf der Mensch sieht. Der Mensch sieht, was vor den Augen ist, der HERR aber sieht das Herz."
(1 Sam 16,7)

Tom: Vor nicht allzu langer Zeit bin ich mit meiner Familie nach Atlanta gefahren, um meine Schwester Colleen und ihre Familie zu besuchen. Während wir in der Stadt waren, wollten wir mit den Kindern etwas Spaß haben, also beschlossen wir, ins Aquarium zu gehen.

Als ich in die Innenstadt von Atlanta fuhr, war ich etwas unsicher. Dich in einer Stadt zurechtfinden zu müssen, die du nicht kennst, ist immer stressig. Ich fand einen Parkplatz gegenüber dem Aquarium und als ich zum Tor hochfuhr, sagte der Parkplatzwächter mit seinem breiten, warmen südlichen Akzent: „Wie geht es dir, mein Freund?" Da ich aus dem Nordosten komme, war ich verblüfft über die offenherzige Freundlichkeit. Ich bezahlte und fuhr auf den Parkplatz, wo es einen anderen Kerl gab, der mich begrüßte. Als er meinen überdimensionalen Ford Expedition betrachtete, sagte er: „Ich zeige dir ein Parkfeld, wo du hinpasst, mein Freund. Achte auf meine Anweisung und ich helfe dir." Er nannte mich seinen „Freund" und es schien, als würde er es ernst meinen. Plötzlich war ich viel entspannter. Bevor wir noch das Aquarium betraten, hatten wir schon eine beeindruckende Erfahrung gemacht.

Wenn man sie überhaupt erzählen mag, erscheinen solche kleinen Details vielleicht etwas lächerlich. Aber sie sorgten für eines: Ich fühlte mich großartig.

Nach unserem Besuch im Aquarium machten wir uns auf den Weg zur Samstagabendmesse. Als wir zum Kirchenparkplatz kamen, gab es einen Kerl in einem Golfwagen, der offensichtlich eine Form von Autorität ausübte. Er starrte mich nur an und schien voll finsterer Schadenfreude zu sein, als ob er sagen würde: „Du wirst für dieses Schiff hier nie einen Parkplatz finden." Er sah zu, wie ich es versuchte, und er machte mich unheimlich nervös. Es war so eine kleine Begebenheit, die ich wahrscheinlich gar nicht hätte bemerken sollen, außer wegen einer Sache: Ich fühlte mich verurteilt.

Wenn Menschen am Wochenende zur Messe kommen, vermittelt ihnen jeder Teil ihrer Erfahrung etwas über Ihre Gemeinschaft, über unseren Gott und was Gott und Ihre Gemeinschaft über sie denken. Vielleicht wollen wir so eine Verantwortung nicht haben – aber wir haben sie trotzdem.

Probieren Sie dies aus:

Haben Sie ein Parkplatzteam

Die Verkündigung in Nativity beginnt zuerst und vor allem auf unserem Parkplatz, denn zumindest in unserer Gemeinde fahren die meisten Menschen mit dem Auto zur Kirche. Folglich wissen wir, dass unsere ganze Wochenendbotschaft dort beginnt. Das Parkplatzteam, nicht der Prediger, beginnt in Wirklichkeit, die Frohe Botschaft zu verkünden. Die erste Erfahrung und damit die erste

Kommunikation mit den Menschen, die in unsere Kirche kommen, beginnt, wenn Menschen auf unser Gelände fahren. Unser Parkplatzteam hilft den Gästen zu verstehen, dass wir vorbereitet und begeistert sind, sie zu sehen.

Haben Sie ein Begrüßungsteam

Wir versuchen bei allen Wochenendgottesdiensten, Begrüßungspersonal an unseren Haupteingängen zu positionieren. Diese „Begrüßer" öffnen den Gästen die Türen und begrüßen sie natürlich in unserer Kirche. Das Begrüßungsteam fügt dem wortlosen Empfang des Parkplatzteams Worte hinzu. Sie zeigen den Menschen, dass wir froh sind, dass sie sich uns angeschlossen haben. Dies ist besonders wichtig für diejenigen, die schon lange nicht mehr in der Kirche waren, die annehmen, dass sie nicht willkommen sind, und tatsächlich glauben, dass wir sie deshalb verurteilen. Eine freundliche Begrüßung bricht dieses Missverständnis auf und hilft ihnen, ihre Verteidigungshaltung abzulegen, um sich für das zu öffnen, was Gott ihnen sagen will.

Haben Sie ein Gastfreundschaftsteam

Nachdem die Besucher von unserem Begrüßungsteam an den Eingängen empfangen wurden, werden sie von unseren Mitgliedern des Gastgeberteams in Empfang genommen, sobald sie sich im Kirchenraum befinden (wir nennen ihn unser „Heiligtum"). Die Gastgeber helfen den Gästen bei der Suche nach Plätzen und gehen auf besondere Bedürfnisse, Fragen oder Probleme im Heiligtum ein. So kann man die Kommunikation am Laufen halten.

Als einzelne Funktionen sind das sehr einfache Dinge, die man leicht übersehen kann. Aber als gemeinsame Teamleistung werden sie so viel mehr sein als die Summe ihrer Tätigkeiten. Über einen einfachen Empfang hinaus arbeiten das Parkplatzteam, das Begrüßungsteam und die Gastgeber zusammen, um deutlich zu machen, dass wir vorbereitet sind. Organisation vermittelt Autorität und Verantwortung für den Dienst und die Mission vor Ort. Eine gute Organisation lässt diejenigen, die in die Kirche kommen, spüren, dass man uns vertrauen kann. All diese Bemühungen um den Empfang schaffen Energie und Begeisterung und in der Tat ein Gefühl von einem Bestimmungsort. Die Kirche kann ein Ort sein, an dem die Menschen wirklich gerne sind.

Gott mag in der Lage sein, über einen schlechten ersten Eindruck hinwegzusehen, aber Kirchenferne sind nur Menschen und können das oft nicht. Unsere Verkündigung beginnt lange vor der Liturgie. Sie beginnt auf dem Parkplatz. Sie beginnt mit den ersten Eindrücken, die die Gäste haben, wenn sie auf unser Grundstück und in unser Gebäude kommen.

— 40 —

Bereiten Sie die Gläubigen auf den Gottesdienst vor

„Darauf sagte Josua zu den Israeliten: Kommt her und hört die Worte des HERRN, eures Gottes! Dann sagte Josua: Daran sollt ihr erkennen, dass ein lebendiger Gott mitten unter euch ist."
(Jos 3,9-10)

Bevor die Messe beginnt, machen wir die Mitteilungen – aber nicht der Priester. Wenn der Priester die einzige Stimme ist, die gehört wird, wenn er nicht nur die Messe leitet und die Predigt hält, sondern auch noch die Mitteilungen verkündet und alle möglichen Anweisungen gibt, vermittelt er auf subtile Weise (oder vielleicht auch nicht so subtile Weise), dass sich die Messe und die Kirche einzig und allein um ihn drehen. Es verwässert auch die Wirkung seines Gebets und seiner Botschaft, da alles, was er sagt, irgendwann gleich klingt.

Unsere Mitteilungen kommen in Form eines Videos, in dem derzeit zwei Sprecher vorkommen: Kristin ist fröhlich und freundlich und lässt einen leicht lächeln. Tony ist ein „Jedermann", der bewusst diese frei erfundene Figur repräsentiert, die wir bereits erwähnt haben und die wir „Timonium Tim" nennen. Er ist die zentrale, kirchenferne Person, die wir in unserer Pfarrei zu erreichen versuchen. Wenn „Tim" tatsächlich einmal in unserer Kirche auftaucht und Tony die Ankündigungen machen sieht, wird er sehr wahrscheinlich denken: „Hey, der Typ ist wie ich, ich gehöre hierher." (Siehe Kapitel 84).

Aufgrund ihres fröhlichen Stils und eines musikalischen Soundtracks, der die Videos begleitet, zielen unsere Ankündigungen darauf ab, das Gefühl der Spannung zu erhöhen, das hoffentlich bereits von unseren Gastgeber- und Parkteams ausgelöst wurde. Wir sind übrigens nicht der Meinung, dass Spannung und Begeisterung unangemessene Haltungen sind, die man besser nicht fördern sollte, wenn sich unsere Gemeinde zum Gottesdienst versammelt. Sie stehen auch nicht im Geringsten im Gegensatz zur Ehrfurcht, die wir der Messe schulden (wenn wir damit Bewunderung und Respekt meinen).

Der Inhalt der Ankündigungen konzentriert sich auf das, was wir „die große Pfarrei" nennen. Kurz gesagt, diese Ankündigungen beziehen sich auf gemeinnützige Programme und Projekte, die für alle gelten oder offen für alle sind. Hier vermitteln wir keine Informationen über Veranstaltungen, die eine begrenzte Attraktivität oder Reichweite haben. Bestimmte Ankündigungen können von jedermann eingereicht werden, werden aber von den Mitarbeitern bearbeitet und vom Pfarrer überprüft (so wichtig erachten wir sie). Gleichzeitig ist die Botschaft über die einzelnen Ankündigungen hinaus: Hier ist viel los. Die einzelnen Teile des Mitteilungsvideos sind sorgfältig zusammengebaut mit dem Ziel, die Aufmerksamkeit der Besucher und Neueinsteiger, besonders die der Kirchenfernen zu erreichen.

Am Ende der Ankündigungen laden wir alle ein, aufzustehen und die Menschen um uns herum zu begrüßen. Die Einladung erfolgt schnell und einfach, und wir betonen, dass es sich um eine Einladung und nicht um einen Befehl handelt. Das wiederum wird durch einen typisch lebhaften und fesselnden Eröffnungssong abgerundet. Wenn diese Bemühungen erfolgreich sind, haben wir ein „Ankommen" ermöglicht, das bereits die Gemeinschaft gesammelt und geformt hat, die nun zur Anbetung bereit ist. Diese Eröffnungsrituale laden alle zu einer Feier ein.

Gott gab Josua den Auftrag, Israel in das verheißene Land zu führen und die Nation zu gründen. Das alles begann mutig und dramatisch mit der Überquerung des Jordans und dem Fall von Jericho. Gott wusste, wie wichtig ein starker Start ist. Wie die „Allgemeine Einführung" des Römischen Messbuchs anweist, ist der Zweck der Einführungsrituale, sicherzustellen, dass die Gläubigen sich versammeln, um „eine Gemeinschaft zu begründen" und sich „in die rechte Lage … für den Gottesdienst zu versetzen". Das ist genau die Botschaft, auf die wir abzielen sollten.

— 41 —

Niemand hört den Lesungen zu

„Auch wenn du ihnen alle diese
Worte sagst, werden sie nicht auf dich hören.
Wenn du sie rufst, werden sie dir nicht
antworten." (Jer 7,27)

Vor einigen Jahren, als wir zum ersten Mal begannen, das Wochenenderlebnis in unserer Kirche auszuwerten, bemerkten wir etwas ganz Überraschendes, ja Schockierendes während der Messe. Niemand hörte sich die Lesungen an. Wirklich niemand. Um diese eindeutige Beobachtung zu untermauern, haben wir nach der Messe informelle Umfragen gestartet und die Menschen gefragt, ob sie sich an etwas aus der ersten oder zweiten Lesung erinnern können. Die Ergebnisse bestätigten unseren Verdacht (und noch mehr). Und wenn Sie uns nicht glauben, probieren Sie es selbst aus.

Während der Lesungen beobachteten wir Menschen, die sich mit ihren Mänteln oder ihren Kindern auseinandersetzten oder nach Schlüsseln und Geldbörsen suchten. Viele Leute nutzten diese Zeit, um ihre Handys auf Nachrichten und Tweets zu überprüfen oder Gespräche zu beenden, die ausgesetzt worden waren, als sie in die Messe eilten. Viele Menschen schienen diesen Abschnitt während der Messe zu nutzen, um einfach die Augen zu schließen und durchzuatmen. Da die Menschen in unserer Pfarrei dazu neigen, in letzter Minute (oder sogar zu spät) zur Messe zu kommen, sind die Lesungen de facto die Zeit, zur Ruhe und anzukommen.

Wir wollen aber fair bleiben: Die Lesungen machen es uns oft schwer, uns auf sie einzulassen. Die Leseordnung deckt ein großes Spektrum ab, und die Texte hängen nicht immer erkennbar auf eine logische Art und Weise zusammen. Während eine biblisch gebildete Pfarrei sich vielleicht an den Kontext einer bestimmten Lesung erinnern kann, können es die meisten Menschen in unserer Gemeinde an diesem Punkt nicht, und so bleibt dieser Teil des Gottesdienstes für sie in gewisser Weise unzugänglich.

Darüber hinaus wussten viele unserer Lektoren nicht, was sie lasen. Sie waren mit der Bibel nicht besser vertraut als der Rest der Gemeinde. Es war auch nicht gerade nützlich, dass nicht wenige von ihnen unvorbereitet und offensichtlich mit dem, was sie lasen, nicht vertraut waren. Das tat manchmal richtig weh. Oh, und die meisten von ihnen wussten auch nicht, wie man das Mikrofon benutzt. Einige von ihnen schienen sich einfach nicht darum zu kümmern, fast so, als ob sie die Aufgabe nicht als Dienst, sondern als Privileg betrachten würden.

In den letzten Jahren haben wir daran gearbeitet, diese Probleme zu lösen. Aber natürlich begann dieser Prozess mit der Erkenntnis, dass wir überhaupt ein Problem hatten.

Nun haben wir nur noch wenige Auserwählte, die als Lektoren fungieren, und wir entschuldigen uns dafür nicht. Nur weil jemand ein Lektor sein will, qualifiziert ihn das noch nicht für den Dienst als Lektor in unserer Gemeinde. Man muss tatsächlich Talent haben. Und dann muss man sich vorbereiten und üben (siehe Kapitel 23 und 25). In der Zwischenzeit arbeiten wir durch unsere Predigtvorbereitung und in den Kleingruppen sowohl für unsere Lektoren als auch für die größere Gemeinde an den Schriftlesungen.

Die unglückliche Aufgabe, den bevorstehenden Fall Jerusalems und das anschließende Exil des Volkes anzukündigen, fiel auf den Propheten Jeremia. Leider hörte niemand zu, wie es der Herr dem Propheten auch vorausgesagt hatte. Zumindest am Anfang hörte niemand zu. Dies im Voraus zu wissen, war letztlich ein machtvolles Werkzeug für eine sehr wirkungsvolle Kommunikation durch den Propheten Jeremia.

— 42 —

Machen Sie aus der Kollekte ein Angebot

„Habt ihr denn keine Augen, um zu sehen, und keine Ohren, um zu hören? Erinnert ihr euch nicht: Als ich die fünf Brote für die Fünftausend brach, wie viele Körbe voll Brotstücke habt ihr da aufgehoben? Sie antworteten ihm: Zwölf." (Mk 8,18-19)

Das Römische Messbuch erklärt: „Die Gläubigen drücken ihre Teilnahme aus, indem sie ihre Gaben opfern, Brot und Wein für die Feier der Eucharistie und wenn möglich auch andere Gaben, um die Bedürfnisse der Kirche und der Armen zu decken."

Im Hinblick auf unsere diesbezügliche Gemeindepraxis haben wir dies absolut nicht berücksichtigt. Die etablierte Praxis setzte sich durch. Zu einer typisch tristen Musik führten unsere Saaldiener eine Art militärisches Manöver durch. Sie marschierten die Gänge hinunter und schulterten Körbe, die, an langen Griffen befestigt, so schnell wie möglich vor ahnungslose Gemeindemitglieder geschoben wurden. Diese Übung war eigentlich ein Wettbewerb, um zu sehen, wer seinen Abschnitt am schnellsten abschließen konnte. Danach verschwanden sowohl die Saaldiener als auch die Kollekte – die Kollekte, um gezählt zu werden, die Saaldiener in die Kaffeepause.

Als wir anfingen, mit diesem Thema achtsamer umzugehen und über die Verantwortung und das Geben in unserer Pfarrei nachzudenken, kam uns ein auf der Hand liegender Gedanke: Warum machen wir aus der Kollekte nicht etwas, das über das Durchführen einer Sammlung oder das Durchreichen eines Korbes hinausgeht? Warum versuchen wir nicht, den Sinn einer Opfergabe zu kommunizieren?

Zuerst mussten wir die Kollektenkörbe loswerden, die alt, schmutzig und heruntergekommen waren. Wir haben sie durch kleine, gutaussehende (und zudem günstige) Leinenbehälter ersetzt. Anstatt nur durch die Hand eines Einzelnen aufzutauchen und dann wieder zu verschwinden, werden die Behälter von Person zu Person weitergegeben, so dass jeder an der Übung teilnehmen kann. Während der Inhalt der vom Gastgeberteam eingesammelten Behälter tatsächlich direkt in einem Safe deponiert wird (aus Sicherheitsgründen), wird ein größerer Behälter, der das gesamte Opfer symbolisiert, in der Gabenprozession zum Altar gebracht. Er bleibt dort bis nach der Kommunion. Während der Kollekte sprechen Zelebrant und Ministranten ein stilles Gebet für die Spenderinnen und Spender. Ein paar Mal im Jahr nehmen wir uns eine Minute vor der Gabenbereitung Zeit, um die Bedeutung der Kollekte sowie die Programme und Dienste zu erläutern, die sie ermöglicht.

Das Wunder der Speisung der Fünftausend beginnt als Opfergabe. Die Apostel geben, was sie geben können, und Jesus gibt den Rest. Das Ergebnis ist eine tiefe Fülle und ein tiefer Segen, der weit über das scheinbar Unmögliche hinausgeht.

Man kann leicht die tiefere Bedeutung der Gabenbereitung und der Kollekte übersehen oder auch bewusst übergehen. Aber wir halten es für entscheidend, diese große Gelegenheit für eine präzise Kommunikation zu nutzen. Es ist in der Tat eine Gelegenheit, das auszudrücken, was das Herzstück der Eucharistie selbst ist: ein Opfer, das zu einem erhabenen Austausch wird, der tiefe Fülle und reichen Segen bringt.

— 43 —

Die Gemeinde bei der Kommunion

„Tag für Tag verharrten sie einmütig im Tempel, brachen in ihren Häusern das Brot und hielten miteinander Mahl in Freude und Lauterkeit des Herzens. Sie lobten Gott und fanden Gunst beim ganzen Volk. Und der Herr fügte täglich ihrer Gemeinschaft die hinzu, die gerettet werden sollten."
(Apg 2,46-47)

Jesu ganzes Leben führte unaufhaltsam zum Kreuz hin. Das Kreuz warf seinen Schatten darüber, von Simeons prophetischen Worten an Maria bei der Darbringung Jesu im Tempel bis zur Rede des Herrn an die Jünger beim letzten Abendmahl. Stufe für Stufe war sein Leben eine Reise auf den Berg Golgota. Die Messe ist in wunderbarer Weise ein Abbild dieses Reisewegs: Alles führt zum eucharistischen Hochgebet und zur Heiligen Kommunion hin.

Die Kommunion bedeutet Mysterium, Fest und eine wachsende Beziehung zu Jesus Christus. Er erniedrigt sich, um für uns Fleisch und Blut zu werden in den Gestalten Brot und Wein. Dieses Geschehen ist innig und persönlich, aber es ist nicht privat. Es ist leiblich und organisch und ist dazu da, die Gemeinschaft zu intensivieren, in die uns Gott in der Taufe berufen hat. Deshalb nähern wir uns diesem Moment unserer Wochenenderfahrung mit großer Sorgfalt und schauen mit Bedacht auf die Realität, die wir vermitteln wollen.

In Nativity geschieht dies durch die Musik. Zum Kommuniongang wählen wir schöne und eingängige Lieder aus. Das erleichtert es den Leuten, weiter mitzusingen, während sie aufstehen und sich für den Kommunionempfang anstellen. Die Musik, die wir aussuchen, soll uns leise und sanft erheben, denn wir empfangen ein Geschenk, das uns als Einzelne und als Gemeinschaft umgestalten soll.

Bei diesem wichtigsten Teil der Liturgie bemühen wir uns um die Einfachheit der Abläufe. An der Reduzierung und Beruhigung der Bewegungen der Kommunionspender und Ordner haben wir hart gearbeitet. Als wir nach Nativity kamen, war vieles gedankenlos und unnötig kompliziert. Wir nannten es den „Tanz der sieben Schleier". Jetzt sind unsere Abläufe so einfach und unkompliziert wie möglich. Nichts anderes findet gleichzeitig statt. Das einzige, was geschieht, ist die Kommunion.

Dazu machen wir durch dezente und hoffentlich wirksame Maßnahmen deutlich, dass die Kommunion nicht das Ende der Messe bedeutet: Die Türen des Kirchenraums bleiben geschlossen, die Musik klingt ruhig aus und leitet damit ganz bewusst eine Zeit der Stille ein. All das sagt unmissverständlich: Leute, es ist noch nicht vorbei. Mit der Zeit hat das dazu geführt, dass inzwischen die meisten (wenn auch nicht alle) bis zum Entlassungsruf am Schluss bleiben.

Den schönsten Ausdruck der neuen Gemeinschaft der Nachfolger Christi finden wir in der Apostelgeschichte: in ihrer einzigartigen Weise, Gemeinschaft zu leben. Jeder konnte das sehen, und immer mehr Menschen wollten dazugehören.

Die Kommunion ist das Herz unserer Wochenenderfahrung. Wir müssen sehr sorgfältig darauf achten, was wir vermitteln, denn hier geschieht – ganz buchstäblich – der Aufbau der Kirche Christi.

— 44 —

Das Flugzeug auf den Boden bringen

„Als er das gesagt hatte, wurde er vor ihren Augen emporgehoben und eine Wolke nahm ihn auf und entzog ihn ihren Blicken."
(Apg 1,9)

Nach der Kommunion klingt die Musik aus und geht über in einen kurzen Moment der Stille. Wir haben den Eindruck, dass alle diese Zeit der Stille schätzen, solange sie nicht befürchten müssen, dass daraus lange Schweigeminuten werden. Mit dem Kommuniongebet wird die Stille und damit auch der Kommunionritus abgeschlossen. An dieser Stelle kommen in vielen Gemeinden die Ankündigungen. So war es früher auch bei uns, als wir hier angefangen haben. Der Zelebrant liest das Wochenprogramm oder zumindest eine Auswahl daraus vor. Der Grund dafür war die Annahme, dass so gut wie niemand das Mitteilungsblatt lesen würde, was genau so war. Vielleicht war es dieser Brauch, der den allwöchentlichen Massen-Exodus direkt nach der Kommunion auslöste?

Inzwischen gibt es bei uns die Ankündigungen vor der Messe (siehe Kapitel 40). Nach der Kommunion gibt es etwas, was wir „Endnoten" nennen. Es sind keine üblichen Ankündigungen. Sie werden nicht vom Zelebranten, sondern von verschiedenen Leuten aus unserem Team vorgetragen. Das hat unterschiedliche Gründe.

Erstens: Wir möchten deutlich machen, dass der Pfarrer nicht der einzige Mitarbeiter der Gemeinde ist. Die Gemeindeleitung ist viel breiter aufgestellt, es ist Teamarbeit.

Zweitens: Das ist die Gelegenheit, unsere Gäste noch einmal zu begrüßen und zum Ausdruck zu bringen, dass wir froh über ihr Kommen sind. Wir sagen ungefähr Folgendes: „Wenn Sie kein Gemeindemitglied sind, wenn Sie nicht gläubig sind, wenn Sie das erste Mal seit langem oder das erste Mal überhaupt in einer Kirche sind oder wenn Sie jemand mit dem Versprechen auf ein gutes Frühstück mitgebracht hat, seien Sie uns willkommen. Wir freuen uns, dass Sie da sind. Wir möchten Kirche sein für Leute, die die Kirche nicht mögen." Das dient auch dazu, unsere Pfarreimitglieder freundlich zu erinnern, dass es in der kommenden Woche zu ihrem Auftrag gehört, nach Freunden und Familienmitgliedern Ausschau zu halten, die sie in die Kirche einladen könnten.

Tom: Oft kommen nach der Messe Pfarreimitglieder zu mir und sagen: „Zur nächsten Sonntagsmesse lade ich jemanden ein. Bitte, lass keinesfalls diese Ansage weg."

Drittens: In einer Zusammenfassung der Predigt erinnern wir die Leute an die Grundbotschaft und an darin enthaltene Herausforderungen für sie. Wir geben ihnen die Quintessenz der Botschaft, die sie von der Messe mit in die Woche nehmen können, und bieten ihnen jeweils einen konkreten Schritt an, mit dem sie die Botschaft praktisch umsetzen können, z. B. am Montag etwas im Licht der Erfahrung vom Sonntag zu tun oder an einer Veranstaltung in der Kirche teilzunehmen, die die Botschaft vom Sonntag weiterführt. Manchmal sind diese Veranstaltungen wichtige Etappen auf dem Weg, auf dem wir die Menschen führen wollen. Wir weisen deshalb in den Schlussbemerkungen in besonderer Weise darauf hin.

- Bei einer Predigtreihe zum Thema „Sorgen" haben wir Gebetskarten ausgegeben und die Leute eingeladen, damit zu beten, wenn sie zu Hause mit Sorgen zu kämpfen haben.
- Bei einer Predigtreihe mit dem Titel „Schwierige Liebe" haben wir die Gemeindemitglieder ermutigt, an einer Seminarreihe

zu Beziehungsproblemen teilzunehmen: Ein abendliches „Date“ als Ehepaar, Workshops über häusliche Pflege und, wie man mit Jugendlichen über Sexualität reden kann.
- Beim Thema „Evangelisierung“ haben wir Einladungskarten für Kirchenferne ausgegeben, die unsere Gemeindemitglieder verwenden konnten, um Gäste einzuladen.

Father Michael: Wann immer es geht, wollen wir, dass die Leute die Kirche mit einem Lächeln verlassen, besonders wenn die Botschaft herausfordernd oder entlarvend war. Dabei versuchen wir, Klischeehaftes und Dümmliches zu vermeiden. Vielleicht machen wir ein kleines Wortspiel aus einer Geschichte, die ich erzählt habe, oder einem Kommentar von mir, wie es auch in der Popkultur geschieht, wo man sich selbst spöttisch auf die Schippe nimmt.

Gelegentlich machen sich Brian und Chris oder einer der Jüngeren aus dem Team auf nette Art über mich lustig. Das bringt mich von dem Podest herunter, auf das mich die Leute gestellt haben, und gibt damit auch der Botschaft der Predigt einen menschlicheren und zugänglicheren Ton. Unsere selbstironische Art soll zeigen: Wir nehmen unsere Botschaft ernst, aber nicht uns selbst.

Tom: Ich möchte noch ergänzen: Das Priestertum gehört auf das Podest, aber für Michael ist es gut, wenn er ab und zu heruntersteigt. Wir versuchen nicht, berechtigte Unterschiede und Rollen zu verwischen, wir machen das Ganze nur etwas lustiger. Manche meinen, Humor sei überflüssig, aber so ist die ganze Schöpfung. Den Humor hat Gott erfunden. Wenn er verwendet wird, um Menschen zu Gott zu führen, wird er gut verwendet. Leute, die die Kirche mit einem Lachen verlassen, haben eine reale Chance wiederzukommen.

Jesus hat die Jünger nach seiner Auferstehung nicht allein gelassen. Er ist zurückgekommen, um ihnen zu sagen, was sie tun sollen. Dabei vergeudete er keine Zeit, sondern fasste für seine Jünger die Sendung zusammen und brachte sie zum Abschluss.

— 45 —

Ansteigende Feierlichkeit

„Und David tanzte mit ganzer Hingabe vor dem HERRN her und trug dabei das leinene Efod. So brachten David und das ganze Haus Israel die Lade des HERRN unter Jubelschall und unter dem Klang des Widderhorns hinauf. Als die Lade des HERRN in die Davidstadt kam, schaute Michal, Sauls Tochter, aus dem Fenster, und als sie sah, wie der König David vor dem HERRN hüpfte und tanzte, verachtete sie ihn in ihrem Herzen." (2 Sam 6,14-16)

Selbst bei der traurigsten Beerdigung gibt es irgendwo ein Lachen und auch auf der fröhlichsten Hochzeit gibt es Augenblicke voll Schmerz und Tränen. Unserer Auffassung nach enthalten die Erfahrungen, die uns am liebsten sind und häufig vorkommen, eine Art inneren Wegweiser. Sie führen uns nach vorne.

Im katholischen Gottesdienst gilt das Singen als die feierlichste Form des Gebets. Weil es aber nicht sinnvoll ist, jeden Teil in allen Messen zu singen, lehrt uns das Prinzip der ansteigenden Feierlichkeit, dass die wichtigsten Teile der Messe eine besondere Stellung haben sollen. Das spiegelt sich auch in den liturgischen Normen wider und im Ablauf des Kirchenjahres.

Wir vermeiden es, in eine verfängliche liturgische Debatte einzutreten. Aber einen kleinen Aspekt wollen wir herausstellen. Stellen Sie sich vor, unser gesamter Ansatz für die Wochenenderfahrung hieße „ansteigende Feierlichkeit".

Schon seit Beginn der Reform des Zweiten Vatikanischen Konzils gibt es Auseinandersetzungen zwischen den Wächtern des Sakralen und Feierlichen und den Befürwortern des Herzlichen und Einladenden (um nicht zu sagen des Flauschigen). Wir sind der Auffassung, dass das ein falscher Gegensatz ist, ein unnützer Streit, eine unglückliche und unnötige Ablenkung, und entscheiden uns stattdessen für beides. Könnten wir nicht die Leute dort abholen, wo sie sind, und sie dann darin unterstützen, auf dem Weg zur tiefen Feierlichkeit der Messe im römisch-katholischen Ritus weiterzugehen?

Wenn die Leute am Sonntagmorgen unser Kirchengelände erreichen, haben sie schon Mühen oder Streit hinter sich, um die Kinder rechtzeitig anzuziehen und auf den Weg zu bekommen, manchmal fließen auch Tränen. Aber auch die Kinderlosen kämpfen mit zu wenig Zeit und zu viel Verkehr. Nur wenige, wie gläubig oder wohlmeinend sie auch sein mögen, kommen wirklich gesammelt und wohlvorbereitet zur Messe. Wenn sie freundlich und sogar aufmunternd begrüßt werden, verändert sich ihre Stimmung und sie können wirklich ankommen.

Vor Beginn unserer Wochenendgottesdienste gibt es Videoankündigungen, die bewusst locker und manchmal auch sehr witzig gestaltet sind. Manche sind der Auffassung, dass diese Zeit dem stillen Vorbereitungsgebet vorbehalten sein sollte. Wir stimmen damit überein, allerdings gilt das nur für einige Pfarreimitglieder. Dafür haben wir eine Kapelle. Die große Mehrheit der Leute aber, die in unsere Pfarrei kommen, ist noch nicht bereit für stilles Gebet. Genauso wie sie Übergangsbereiche wie unser Café und andere Aufenthaltsmöglichkeiten brauchen, bevor sie den Kirchenraum betreten, benötigen sie auch eine Übergangszeit, um wieder in die Kirchenatmosphäre einzutauchen. Ein Großteil der Menschen, die an einem beliebigen Sonntag in die Kirche kommen, hat sich die Woche über nicht damit beschäftigt (siehe Kapitel 40).

Unsere Eröffnungsmusik ist fast immer lebhaft und ansprechend (in der Fastenzeit geht es etwas ruhiger zu) mit dem ausdrücklichen

Ziel, aus einer zufälligen Menschenansammlung eine Gottesdienstgemeinde zu bilden. Im Gegensatz dazu singen wir beim eucharistischen Teil die Akklamationen im traditionellen gregorianischen Choral. Dieser feierliche Gesang bildet einen markanten und schönen Kontrast zu unserer übrigen Musik. Im Ablauf der Messe hebt er diesen andersartigen und besonderen Moment für die Gottesdienstgemeinde in kraftvoller Weise hervor. Eine ähnliche Wirkung hat auch die Verwendung von Klingelzeichen und Weihrauch. Während des eucharistischen Teils wird das Licht nur auf den Altar ausgerichtet und die Stille durchdringt alles. All das sagt mit unmissverständlicher Sprache: Hier ist das Herz und die Seele der ganzen Wochenenderfahrung.

Ein anderer Aspekt ist das Feiern und Motivieren. Die Eucharistie ist auch eine dynamische und kraftvolle Sendungsfeier.

Als König David die Bundeslade des Herrn nach Jerusalem brachte, hatte diese Feier weder viel mit der hochformalen Weise der Verehrung Gottes in der späteren Tempelliturgie gemein, noch wurde Davids Art, dieses Fest zu begehen, von allen geschätzt (wir wissen gut, wie man sich dann fühlt!). Aber David hatte Erfolg. Er führte die große Mehrheit der Menschen zur Verehrung und Anbetung des lebendigen Gottes. Darauf kam es an. Dasselbe gilt auch für uns bei den Wochenenden. Wir favorisieren keine spezielle liturgische Richtung und keinen speziellen musikalischen Stil, sondern halten am Grundprinzip fest, das hinter unseren Entscheidungen steht. Wie immer Sie es auch konkret umsetzen: Sie haben in Ihrer Pfarrgemeinde am Wochenende die Chance, Menschen mitzunehmen auf eine Reise in die erhabenere Welt.

Teil 3

Über Ihren Beitrag

— 46 —

Theater!

„Die ganze Stadt geriet in Aufruhr; alles stürmte ins Theater und sie schleppten die Mazedonier Gaius und Aristarch, Reisegefährten des Paulus, mit sich. Als aber Paulus in die Volksversammlung gehen wollte, hielten ihn die Jünger zurück." (Apg 19,29-30)

Im College haben wir beide Theater gespielt, was uns viel Spaß gemacht hat. Auf der Bühne direkt vor dem Publikum zu stehen, war aufregend, spannend, dramatisch. Jeder, der selbst auf einer Bühne gestanden hat, kennt dieses Gefühl. Für das Theater gilt dasselbe wie für den Sport: Die Teammitglieder verlassen sich auf mich und ich verlasse mich ganz auf sie. Gutes Theater bezieht das Publikum ganz mit ein, es schafft ein Erlebnis abseits der Mühe des Alltags, es bereichert das Leben der Zuschauer und gibt ihm vielleicht eine ganz neue Ausrichtung.

Wenn man die Kirche als Unternehmen bezeichnet, klingt das für kirchliche Leute abstoßend, denn die Kirche ist kein Unternehmen und kein Geschäft. Ebenso anstößig ist die Aussage: „Die Kirche ist ein Theater." Denn die Kirche ist kein Theater. Sie ist der Leib Christi. Die Messe ist kein Theater, sie ist das Wort und Sakrament des lebendigen Gottes. Noch einmal, damit man uns nicht falsch zitiert: Die Kirche ist kein Theater.

(Aber es gibt einen Zusammenhang.)

Es geht darum, etwas vor Publikum lebendig darzustellen – das geht meist nur mit Teamwork und Vorbereitung. Das Ziel ist, bei den Menschen etwas zu bewirken und ihre Sichtweise, ihr Verhalten zu verändern, hoffentlich auch ihr Leben. Was wir vermitteln wollen, ist das größte Drama der Weltgeschichte, die wichtigste Geschichte, die je erzählt wurde. Unsere Erlösungsgeschichte ist ein Drama. Wäre es nicht angemessen, dass wir zumindest ein klein wenig von dieser Dramatik rüberbringen und vermitteln?

Es wird oft unterstellt, dass die eigentliche Botschaft auf der Strecke bleibt, wenn Predigt und Lehre den Inhalt wirkungsvoll wie auf der Bühne darstellen. Wenn es unterhaltsam ist und die Leute mitgehen, dann verfälsche es die wahre Lehre. Wir stimmen darin überein, dass es eine feine Grenzlinie gibt zu einer sich selbst aufblähenden Zurschaustellung, die der Botschaft und ihrer überzeugenden Vermittlung entgegensteht.

Jesus selbst war in seiner Verkündigung faszinierend und einnehmend, ein meisterhafter Erzähler von paradoxen Geschichten mit überraschendem Ausgang. Man kann sich leicht vorstellen, wie er mit unterschiedlichen Stimmlagen die verschiedenen Charaktere lebendig macht. Er konnte witzig und inspirierend sein oder in scharfer Weise verurteilen.

Wenn man wirkungsvoll predigen will, muss man treu im Glauben, authentisch, motiviert sein und bewegt vom Grundanliegen, das Evangelium Christi zu verkünden.

Das Leben des heiligen Paulus, wie es in der Apostelgeschichte berichtet wird, war voller Dramatik, was sich am meisten auf der ereignisreichen dritten Missionsreise zeigte. Die Wirkung seiner Verkündigung war so gewaltig, dass sie in Ephesus eine Revolte entfacht hat, die dann – im Wortsinn – in einem Theater endete.

Bei der Vermittlung des Glaubens dürfen Sie nicht das Drama unterschlagen, dessen Teil Sie selbst sind. Aber bitte: Schüren sie keine Revolten!

— 47 —

Die gute Nachricht in der schlechten

„Ich bin gekommen, damit sie das Leben haben und es in Fülle haben." (Joh 10,10)

Unsere Freundin Kathleen hat uns neulich von ihrer Tochter im ersten College-Jahr erzählt. Obwohl sie in ihrer gesamten Schulzeit sehr in unserer Pfarrgemeinde engagiert war, geht sie nicht mehr in die Kirche, auch nicht, wenn sie in den Ferien zu Hause ist. Warum? Was sie in der College-Kirche erlebt hat, ist nicht nur langweilig und schlecht, sondern abstoßend. Der Priester hat die Predigt dazu verwendet, die Studenten lautstark zu ermahnen, weil sie sich betrinken, nur herumhängen, einschlafen und am Sonntag nicht zur Messe kommen. Nur, dass die Beschuldigten gar nicht anwesend waren. Bestraft wurden nur die Unschuldigen. Julie hat nicht einmal Alkohol getrunken, aber dank dieser Erfahrung hörte sie nun auf, in die Kirche zu gehen.

Wir sind die Verwalter der Frohen Botschaft. Die grundlegende und endgültige Botschaft unseres Glaubens ist, dass Gott uns liebt, trotz allem, was wir falsch gemacht haben. Wir halten an der frohen und guten Botschaft fest, dass Sünde und Selbstsucht nicht das letzte Wort haben. Das Leben ist stärker als der Tod. Die Liebe wird siegen, was immer auch geschehen mag. Alles gute Nachrichten.

Manchmal ist es jedoch nötig, dass, wenn wir die gute Botschaft überbringen, wir die schlechten Nachrichten nicht verschweigen können. Manchmal müssen wir die Leute auffordern, Schritte zu gehen, die sie nicht gehen wollen, Dinge zu tun, die sie nicht mögen, Angewohnheiten aufzugeben, von denen sie nicht lassen wollen. Ab und zu müssen wir ihren Blick auf Sünden in ihrem Leben lenken, die sie liebgewonnen haben und nicht aufgeben wollen. Vor allem das Geben, Dienen und Beten sind echte Herausforderungen. Gier, Selbstsucht und viele andere abscheuliche Neigungen sind eine Realität in der menschlichen Natur. Wenn wir die gute Botschaft weitergeben wollen, müssen wir den Menschen auch helfen zu verstehen, worin das Schlechte an ihren Sünden besteht. Ohne diese Wirklichkeit kann man die prophetische Botschaft nicht verkünden.

Von Zeit zu Zeit jedoch scheint es, dass einige die schlechten Botschaften mit innerer Freude verkünden, nicht nur die biblische Wahrheit über die Hölle darlegen, sondern den Eindruck erwecken, als würden sie es genießen, wenn Gott Menschen dorthin schickt. Der Radiomoderator, der in Talkshows die Einbrüche in unserer Kultur aufbauscht oder sogar erfindet, um seine Zuhörer in Hysterie zu versetzen. Der Blogger, der nur negative und übertriebene Einschätzungen über unsere Umwelt oder unsere gemeinsame Kirche verbreitet.

Welchen Standpunkt auch immer Sie haben: Es ist immer leicht, den Menschen das zu vermitteln, was sie schon glauben und ohnehin gerne hören. Genauso einfach ist es, wenn man andere verurteilt oder schließlich ganz vom Diskurs ausschließt. Ja, es mag lustig sein, den Vorschlaghammer zu schwingen, besonders wenn die Betreffenden nicht dabei sind.

Viel anspruchsvoller – aber auch fruchtbarer – ist es, mit Liebe so zu sprechen, dass Menschen ihr Leben verändern. Scheuen Sie nicht davor zurück, schwierige Fragen anzusprechen, wenn Zeit und Ort dafür da sind, aber bitte so, dass die Menschen es wirklich hören können. Zum Beispiel:

- Wenn Sie von der Notwendigkeit reden, den Zehnten zu geben, dann sprechen sie zuerst über die Früchte und den Lohn der Großzügigkeit.

- Vernachlässigen Sie nicht die Lehre der Kirche über die Sexualität, aber beginnen sie mit den Segnungen, die die Reinheit ins Leben bringt, auch wenn man vorher in diesem Bereich gescheitert ist.
- Dienst in der Gemeinde und Mission sind in der Verkündigung unerlässlich, aber auf das Wie kommt es an. Machen Sie es so, dass die Leute dafür empfänglich sind.

Im Evangelium geht es, wie uns der heilige Johannes mit den Worten Jesu erinnert, um das Leben, das heißt unser Leben, das Leben unserer Familien und Freunde, das Leben der Welt. Auch wenn wir schwierige, herausfordernde Fragen angehen, denken wir daran: Jesus fordert uns heraus, um uns mehr zu geben, ein gelungenes Leben, ein Leben in größerer Fülle.

— 48 —

Das Wie wirkt stärker als das Was

„Da sagte Elija zum Volk: Ich allein bin als Prophet des HERRN übrig geblieben; die Propheten des Baal aber sind vierhundertfünfzig. Man gebe uns zwei Stiere. Sie sollen sich einen auswählen, ihn zerteilen und auf das Holz legen, aber kein Feuer anzünden. ... Dann sollt ihr den Namen eures Gottes anrufen und ich werde den Namen des HERRN anrufen. Der Gott, der mit Feuer antwortet, ist der wahre Gott." (1 Kön 18,22-24)

Einer unserer Freunde erzählte von einer Frau, deren Auto Feuer fing. Beim Halten an einer roten Ampel sah er auf der anderen Seite der Kreuzung das Feuer aus dem Motor kommen. Auch ein Autofahrer auf der Nebenspur sah es und rannte wild winkend auf ihr Auto zu, um sie zu warnen. Die Frau dachte wohl, er sei verrückt. Sie verschloss schnell die Türen von innen und raste davon. Obwohl der Mann sehr entscheidende Informationen für sie hatte, war sie wegen der Art und Weise, wie sie dargestellt wurden, nicht bereit darauf zu hören.

Tom: Während meines Politikwissenschaftsstudiums hatte ich einmal zwei Pflichtvorlesungen, die direkt aufeinanderfolgten: „Die Politik der amerikanischen Südstaaten" und „Das Präsidentenamt in der neueren Zeit". Die Geschichte der Südstaaten hat mich von Jugend an interessiert, so dass ich mich sehr auf die Vorlesung freute. Trotzdem schienen diese 75 Minuten jede Woche die längsten meines Lebens zu sein. Indessen erwies sich die Präsidentschaftsvorlesung unerwartet fesselnd. Der Professor verstand es, Geschichten zu erzählen und die Probleme, mit denen die Präsidenten konfrontiert waren, zusammenhängend und nuanciert darzustellen, er versetzte sich sogar in deren Rollen mit ihren unterschiedlichen Stimmen und Eigenarten. Diese 75 Minuten vergingen wie im Fluge, das Thema hatte mich gepackt, während ich in der anderen Vorlesung oft in Tagträume abschweifte.

Die Aufmachung zählt. Das gilt bei der Zubereitung von Essen, bei Filmen und Theaterstücken. Nicht der Inhalt, sondern die Aufmachung entscheidet, ob man an etwas Interesse hat. Woran liegt das?

Die Begründung liegt vielleicht darin, dass Gott es für wichtig erachtet. Man sieht das an der Schönheit des Sternenhimmels, an den bunten Farben des Waldes im Herbstlaub, an der Kunstfertigkeit einer einzelnen Schneeflocke. Gott hat die Welt auf eine wundersam schöne Weise erschaffen. Das spiegelt sich wider, wenn man etwas in Vortrefflichkeit ausführt und darstellt und es dadurch für uns bedeutsam und anziehend wird.

Gibt es in dem, was Sie vermitteln wollen, vielleicht Menschen, die man als lebendige Persönlichkeiten darstellen kann? Durch Geschichten, bildliche Darstellungen, Details und Humor verleihen Sie der Sache eine eigene Geschmacksnote und Gestalt und können leichter ins Leben der Zuhörer hineinsprechen (siehe Kapitel 24).

Geben Sie in Ihrer Kommunikation dem Spielerischen und der Heiterkeit Raum. Erfreuen Sie sich Ihrer Botschaft, wie sich Gott an seiner Schöpfung freut. Wenn Sie selbst Freude an der Botschaft haben, überträgt sich das auf Ihre Zuhörer und die Wahrscheinlichkeit steigt, dass sie der Kernaussage mit Interesse zuhören werden.

Der Prophet Elija machte dem Volk den Unterschied zwischen den falschen Göttern und dem lebendigen Gott Israels deutlich und stellt es damit vor die Wahl. Aber erst durch die fesselnde und dramatische Art und Weise, in der er seine Argumente veranschaulichte, wurde das Volk überzeugt und bekehrt. Uns wurde aufgetragen, die lebens- und weltverändernde Botschaft zu verkünden. Um sie zu vermitteln, müssen wir das Beste geben, was wir können.

— 49 —

Vollkommenheit ist ein Weg

„Denn Stückwerk ist unser Erkennen, Stückwerk unser prophetisches Reden; wenn aber das Vollendete kommt, vergeht alles Stückwerk."
(1 Kor 13,9-10)

Perfektionismus ist ein Persönlichkeitsmerkmal, das nach Fehlerfreiheit strebt, der andauende Versuch, das Unerreichbare zu erreichen.

Tom: Ich sage immer: „Bevor ich Kinder hatte, war ich ein besserer Vater." Die Geburt meines Sohnes hat mich ins kalte Wasser geworfen. Ich wusste noch nicht, wie man Kinder aufzieht. Wenn ich allerdings abgewartet hätte, bis ich bereit gewesen wäre für das Vatersein, hätte ich nie Kinder gehabt. Man ist nie wirklich bereit für das Elternsein und hat nie alles, was dafür nötig ist, und wird Fehler machen, immer wieder. Sie haben ihren Grund in Charakterschwächen, im Mangel an Fähigkeiten und dem grundlegenden Missverständnis bezüglich der eigenen Rolle.

Dasselbe gilt für die Kommunikation. Wie gut und ausführlich Ihre Vorbereitungen auch waren, Sie sind nie vollständig vorbereitet. Es gibt immer noch Raum für Verbesserungen. Perfektion ist ein Mythos, nicht aber Selbstvervollkommnung. Der einzige Weg, Ihre Kommunikation zu verbessern, ist unvollkommen zu kommunizieren. Der einzige Weg, sich als Sprecher zu verbessern, ist aufzustehen und zu sprechen. Bereiten Sie sich so gut vor, wie Sie können, nutzen Sie jede Möglichkeit, das einzuüben, aber tun Sie es in dem Bewusstsein, dass es niemals vollkommen sein wird (siehe Kapitel 23 und 25). Ehrlich gesagt machen Pannen und Fehler in Ihrem Auftritt Sie nahbarer und lassen Ihre Botschaft weniger bedrohlich erscheinen.

So verhält es sich auch mit den persönlichen Schwächen. Wenn Sie sie in angemessener Weise zugeben und nicht verheimlichen, werden Sie glaubwürdiger. Machen Sie einen Schritt nach vorn und benennen sie Ihre Fehler selbst. Wenn Sie das tun, begegnen Sie Ihren Zuhörern auf einer ganz neuen Ebene.

Ihr Einfluss und Ihre Wirkung könnten sogar zunehmen (siehe Kapitel 3).

Perfektionismus und die lähmende Sorge darum, perfekt zu sein, sind die Feinde guter und wirkungsvoller Kommunikation.

Der heilige Paulus hat begriffen, was wir oft nicht verstehen: Vollkommen ist – auf dieser Seite des Himmels – allein Gottes Wort, nicht aber unsere Art und Weise, sein Wort zu vermitteln. Das soll uns aber nicht davon abhalten, es zu tun. Vollkommenheit ist der Weg für unsere Predigt und Lehre, aber nicht das Ziel.

— 50 —

Exegese – bezüglich der Menschen in Ihrem Pfarrgebiet

„Dann ging Josef schnell weg, denn sein Gemüt war bewegt wegen seines Bruders. Er wollte weinen. Und so ging er in die Kammer und weinte dort."
(Gen 43,30)

„Ich habe mich gefühlt, wie wenn Sie mich persönlich angesprochen hätten." Das ist eines der größten Komplimente, das Sie als Prediger erhalten können. Das bedeutet, unter Dutzenden oder Hunderten von Menschen haben Sie eine persönliche Verbindung aufgebaut zu jemandem, den Sie möglicherweise nicht einmal kennen. Einer der Hauptzwecke der Kommunikation ist es, dass Menschen bei Ihrer Predigt den Eindruck gewinnen, dass die Botschaft des Evangeliums für sie bestimmt ist – denn das ist wirklich der Fall.

Wir Menschen wissen oft, wie wir handeln sollten. Bezeichnenderweise besteht unser Problem nicht darin, nicht zu wissen, was wir tun sollen, sondern darin, dass wir es nicht tun wollen. Um solide und richtig zu entscheiden, bedürfen wir der Erinnerung und Ermutigung. Es reicht nicht aus, das Gute, Wahre und Schöne gedanklich zu erfassen, wir müssen uns auch auf der Gefühlsebene damit verbinden. Wenn wir die Gefühlslage und die emotionale Anziehungskraft der Botschaft nicht kennen, werden wir unsere Leute nicht zu einer Lebensveränderung bewegen können. Gott hat uns als Gefühlswesen erschaffen und gab uns Emotionen, damit wir ins

Tun kommen und uns in Bewegung setzen, in eine Bewegung, die letztendlich zu ihm hinführt. Reue und Umkehr fallen uns leichter, wenn wir traurig sind, Freigiebigkeit, wenn wir dankbar sind. Wenn wir einsam sind oder Gemeinschaft suchen, ist es einfacher, uns einer Kleingruppe anzuschließen. Emotionen einzusetzen ist dann nicht manipulativ, wenn sie mit unserer wahren Situation einhergehen.

Sich sowohl mit dem Herzen als auch mit dem Verstand der Menschen zu verbinden, ist ein Zeichen gelungener Kommunikation. Um die Predigt grundlegend und erfolgreich zu erneuern und das Evangelium wirksam zu verkünden, ist es notwendig, mit den Zuhörern auch emotional in Kontakt zu kommen. Die Voraussetzung dafür ist, dass wir unsere Hausaufgaben machen: Eine Art Exegese der Menschen, die im Pfarrgebiet wohnen, eine Evaluierung, wer sie sind und womit sie sich beschäftigen.

Probieren Sie dies aus:

Erforschen Sie die Kultur der Menschen vor Ort

Um das zu verstehen, muss man herausfinden, wie sie ihre Zeit verbringen, wofür sie Geld ausgeben, was sie interessiert und wie sie sind. Das geht am besten, wenn Sie das Leben vor Ort wirklich mit ihnen teilen: Dort einkaufen, wo Ihre Leute einkaufen, dort zum Essen gehen, wo Ihre Leute zum Essen gehen, bei Sportveranstaltungen dabei zu sein und bei anderen Events der örtlichen Jugend.

Berücksichtigen Sie unterschiedliche Lebenserfahrungen

Denken Sie für eine Predigt über den Umgang mit Geld darüber nach, welche Bedeutung das Thema für jüngere oder ältere Schüler, junge Erwachsene im Berufsleben, für Eltern oder Senioren hat. Dasselbe Thema wird in jeder dieser Gruppen unterschiedliche Gefühle auslösen. Wenn man das berücksichtigt, werden sie aufmerksamer und offener zuhören.

Nicht alle werden mit Ihnen übereinstimmen. Das kann man in positiver Weise nutzen. Wenn Sie die unterschiedlichen Reaktionen auf Ihre Botschaft zur Sprache bringen, zeigen Sie damit, dass Sie Ihre Zuhörer und deren Hintergrund kennen, und es entsteht eine unmittelbare emotionale Verbindung, die die Zuhörer aufhorchen lässt. Wenn man die Gegenargumente anspricht, können sie leichter widerlegt werden und sogar zu einer Meinungsänderung führen.

Überlegen Sie, was Ihre Zuhörer glücklich macht und wovor sie Angst haben

Wenn man über Ideen streitet, erreicht man nichts, wenn man aber Menschen zu einem gelingenderem und erfüllenderem Leben verhelfen will, wird man mit der Predigt Erfolg haben. Wahrheitssuche hat in unserer Kultur keinen hohen Stellenwert. Vielleicht stört Sie das, aber es ist einfach so. Die Menschen sehnen sich nach einem glücklichen Leben. Wenn wir Menschen zu Christus führen wollen, müssen wir wissen, was sie glücklich macht oder was sie meinen, dass es sie glücklich macht. Diese Sehnsüchte können als Brücke dienen zu Gott, der unser endgültiges Wohl und Glück will. Damit hat man eine Fragestellung, die die Menschen interessiert. Bei uns ist die Alltagskultur hauptsächlich vom Sport geprägt. Der Sport bestimmt, wie man die Zeit verbringt. Zu wünschen, dass das anders wäre, ist müßig. Genauso könnten wir uns wünschen, dass die Leute eine andere Sprache sprechen.

Damit die Glaubensvermittlung für unsere Pfarrgemeinde wirksam wird, müssen unser Verständnis und die Wertschätzung für die Tatsache wachsen, dass unsere Leute ihre Glückseligkeit allein an Ballsportarten festmachen.

Die Menschen in unserem Gebiet zu kennen, heißt auch, ihre Ängste zu kennen. Wovor haben die Zuhörer unserer Predigten und Katechesen Angst? Bei uns in Timonium sind wirtschaftlicher Misserfolg, unsichere Arbeitsplätze und Verlust der Gesundheit die größten Ängste. Die Leute aus unserer Pfarrgemeinde sorgen sich am meisten um die Sicherheit und das Wohlergehen ihrer Kinder. Aber am meisten von allem haben sie Angst zu versagen und zu scheitern.

Im Buch Genesis wird die Geschichte des schönen Josef ausführlich erzählt. Trotz der vielen Ungerechtigkeiten, die ihm zugefügt wurden, blieb er standhaft und ohne Groll in seinem Herzen. Der Segen Gottes ist nicht von ihm gewichen. Als später die Gelegenheit kam, seinen Brüdern Gutes zu tun, tat er es und rettete damit ihr Leben. Diese Nächstenliebe wurde erst möglich, weil er sie kannte, er wusste sogar genau, woher sie stammten. Dieses Verständnis war der ausschlaggebende Grund. Dasselbe gilt auch für Ihre Predigt und Verkündigung.

— 51 —

Predigtreihen machen es leichter

„Darauf rief Jakob seine Söhne und sprach: Versammelt euch, dann sage ich euch an, was euch begegnet in künftigen Tagen." (Gen 49,1)

Als wir damit angefangen haben, uns gesunde, wachsende Gemeinden anzuschauen, haben wir gelernt, dass bei ihnen die Verkündigung der Botschaft – die wir Katholiken Predigt nennen – einen sehr hohen Stellenwert in ihren Wochenendgottesdiensten einnimmt. Dazu kommt noch etwas Wichtiges: Die Verkündigung geschieht in Predigtreihen.

Bei einer Predigtreihe wählt man ein bestimmtes Thema und vertieft es über einen Zeitraum von mehreren Wochen. Bei den Gemeinden, die wir untersucht haben, wurde für jede Reihe ein besonderes Design, ein Name und Stil entwickelt, um den Charakter und den Inhalt der Reihe gewissermaßen fühlbar zu machen. Damit soll Interesse dafür geweckt werden. Diese „Marke" wird dann auf der Webseite und den sozialen Medien beworben. Damit hat jede Predigtreihe sozusagen ihre eigene kleine Marketingkampagne.

Father Michael: Schließlich haben wir vor einigen Jahren in der Adventszeit einen Versuch gewagt. In allen Wochenendmessen habe ich gepredigt, unabhängig davon, wer der Zelebrant war. Dabei haben wir auch dafür gesorgt, dass die Kinderliturgie unter demselben Thema stand. Und ich muss zugeben: Es hat mir gefallen.

Eine Predigtreihe macht es wirklich einfacher, Woche für Woche eine Predigt zusammenzustellen. Wenn man in einer Reihe ist, braucht man sich nicht jede Woche etwas Neues einfallen lassen und man muss auch nicht andauernd bei null beginnen. Man hat das Thema schon vorher festgelegt und auch die Richtung, die man ansteuert. Jeder, der die Verantwortung hat, Woche für Woche zu predigen, kann diesen Vorteil gar nicht hoch genug bewerten. Bei den Zyklen der Leseordnung und in den geprägten Zeiten ist das besonders einleuchtend, denn sie sind von Haus aus schon als zusammenhängende Reihen gestaltet.

Es gibt noch einen anderen Grund, warum wir Predigtreihen bevorzugen. Eines der wichtigsten Ziele der Predigt ist, Austausch und Gespräch darüber in Gang zu setzen. Wenn die Leute anfangen, bei der Heimfahrt im Auto darüber zu reden, beim Abendessen oder bei Sportveranstaltungen, dann haben wir wirklich etwas erreicht. Die einzelne Predigt bringt ein Gespräch in Gang, eine Reihe hält es am Laufen. Dieser Austausch hat das Potential, das Denken der Menschen zu verändern, was irgendwann zur Änderung des Lebens führt.

Es ist eher unwahrscheinlich, dass durch eine einzelne Sonntagspredigt zum Beispiel über die finanzielle Verantwortung für die Gemeinde sich viele Leute in ihrer Spendenbereitschaft verändern. Mit einer Predigtreihe ist das möglich.

Predigtreihen helfen auch, die Pfarrgemeinde in allen Bereichen in eine Richtung zu bewegen. Wenn man eine Predigtreihe klar und stimmig gestaltet und sie auch im Kinder- und Jugendprogramm und in den Impulsen für die Kleingruppen umsetzt, wird das Auswirkungen haben, die die ganze Pfarrgemeinde verändern (siehe Kapitel 68). Das haben wir immer wieder bei den Themen, die wir umsetzen wollen, erlebt: Geben, Dienen, Kleingruppen, tägliches Gebet und Beichte. Inzwischen stellen wir uns schon bei der Planung folgende Fragen: Welche Veränderung wollen wir für die Leute und welche Veränderung der ganzen Pfarrgemeinde wollen wir mit der Predigtreihe erreichen?

Als die Zeit gekommen war, versammelte Jakob seine Familie und weihte sie in den Plan ein, den „Masterplan“. Es war ein Plan, der den Kurs für eine Familie vorgegeben hat, die zu einem Stamm wurde, aus der dann eine Nation entstand, welche die Welt veränderte.

Wenn sie Ihre Pfarrgemeinde zur Einheit und Ihre Mission kraftvoll zu der Zukunft führen wollen, die Gott für sie vorgesehen hat, dann gibt es etwas Einfaches und gänzlich Kostenloses, was Sie tun können: Predigen Sie in Predigtreihen. Betrachten sie das als Ihren „Masterplan“.

— 52 —

Vermeiden Sie den Fluch des Wissens

„Dann gebot Gott, der HERR, dem Menschen: Von allen Bäumen des Gartens darfst du essen, doch vom Baum der Erkenntnis von Gut und Böse darfst du nicht essen; denn am Tag, da du davon isst, wirst du sterben." (Gen 2,16-17)

Vor einigen Jahren hatten wir die Idee, Gebetsteams einzurichten, die nach der Messe mit den Pfarreimitgliedern beten. In unseren Sonntagspredigten erregen wir manchmal die Gefühle der Zuhörer oder führen sie bewusst an einen Punkt, wo sie sich mit ihren Lasten und Problemen auseinandersetzen müssen. Um sie damit nicht allein zu lassen, wollten wir ihnen Hilfe anbieten. Dazu haben wir einige Leute ausgewählt, von denen wir dachten, dass sie das Herz und die geistliche Reife für diesen Dienst hätten. Wir beschrieben ihn als Möglichkeit für mehr Seelsorge an den Menschen und erklärten die Einzelheiten. Danach fragten wir die Gruppe – alle waren engagierte Mitglieder unserer Pfarrgemeinde –, ob es noch Fragen gäbe. Eine hob die Hand: Was meint ihr mit „mehr Seelsorge"? Die anderen nickten. Alle hatten dieselbe Frage.

Im kirchlichen Bereich gibt es viele Ausdrücke, die wir aus dem Priesterseminar oder von der akademischen Ausbildung her kennen, die die normalen Kirchenbesucher nicht kennen: Katechumenat, Transsubstantiation, Eschatologie und so weiter. Manchmal gebrauchen wir auch Abkürzungen, die noch weniger bekannt sind. ... Das ist bei kirchlichen Mitarbeitern im innerkirchlichen Bereich auch kein Problem. Jede Berufsgruppe oder Studienrichtung verwendet ihre eigene Fachsprache. Unser Fehler ist, dass wir davon ausgehen, dass die Leute in der Pfarrei und außerhalb das auch verstehen.

Wir alle waren schon einmal in der Situation, in der ein Experte Ausdrücke verwendete, die wir nicht verstanden haben. Um den Eindruck zu vermeiden, ungebildet und dumm zu sein, haben wir zustimmend genickt. Tatsächlich aber hatten die Experten uns abgehängt. Dasselbe kann uns auch mit den Zuhörern in der Kirche passieren. Wir verlieren sie, wenn wir die Predigt auf Ausdrücken aufbauen, die sie nicht wirklich verstehen.

Diesen Kommunikationsfehler nennt man den Fluch des Wissens. Um wirksam zu kommunizieren, müssen wir natürlich wissen, wovon wir sprechen, aber es kann zum „Fluch" werden, wenn wir annehmen, dass unsere Zuhörer dieselben Wissensvoraussetzungen hätten. Wir sollten aufmerksam darauf achten, was wir bei unseren Pfarreimitgliedern voraussetzen, und noch wachsamer sein bei Leuten, die neu dazukommen. Seien Sie sehr vorsichtig mit solchen Annahmen. Es sind genau die Dinge, von denen man annimmt, dass die Leute sie wissen, die sie oft nicht wissen.

In der Schöpfungserzählung hat Gott mit allem anderen, was er erschuf, auch das Gesetz erschaffen, und zwar durch das Gebot, das er Adam gegeben hat. Das Gesetz sorgte im Garten Eden für eine bessere Lebensweise: Die Menschen lebten unter göttlicher Autorität. Indem sie Gottes Gesetz übertraten, haben sie sich selbst mit einem Fluch beladen. Wenn wir diesen Fluch nicht beachten, können unsere Kommunikation und unsere Glaubwürdigkeit Schaden nehmen.

— 53 —

Sagen Sie nicht zuviel

„Wenn ihr betet, sollt ihr nicht plappern wie die Heiden, die meinen, sie werden nur erhört, wenn sie viele Worte machen. Macht es nicht wie sie."
(Mt 6,7-8)

In einem Supermarkt führte man ein Marketing-Experiment mit verschiedenen Marmeladen durch. Man stellte Ständer mit derselben Marmeladenmarke an unterschiedlichen Stellen des Marktes auf. Auf dem einen wurden vierundzwanzig verschiedene Sorten, auf dem anderen nur sechs Sorten angeboten. Bei welchem Ständer wurde mehr verkauft? Wenn Sie die Kapitelüberschrift gelesen haben, ahnen sie es vielleicht schon. Der Ständer mit weniger Auswahl war schnell ausverkauft, während der Verkauf beim größeren Ständer nur langsam vorankam. Nach der Auswertung kamen die Verkäufer zu dem Schluss, dass die Vermehrung der Auswahl bei potenziellen Käufern irritierend und geradezu erschlagend gewirkt hat.

Wir leben im Informationszeitalter. Täglich werden wir von Tweets, Textnachrichten, sozialen Medien, Nachrichtensendern, Fernsehkanälen und Radiotalkshows überfallen, und die Liste ist noch nicht zu Ende. Ironischerweise wächst das Bewusstsein, dass wir, obwohl wir all diese Informationen haben, immer weniger damit anfangen können. Allein die Menge an verfügbaren Informationen kann gänzlich verwirren. Und je konfuser wir werden, desto weniger werden wir wahrscheinlich handeln. Wir können völlig überfordert sein.

Wie oft sind Sie schon in einem Hotel gewesen, in dem es einen Ständer mit Prospekten für die regionalen Sehenswürdigkeiten gab. Vielleicht wirft man einen Blick in einen oder zwei hinein und dann gibt man auf. Es sind einfach zu viele. Wie oft haben Sie schon den Fernseher eingeschaltet und schließlich mehr Zeit damit verbracht, eine Sendung auszuwählen als wirklich etwas anzuschauen? Waren Sie auch schon in einem riesigen Einkaufszentrum und sind, nachdem sie die Menge unterschiedlicher Geschäfte gesehen haben, einfach wieder gegangen? (Das ist vielleicht eher eine männliche Verhaltensweise, aber Sie verstehen, was gemeint ist.)

Darum sehnt sich unsere Kultur nach Einfachheit, dasselbe gilt auch für unsere Pfarrgemeinde.

Wir kennen eine Pfarrgemeinde, die damit prahlt, dreiundneunzig unterschiedliche Dienstbereiche zu haben. Vor einiger Zeit veranstalteten sie eine Art Ausstellung mit Präsentation der Dienstbereiche, um freiwillige Mitarbeiter für all diese Dienste anzuwerben. Nach den Gottesdiensten schlenderten die Pfarreimitglieder durch den Pfarrsaal (vielleicht aus Neugier oder Höflichkeit), aber nur sehr wenige haben sich für einen Dienst angemeldet. Die Veranstalter waren über die fehlende Reaktion verwundert, aber dafür gab es keinen Grund. Es lag nicht an der mangelnden Bereitschaft der Pfarreimitglieder, sich für etwas zu verpflichten. Die zu große Auswahl war schuld daran. Von Zeit zu Zeit gibt es bei uns einen ähnlichen Marktplatz der Dienste, bei dem wir normalerweise nur vier oder fünf verschiedene Dienste vorstellen. Das Echo darauf ist immer sehr ordentlich und ermutigend.

Die Anweisungen Jesu zum Beten lassen sich auf alle Arten unserer Kommunikation anwenden: Überlasten Sie Ihre Gemeinde nicht mit zu vielen Informationen, zu vielen Fakten oder einer Vielzahl an Auswahlmöglichkeiten. Sagen sie nicht zu viel.

— 54 —

Lassen Sie es fließen

„Danach aber wird Folgendes geschehen:
Ich werde meinen Geist ausgießen über alles Fleisch.
Eure Söhne und Töchter werden Propheten sein, eure
Alten werden Träume haben und eure jungen Männer
haben Visionen. Auch über Knechte und Mägde
werde ich meinen Geist ausgießen in jenen Tagen.
Ich werde wunderbare Zeichen wirken am Himmel
und auf der Erde: Blut und Feuer und Rauchsäulen."
(Joel 3,1-3)

Die Zeit hat beide Dimensionen, sie ist objektiv und relativ. Sechzig Sekunden sind sechzig Sekunden. Sechzig Minuten sind sechzig Minuten. Zugleich ist die Zeit auch sehr relativ: Wenn wir Freude haben, läuft das Leben schneller und die Zeit fließt dahin. Wir alle kennen auch Zeiten, in denen die Uhr langsamer zu gehen scheint, wenn uns Minuten wie Stunden vorkommen und Stunden wie Tage. Leider fallen viele liturgische Feiern unter die letzte Kategorie.

Bei der Predigt und Glaubenskommunikation ist das relative Zeitempfinden viel wichtiger als das objektive. Wir kennen die Diskussion um die ideale Maximallänge von Predigten. Nach unserer Auffassung läuft sie Gefahr, gerade diesen Punkt auszulassen: Wenn Sie ein begabter Redner sind, wird man Ihnen auch nach Ablauf der Zwanzig-Minuten-Grenze weiter zuhören wollen. Wenn man dagegen einem schlechten Prediger zehn Minuten zuhört, fühlt man sich schon wie im Fegefeuer.

Das vielleicht wichtigste Mittel, um die Zeit zu seinem Vorteil zu nutzen, ist das, was wir mit Fließen (Flow) bezeichnen. Wenn Ihre Predigt geschmeidig klingt und man die Bewegung spürt, dann fließt sie und kann die Zuhörer auf einen Weg mitnehmen und auch davon abhalten, auf ihr Handy zu schauen. Wenn es fließt, können Sie wirkungsvoller und länger predigen und dabei mehr Inhalte vermitteln. Das Fließen blendet die objektive Zeit aus und schafft eine andere, subjektive Wirklichkeit.

Das Fließen hängt von den Übergängen ab, bei denen man leicht den Schwung und das Tempo verliert und die Zuhörer irritiert. Wenn Sie von der Einführung zum Hauptteil der Predigt übergehen oder vom Hauptteil zur Anwendung und zum Schlussteil, kann das plump oder sogar störend wirken. Die Übergänge haben eine große Bedeutung. Vielleicht sollten Sie mehr Zeit dafür investieren, als Sie meinen. Keinesfalls soll man sie auf die letzte Minute aufschieben oder wie einen spontanen Einfall erscheinen lassen.

Das Fließen hängt auch davon ab, wie Sie Ihre Stimme und die Geschwindigkeit verändern, zu wissen, wann und wie man langsamer wird oder auch eine kurze Pause macht, um durch die Stille den Gedanken hervorzuheben und abzuschließen.

Denken Sie auch an Ihre Kräfte und an Ihr seelisches Befinden, mit dem Sie vor den Zuhörern stehen. Auch das hat Auswirkungen auf den „Flow".

Der Prophet Joel beschreibt eine großartige Vision der Zukunft, in der neben anderem eine erstaunliche Kommunikation und Offenbarung zu erwarten ist. Das alles ist eine Gabe des Heiligen Geistes, man kann es auch „Fließen" nennen. Das Fließen ist sozusagen das, was der Heilige Geist wirkt. Gute Kommunikation hängt ganz davon ab, ob es fließt. Beten wir also dafür.

— 55 —

Machen Sie es den Leuten leicht, Ihnen zu folgen

„Als die Hohepriester und die Pharisäer seine Gleichnisse hörten, merkten sie, dass er von ihnen sprach." (Mt 21,45)

Menschen wollen in der Predigt nicht belehrt werden. Mit dieser Tatsache müssen wir uns als christliche Verkündiger auseinandersetzen.

Menschen wollen nicht belehrt werden und nicht gesagt bekommen, was sie zu tun haben. Gute Verkündigung und Lehre müssen die Menschen in ein Gespräch einbeziehen (siehe Kapitel 69). Nehmen Sie sie mit auf eine Reise (siehe Kapitel 81) und stellen Sie eine Verbindung mit den Zuhörern her (siehe Kapitel 84). Aber in ihrem Kern müssen Verkündigung und Lehre auch noch etwas anderes leisten: Es geht darum, dass Sie sehr, sehr behutsam eine Argumentation aufbauen.

Jede geistliche Veränderung und jedes Wachstum bedarf der Zustimmung des Geistes und setzt dort an. Anders gesagt geht es uns darum, das Denken der Menschen zu verändern. Der heilige Paulus sagt, als christliche Vermittler des christlichen Glaubens reißen wir Argumentationen und Gedankenfestungen im Kopf unserer Zuhörer ein und schaffen frische Weisen des Denkens (2 Kor 10,4). Wir verkünden einen Wandel des Denkens, damit die Zuhörer schließlich ihr Verhalten ändern. Aber damit das geschehen kann, müssen Sie ihnen dabei helfen, Ihren Denkprozess nachzuvollziehen.

Wenn das Publikum bei der Pointe lachen soll, muss es jeden Schritt auf dem Weg dahin mit Ihnen gehen. Bei neuen Gedanken und Ideen, mit denen sie nicht vertraut sind, müssen Sie ihnen einen nachvollziehbaren Zugangsweg zeigen. Das gilt auch für den Schritt der Anwendung im Leben. Helfen Sie ihnen, die Gründe dafür nachzuvollziehen und zu verstehen. Am besten können die Leute Ihnen in Ihrer Argumentation folgen, wenn Sie von den schon bekannten Inhalten ausgehen oder schon zu Beginn das Ziel verraten, auf das Sie hinauswollen.

Legen Sie Wert auf die Übergänge zwischen den einzelnen Teilen der Predigt, wiederholen Sie öfters die wichtigsten Schritte und stellen Sie, wann immer das möglich ist, eine Verbindung zwischen den Inhalten her.

Als Jesus predigte, verstand das gläubige Volk seinen Gedankengang. Er stellte ihnen vor Augen, wohin er wollte. Er sagte es nicht direkt, aber er ließ sie es sehen. Auch wenn sie ihm nicht zustimmten, wussten sie, was er meinte.

Seien Sie sich über Ihren eigenen Denk- und Argumentationsweg im Klaren. Sie sollten in der Lage sein, ihn einfach zusammenzufassen. Wenn Sie ihn selbst nicht kennen, haben die Zuhörer keine Chance, mit an Bord zu kommen.

— 56 —

Behalten Sie Ihre politischen Ansichten für sich

„Nehmt den an, der im Glauben schwach ist, ohne mit ihm über verschiedene Auffassungen zu streiten!" (Röm 14,1)

Wir wissen, dass man schon über diese Aussage streiten kann. Eigentlich wollen wir Ihre Pfarrgemeinde vor unnötigem Streit bewahren. Keiner von uns beiden ist unpolitisch. Wir sind sehr an Politik interessiert und verfolgen aufmerksam, was geschieht. Auch sind wir nicht der Auffassung, dass sich die Kirche ganz aus der Politik heraushalten sollte. Die Kirche muss im weltlichen Bereich mit klarer Stimme sprechen und die Bischöfe haben eine sehr wichtige, wenn nicht sogar prophetische Rolle in unserer Gesellschaft. Bei Fragen des Lebensrechts, der Religionsfreiheit, Menschenrechte, Armut und Einwanderung muss die Kirche Farbe bekennen. Wir wagen es nicht zu schweigen.

In der Verkündigung und Lehre in Ihrer Pfarrgemeinde sollten Sie Ihre politischen Ansichten aber für sich behalten. In der Bibel sieht man, dass Jesus sich allen Bestrebungen widersetzt, seine Reich-Gottes-Bewegung zu einer politischen Bewegung umformen zu lassen. Als die Menge ihn zum König machen wollte, zog er sich an einen einsamen Ort zurück. Als er sich zur Steuerfrage äußern sollte, sagte er einfach, man solle Gott geben, was Gott gehört, und dem Kaiser, was dem Kaiser gehört. Ähnlich verhielt sich Paulus, der sehr wenig über die aktuelle Politik sagte. Sein gleichbleibender Rat an die Christen war, ihren politischen Führern zu gehorchen und ihre Pflichten zu erfüllen. Zu tagespolitischen Themen, von denen viele im Widerspruch zum Christentum standen, hat er sich ansonsten nicht geäußert.

Warum? Es geht um den Einfluss. Welchen Einfluss wollen wir auf das Leben der Leute nehmen? Wollen wir ihr Wahlverhalten oder ihr Leben verändern? Ihr Verhalten oder ihr Herz?

Für die Verkündigung haben wir nur wenige Minuten pro Woche, mehr nicht. Das ist eine kleine, aber einzigartige Möglichkeit, klar und zielgerichtet zu verkünden. Wollen wir die Menschen politisch beeinflussen oder wollen wir sie mit der Botschaft des Evangeliums prägen und sie dann ermutigen, das auf alle Bereiche des Lebens, einschließlich der Politik, anzuwenden?

Paulus hatte sehr wohl verstanden, dass die Christen in Rom politisch gesehen in einer sehr kritischen Lage waren. Seine Lehre war, dass die wirksamste Strategie für Nachfolge und Evangelisierung nicht in Debatten, sondern in Gastfreundschaft besteht. Dasselbe gilt für unsere Predigten und Lehren. Versuchen Sie nicht, die Leute zu verunsichern oder ihnen das Gegenteil zu beweisen. Kämpfen Sie nicht mit ihnen. Heißen Sie sie willkommen.

— 57 —

Stellen Sie sich die richtigen Fragen

„Der König ging zum Haus des HERRN hinauf mit allen Männern Judas und den Einwohnern Jerusalems, den Priestern und Leviten und allem Volk, Alt und Jung. Er ließ ihnen alle Worte des Bundesbuches vorlesen, das im Haus des HERRN gefunden worden war. Er ließ auch alle, die sich in Jerusalem … befanden, dem Bund beitreten."
(2 Chr 34,30.32)

Das Ziel all unserer Verkündigung ist es, zu einer Veränderung des Lebens zu führen: die Kirchenfernen auf den Weg der Nachfolge zu bringen und den Jüngern zu helfen, tiefer zu gehen. Wir informieren, um zu transformieren (siehe Kapitel 82). Die Informationen, die wir weitergeben, sind wichtig; sie sind von Bedeutung, weil sie zur Verwandlung unseres Charakters und Verhaltens führen. Sie können sich drei Fragen stellen, die Ihnen helfen, sich auf das auszurichten, was zu Veränderung führt.

Was sollen die Leute durch die Predigt verstehen? Was ist der Kernpunkt, den Sie vermitteln wollen? Manchmal stellt man vielleicht etwas vor, das die Zuhörer noch nicht kennen. In unserer immer mehr nachchristlich werdenden Gesellschaft ist manches, was wir sagen, für viele Menschen wirklich neu. Andererseits ist vieles den Leuten auch schon bekannt, so dass man sie nicht mehr darüber belehren, sondern sie eher daran erinnern muss. So oder so – worauf es ankommt, heißt bei uns „Predigt in einem Satz". Sind Sie sich wirklich darüber im Klaren, was ihre Zuhörer verstehen sollen, wenn Sie selbst Ihre Predigt nicht in einem Satz zusammenfassen können?

Warum wollen Sie, dass die Leute es verstehen? Das ist eine Frage, die oft unbeantwortet bleibt, vor allem im kirchlichen Umfeld. Wir gehen einfach hinaus und erzählen den Leuten irgendwelches Zeug. Warum? Weil wir es halt so festlegen, darum. Dieser Ansatz funktioniert nicht mehr, auch wenn das im kirchlichen Bereich noch nicht überall angekommen ist. Wir müssen verstehen und wirkungsvoll vermitteln, warum das, was wir zu sagen haben, wichtig ist und die Aufmerksamkeit unserer Zuhörer verdient.

Was wollen Sie, dass es die Leute tun, und warum wollen Sie es? Es geht hier um Anwendung und Motivation: Malen Sie bildlich einen möglichen Umsetzungsschritt aus, der die Zuhörer positiv beeinflussen und verändern kann und ihnen hilft, als Jünger Jesu Christi zu wachsen.

Der letzte erfolgreiche und gläubige König von Juda war Joschija. Das zweite Buch der Chronik sagt uns, dass er getan hat, was in den Augen des Herrn richtig ist. Er hat noch mehr als das getan. Er hat sich seiner Führungsrolle gestellt und durch wirksame Kommunikation auch seinem Volk geholfen, das zu tun, was richtig vor dem Herrn war. Die Ergebnisse waren lebensverändernd für das Volk und haben die Nation umgewandelt. Das ist die Art von Kommunikation, auf die wir hinarbeiten sollten.

— 58 —

Werden Sie ein Meister in der Kunst der Raffinesse

„Einigen, die von ihrer eigenen Gerechtigkeit überzeugt waren und die anderen verachteten, erzählte Jesus dieses Gleichnis: Zwei Männer gingen zum Tempel hinauf, um zu beten; der eine war ein Pharisäer, der andere ein Zöllner."
(Lk 18,9-10)

Wir haben gelernt, dass erfolgreiche Gemeindeleiter die Gemeindemitglieder klar und beständig an die grundlegenden Schritte erinnern, die sie als werdende Jünger gehen sollten. Erfolgreiche Leiter suchen bei allen Gelegenheiten der Verkündigung nach Möglichkeiten, um diese elementaren Verhaltensweisen zu stärken. Die Schwierigkeit besteht darin, dass ständige Aufforderungen leicht zu nutzlosem Nörgeln werden können – es sei denn, man lernt behutsam und mit Feingefühl vorzugehen.

Raffinesse hat etwas mit Feingefühl und Kultiviertheit zu tun. Wenn wir die Menschen bitten, etwas zu tun, was wir wollen, sie es aber nicht direkt tun wollen – etwa einen Schritt in die Jüngerschaft zu machen – und wir die Absicht haben, sie so lange dazu aufzufordern, bis sie es tun, dann braucht es ein gutes Maß an Behutsamkeit und Feingefühl.

Probieren Sie dies aus:

Zeigen Sie Raffinesse bei den Fürbitten und der Verkündigungen

Tom: Man kann auf behutsame Weise Aufzählungen von Praxisbeispielen nutzen, um besondere Anregungen einzubetten. Vor kurzem haben wir einige neue Mitarbeiter gesucht. Die Stellenangebote erschienen auf unserer Website, auf Facebook und wurden in die Ankündigungen der Wochenendmessen aufgenommen. Aber einmal haben wir sie auch in die Wochenendbotschaft eingebaut. Michael sprach über Gottes Vision für das Leben der Menschen und sagte: „Vielleicht will Gott Ihre Ehe heilen oder Ihr Unternehmen wiederbeleben. Vielleicht ruft Gott Sie dazu auf, für diese Pfarrei zu arbeiten?“

Stellen Sie mit Raffinesse Vorbilder heraus

Wenn Sie möchten, dass sich Menschen im Dienst Ihrer Gemeinde engagieren, danken Sie namentlich denen, die das schon tun. Was auf diese Weise öffentlich anerkannt und bestätigt wird, wird auch von anderen nachgeahmt. Damit lehren Sie Ihre Gemeinde, diesen Vorbildern nachzueifern.

Setzen Sie mit Raffinesse Beispiele aus dem Alltag und beiläufige Nebenbemerkungen ein

Eine weitere Möglichkeit, wie Sie Schritte, die die Menschen unternehmen sollen, indirekt vermitteln können, besteht darin, anschauliche Beispiele aus Ihrem eigenen Leben zu verwenden. Wenn Sie möchten, dass die Menschen in Ihrer Gemeinde sich einer Kleingruppe anschließen, suchen Sie Gelegenheiten, über Ihre eigene

Kleingruppenerfahrung zu sprechen. Allein die Erwähnung, dass Sie selbst einer Kleingruppe angehören, ist schon eine sanfte Erinnerung an Ihre Gemeindemitglieder, in eine Kleingruppe zu gehen.

In seiner Art zu kommunizieren hat es Jesus verstanden, beides zu nutzen, feinfühlig und indirekt zu kommunizieren und deutliche Beispiele zu verwenden. Manchmal scheinen sie im Gegensatz zueinander zu stehen oder sich sogar gänzlich zu widersprechen. In Wahrheit ergänzen sie sich gegenseitig und geben Ihrer Verkündigung eine größere Wirkung.

— 59 —

Verwenden Sie Notizen – aber clever

„Dann schloss er die Buchrolle, gab sie dem Synagogendiener und setzte sich. Heute hat sich das Schriftwort, das ihr eben gehört habt, erfüllt." (Lk 4,20-21)

Father Michael: Ich bin wahrscheinlich eher ein Schreiber als ein Redner. Dazu kommt noch eine gesunde Portion Perfektionismus. Man merkt mir an, dass ich bei Predigten und Vorträgen auf den Text fixiert bin. Die Notizen waren meine Stütze. Nicht nur, dass ich mich auf sie verlassen hätte, ich habe sie vorgelesen. Den Zuhörern etwas vorzulesen ist sicher auch eine Art der Kommunikation, aber zu ihnen zu sprechen ist viel unmittelbarer und persönlicher.

Tom: Notizen, Skizzen und vollständige Texte haben alle ihr Gutes. Man muss wissen, wie man sich Informationen merken und abrufen kann, wie man sie in einer Vortragssituation präsent hat und, ganz grundsätzlich, was für einen hilfreich ist und funktioniert. Wenn ich spreche, verwende ich eine Gliederung, aber der Vortrag selbst, das Fleisch an den Knochen, habe ich im Kopf. Die Gliederung hilft mir dabei, am Ablauf festzuhalten.

Father Michael: Beim Sprechen benutze ich immer noch den vollständigen Text, nur dass ich ihn mittlerweile nicht mehr vorlese. Ich habe ein eigenes, etwas sonderbares System, Wörter und Sätze mit Farben zu markieren. Damit lerne ich nicht den Text auswendig, sondern ich präge mir sozusagen die Umrisse der Landschaft ein. Das macht es möglich, das Pult zu verlassen, einen Satz oder Absatz frei zu sprechen, selbst ohne zu wissen, was als nächstes kommt, denn ich weiß genau, wo ich gerade bin.

Für den Fall, dass ich vom Pult weggegangen bin und nicht mehr weiß, wie es weitergeht, wiederhole ich einfach den letzten Satz und gehe dabei zurück zu meinen Aufzeichnungen.

Öfters kommt es vor, dass ich zerstreut bin und völlig vergessen habe, was ich sagen wollte. Dann bleibe ich stehen, kehre zu meinen Notizen zurück, nehme sie bewusst in die Hände und sage: „Hier steht es!"

Sie brauchen keine Angst zu haben, Ihre Notizen so zu verwenden, wie Sie es brauchen, aber lesen Sie nicht vor. Eine wichtige Regel gibt es: Wenn Sie die Leute auffordern etwas zu tun oder ein problematisches Thema ansprechen, schauen Sie nicht in Ihre Aufzeichnungen, sondern vergewissern Sie sich, dass Sie Ihre Zuhörer dabei anschauen!

Jesus hat seine erste Predigt in der Synagoge seiner Heimatstadt Nazareth gehalten. Offensichtlich wusste er, wie Lukas berichtet, welche Reaktion ihn erwartete, und so war es dann auch. Seien Sie in ähnlicher Weise selbstbewusst in Ihrer Art der Kommunikation, auch was den Gebrauch von Notizen angeht.

Benutzen Sie Ihre Aufzeichnungen nicht als Krücke und Ausrede, die Vorbereitung zu vernachlässigen, sondern stehen Sie auf eigenen Beinen. Aber haben Sie auch keine falsche Scheu, sie als Hilfe und Erleichterung für sich zu nutzen.

— 60 —

Erzählen Sie Geschichten

„Durch viele solche Gleichnisse verkündete er ihnen das Wort, so wie sie es aufnehmen konnten. Er redete nur in Gleichnissen zu ihnen."
(Mk 4,33-34)

Tom: Wenn ich meine Kinder abends ins Bett bringe, wollen sie immer eine Geschichte hören. Skeptisch wie ich bin, vermute ich, sie wollen dadurch nur länger aufbleiben (in gewisser Weise stimmt das auch). Aber aus meiner eigenen Jugendzeit weiß ich, wie diese Geschichten mich gefesselt und meine Fantasie angeregt haben und auch wichtige Lehrstunden für das Leben waren.

David und Goliath: Wenn Gott für uns ist, dann können wir es auch mit Riesen aufnehmen.

Die Schildkröte und der Hase: Langsam und beständig gewinnt.

Die kleine blaue Rangierlok: Durchhalten in schwierigen Zeiten.

Als Kinder haben wir um Geschichten gebettelt. Sie waren ein entscheidender Faktor für unsere Entwicklung. Vielleicht erinnern Sie sich an Geschichten aus der Kindheit, die Sie geliebt haben und immer wieder hören wollten.

Die Heilige Schrift ist voll von Geschichten. Jesus hat immer Geschichten erzählt. Er wusste, wie sehr sie die Aufmerksamkeit der

Zuhörer gewinnen und sie fesseln können und um wieviel besser sie geeignet sind, Fragen zu beantworten und etwas klarzustellen.

- Bei der Frage, wer sein Nächster sei, erzählte er die Geschichte vom barmherzigen Samariter.
- Auf die Kritik der Pharisäer, dass er zusammen mit Zöllnern und Sündern isst, erzählte er die Geschichte vom verlorenen Sohn.
- Auf die Frage von Petrus über Barmherzigkeit und Vergebung antwortete er mit der Geschichte des mitleidslosen Knechtes.

Geschichten sind nicht passiv, sie nehmen uns aktiv mit hinein, sie unterhalten, belehren und können begeistern. Wir können durch sie neue Verhaltensweisen lernen.

Probieren Sie dies aus:

Erzählen Sie Bibel- und Heiligengeschichten

Leben und Wirken der Heiligen und großen biblischen Gestalten laufen oft Gefahr, als Märchen oder bloße moralische Beispiele wahrgenommen zu werden, weit von uns weg und ohne praktische Bedeutung. Aber das sind sie nicht. Deshalb müssen wir sie so erzählen, dass sie echtes Leben ausstrahlen.

Erzählen Sie Ihre Geschichte

Manche Geschichten sind wie Essen aus Dosen, bei dem einem der Appetit vergeht. Echte Geschichten, die Sie wirklich erlebt haben, haben oft eine außerordentliche Wirkung.

Erzählen Sie die Geschichten anderer Leute

Heben Sie E-Mails und Briefe auf, in denen Menschen aus ihrem Leben berichten, besonders von denen, deren Leben sich durch Ihre Gemeinde verändert hat. Es ist wichtig, diese Geschichten zu sammeln oder Menschen zu bitten, Ihre Lebenszeugnisse vor der Kamera zu erzählen, um sie dann in der Predigt und im Unterricht einzusetzen.

Kaum etwas anderes spricht unsere menschliche Natur so an wie Geschichtenerzähler und Geschichten. Deshalb hat Jesus Geschichten erzählt. Wir lieben Geschichten, weil wir alle Teil einer unvergleichlichen Geschichte sind, der Geschichte der Schöpfung und Erlösung, die wir immer und immer wieder erzählen in den unterschiedlichsten Variationen.

— 61 —

Timing ist alles

„Alles hat seine Stunde. Für jedes Geschehen unter dem Himmel gibt es eine bestimmte Zeit."
(Koh 3,1)

Father Michael: Im Jahr 1994 war ich Sekretär von Kardinal Keeler, dem Erzbischof von Baltimore. Wir waren begeistert, als wir erfuhren, dass Johannes Paul II. unsere Stadt besuchen würde. Unglücklicherweise für ihn und für uns rutschte der Papst kurz danach aus und stürzte, so dass die Reise abgesagt werden musste.

Wir hatten Mitleid mit dem Papst und waren enttäuscht über die verpasste Gelegenheit. Die Reise wurde auf später verschoben und das war das Beste, was uns passieren konnte. Nun hatten wir mehr Zeit, das Projekt besser zu verstehen und vorzubereiten.

Tom: 2012 hatten wir vor, eine Kampagne zur Finanzierung unseres Kirchenneubaus zu starten. Kurz vor Beginn wurde ein großes Grundstück in der Nachbarschaft zum Kauf angeboten. Uns war sofort klar, dass wir diese Gelegenheit sorgfältig prüfen mussten, selbst wenn sich dadurch unsere Finanzierungskampagne um ein ganzes Jahr verschieben würde. Obwohl wir wegen der Verzögerung besorgt waren und sie uns auch etwas geärgert hat, stellte sie sich als Glücksfall heraus. Als wir schließlich später damit beginnen konnten, war die Wirtschaft robuster, die Gemeinde besser vorbereitet und die Kampagne war ein voller Erfolg.

Der richtige Zeitpunkt ist von entscheidender Bedeutung bei Planungen und Projekten, ganz besonders aber, wenn es um Kommunikation geht. Bei der Vorbereitung von Predigten und Lehre kommt es darauf an, gut auf den richtigen Zeitpunkt zu achten. Wir haben den Start unserer Finanzierungskampagne nicht in den Sommer gelegt, weil dann viele Leute im Urlaub sind. Der Sommer ist auch die falsche Zeit, um Freiwillige für die verschiedenen Dienste zu gewinnen. Berücksichtigen Sie das Kirchenjahr und die Zeit in der regionalen Kultur. Ihre Kommunikation muss auf die Menschen vor Ort abgestimmt sein. Der September ist bei uns in Timonium eine Zeit des Neuanfangs, in der die Familien mit dem Beginn des neuen Schuljahres zu tun haben. Oktober und November sind ideale Zeiten, um sich neu einzubringen. Das freiwillige Engagement wächst. Der Dezember ist von den Vorbereitungen für Weihnachten geprägt. Weil Vorsätze zur Verhaltensänderung für das neue Jahr im Januar gemacht werden, sprechen wir dann das Thema Kleingruppen an. Februar und März sind die beliebtesten Zeiten des Jahres, um in diese Gruppen zu kommen, denn die Fastenzeit wirkt selbst für Kulturkatholiken noch anziehend. Nach dem Muttertag und einigen arbeitsfreien Tagen sind die Menschen mit anderen Dingen beschäftigt und wir sind wieder im Sommermodus gelandet, in dem auch unsere Kommunikation eine leichtere Note bekommt.

Beim Timing spielt auch die richtige Gangart eine Rolle: Sachlich und ernsthaft zu sein hat seinen Platz, braucht aber einen Ausgleich durch Leichtigkeit und Freude. Die Predigtreihe im Anschluss an die Finanzierungskampagne hatte einen leichteren und einfacheren Inhalt, um den Leuten eine Verschnaufpause zu verschaffen. Die fünf Wochen davor waren anstrengend, und eine zweite Predigtreihe in dieser Art wäre zeitlich unpassend gewesen und wohl auch nicht gut angekommen.

Auch innerhalb der Predigt kommt es auf das Timing an. Humor lebt vom richtigen Zeitpunkt. Auch der richtige Einsatz von Stille und das Aushalten der Stille erfordern ein gutes Timing.

In schönen Worten voller Weisheit belehrt uns das Buch Kohelet über unseren Umgang mit der Zeit. Wie sich herausstellt, gibt es für alles eine Zeit. Gute Kommunikation versteht und berücksichtigt das.

— 62 —

Predigen ist nicht einfach

„Verkünde das Wort, tritt auf, ob gelegen oder ungelegen, überführe, weise zurecht, ermahne, in aller Geduld und Belehrung!" (2 Tim 4,2)

In seinem Buch *You are the Message* berichtet der Strategieberater Roger Ailes von einem Treffen mit Präsident Ronald Reagan während der Wahlkampagne für seine zweite Amtszeit 1984. Man nannte Ronald Reagan den „Großen Kommunikator" und sein Kommunikationstalent hielt man allgemein für seine größte Stärke als Präsidentschaftskandidat. Roger Ailes wurde eingestellt, weil der Wahlkampf für den Präsidenten trotzdem nicht gut lief. Er machte eine schlechte Figur, hatte Selbstzweifel und war sich seiner Strategie nicht mehr sicher. Seine Kommunikation war miserabel. Er wirkte beständig verwirrt und unvorbereitet.

Der Rest ist Geschichte. Reagan erholte sich vollständig von seinem Einbruch, war in der zweiten Kandidatendebatte der Sieger und trug einen erdrutschartigen Wahlsieg davon. Die Voraussetzungen für die Wende im Wahlkampf waren harte Arbeit und starke Ermutigung. Ailes übte täglich mit dem Präsidenten, gab ihm ein ehrliches Feedback zu allem, was nicht gut lief, und lobte ihn überschwänglich, wenn etwas gut gelungen war.

Woche für Woche zu predigen und zu lehren, wird nie einfach und leicht sein. Auch wenn wir gut sind, gelobt werden und viele Fans haben, es ist nicht einfach. Und manchmal kommt die Zeit, wo es nicht mehr so läuft. Wir geraten ins Stocken und was vorher nicht leicht war, wird plötzlich ungeheuer schwer. Dann braucht man unbedingt den festen Entschluss weiterzumachen und Unterstützung durch positive Bestärkung.

Predigen und Lehren sind notwendig und wesentlich, aber gleichzeitig schwer umzusetzen. Sie müssen Ihre Aufgabe lieben, um dranzubleiben. Welche Ansprüche das Leben und die Welt auch an Sie stellen mögen, seien Sie beharrlich. Der Rat des heiligen Paulus an Timotheus ist eine Art Erfolgsrezept in Kurzform: Sei beharrlich.

— 63 —

Predigen ist ein Handwerk

„Siehst du einen, der gewandt ist
in seinem Beruf: vor Königen wird er dienen."
(Spr 22,29)

Tom: Meine Familie hat das Anwesen von George Washington in Virginia, „Mount Vernon", schön des öfteren besucht. Ein großartiger Ort mit schönen Gebäuden und Parkanlagen, mit einem Museum und einem Bauernhof, der noch in Betrieb ist. Mit großer Sorgfalt und Liebe zum Detail wird es den Besuchern ermöglicht, in die Vergangenheit einzutauchen. Jedes Mal, wenn wir dort sind, will mein Sohn Gus die Schmiedewerkstatt besuchen und sitzt dann stundenlang und schaut gebannt auf den Schmied, der sein Handwerk ausübt. Wie er den Schmiedeofen anheizt, das Eisen ins Feuer wirft, es zu einer Form schmiedet, wie er das Metall in seine bestimmte Größe zieht und es zum Schluss bürstet. Es ist faszinierend, einem Schmied zuzuschauen, der sein Handwerk beherrscht. Einen Handwerksmeister bei seiner Arbeit zu beobachten, fesselt die Aufmerksamkeit.

Wie das Schmieden ist auch das Predigen ein Handwerk. Handwerkliches Können erfordert beides: Sachkenntnis, wie etwas gemacht wird – die Fähigkeit, es wirklich zu tun – und die Hingabe, diese Fähigkeit beständig zu verfeinern. Jedes echte Handwerk erfordert auch eine künstlerische Ader, die von der reinen Liebe zum Werk gespeist wird.

Das Buch der Sprichwörter lehrt uns, aufbauend auf dem Talent, das wir schon haben, die Fähigkeiten zu entwickeln, die jetzt nötig sind. Nehmen Sie sich Zeit, Ihre Begabungen für die Kommunikation zu erkennen und herauszufinden, an welchen Fähigkeiten Sie arbeiten müssen, um Ihr Handwerk zu vervollkommnen. Wenn Sie das tun, werden sie reich belohnt werden.

— 64 —

Sprechen Sie in der Predigt Ihre Schwächen an

„Während Esra vor dem Haus Gottes auf den Knien lag und weinend sein Gebet und sein Bekenntnis sprach, sammelte sich um ihn eine sehr große Menge von Männern, Frauen und Kindern aus Israel. Denn großes Weinen hatte das Volk ergriffen." (Esra 10,1)

Wenn Sie das ganze Evangelium verkünden, dann stoßen sie auf Bereiche, die Sie in vorbildlicher Weise leben, und auf andere, bei denen Sie weit entfernt sind von den Maßstäben Jesu Christi.

Beim Predigen und Lehren besteht für uns die Gefahr, unsere Schwachpunkte zu übergehen, sie zu verheimlichen, zu lügen oder sie schönzureden und vorzugeben, wir seien ganz anders. Wir können uns darauf konzentrieren, was die Kirche dazu sagt und was die Heilige Schrift lehrt, ohne die Tatsache zu erwähnen, dass wir selbst das nicht leben. Das ist ein Fehler. Unsere Schwächen sind eine hervorragende Gelegenheit, unseren Zuhörern gegenüber authentisch zu sein und ihnen durch die Erkenntnis zu helfen, dass sie in ihren Kämpfen nicht allein sind. Wenn wir über unsere eigenen Kämpfe sprechen, hilft das auch uns selbst zu wachsen.

Wenn Sie Ihre eigenen Schwächen ansprechen, achten Sie darauf, dass Sie in Ihrer Selbsterkenntnis wachsen. Machen Sie das zu einem festen Bestandteil Ihrer täglichen stillen Zeit. Außerdem: Nutzen Sie jede Predigtvorbereitung als Chance für persönliches Wachstum. Die erste Person, die Ihre Botschaft anwenden sollte, sind Sie.

Der Priester Esra hilft bei der Wiederherstellung Israels nach dem Exil mit. In dieser Rolle hat er unter anderem eine große kommunikative Herausforderung vor sich. Er sehnt sich danach, diese Rolle zu erfüllen, ist aber mit einer ernsthaften Lücke im Glauben der Menschen und ihrer gelebten Realität konfrontiert. Esra schwenkt in ein sehr öffentliches, sehr authentisches und kompromisslos ehrliches Gebet um, das die Menschen dazu bringt, alles zu verändern. Wir haben es schon andere sagen hören: Wenn man über seine Schwächen predigt, wird einem nie der Stoff ausgehen.

— 65 —

Den Verlorenen predigen

„Denn der Menschensohn ist gekommen, um zu suchen und zu retten, was verloren ist." (Lk 19,10)

Während unserer Vortragsreisen über das Rebuilt-Buch ist uns aufgefallen, dass es ein weitverbreitetes Missverständnis darüber gibt, wie man diejenigen erreicht, die Jesus die Verlorengegangenen nennt.

Die Verlorengegangenen sind diejenigen, ob kirchlich, kirchenfern oder der Kirche abgewandt, die keine liebende Beziehung mit dem lebendigen Gott haben. Wir haben festgestellt, dass viele Gemeindemitglieder offensichtlich glauben, dass sie die Aufgabe, Jünger heranzubilden, vernachlässigen, wenn sie versuchen, die Verlorengegangenen wieder zu erreichen. Das ist unserer Meinung nach eine heimtückische Lüge, die den Bemühungen zur Evangelisierung wirklich schadet.

Jesus hat, als er die ersten Jünger in seine Nachfolge berief, ihnen nicht versprochen, stärker, klüger, wagemutiger oder strahlender zu werden, nicht einmal größere Heiligkeit hat er ihnen in Aussicht gestellt. Was er ihnen versprochen hatte, war lediglich, sie zu Menschenfischern zu machen. Er hat das Ihm-Nachfolgen an das Andere-in-eine-Beziehung-zu-ihm-Bringen gekoppelt. Jüngerschaft und Evangelisierung gehen Hand in Hand. Wenn wir Jesus aufrichtig folgen und in unserer Jüngerschaft wachsen, dann bringen wir Menschen zu ihm. Evangelisierung ist ein wesentliches Mittel, durch das wir als Jünger wachsen. Und Jüngerschaft führt zu Evangelisierung. Aber der ausschlaggebende Grund für uns, in unserer Verkündigung mit den Verlorenen zu beginnen, ist: Der Herr hat uns aufgetragen, es zu tun.

Den Verlorenen zu predigen hilft den Gemeindemitgliedern, weil es uns immer wieder zwingt, zum Wesentlichen zurückzukehren, was die Gemeindemitglieder genauso brauchen wie jeder andere.

Den Verlorenen zu predigen bewahrt uns davor, dass unsere Sprache zu theologisch oder kirchenintern wird und sie dadurch besser verstanden wird, was nicht nur den Verlorenen und Kirchenfernen, sondern auch vielen kirchlichen Menschen zugutekommt (siehe Kapitel 55).

Den Verlorenen zu predigen hilft den Gemeindemitgliedern, weil der Fokus auf den existenziellen Auseinandersetzungen der Menschen liegt, die wir alle, ob kirchlich oder nicht kirchlich, haben. Es befreit von der Selbsttäuschung, in der so viele Pfarrgemeinden agieren, eine Versammlung von voll ausgebildeten Jüngern zu sein.

Auf seiner letzten Missionsreise besucht Jesus Jericho. Dort kommt er wieder zum Grundansatz seiner Verkündigung und seines Dienstes zurück: Er wendet sich den Verlorenen zu, in diesem Fall dem sehr verlorenen Zachäus. Die Kirchenleute sind erstaunt und entsetzt. Er tut es trotzdem.

— 66 —

In der Predigt die Bedürfnisse der Menschen ansprechen

„Deswegen sage ich euch: Sorgt euch nicht um euer Leben, was ihr essen oder trinken sollt, noch um euren Leib, was ihr anziehen sollt!" (Mt 6,25)

Kürzlich ist ein Wirbelsturm über unser Wohngebiet hinweggezogen, fast genau über unsere Kirche. Über die Mobiltelefone ertönten Warnmeldungen und von den Behörden gab es strenge Anweisungen, Schutz zu suchen und von Fenstern fernzubleiben. Weil so etwas bei uns selten vorkommt, war es für einige Minuten wirklich angsteinflößend. Diese Meldungen hatten unsere volle, ungeteilte Aufmerksamkeit, weil sie Informationen enthielten, die wir unbedingt brauchten.

Ein bewusstes Bedürfnis ist ein Anliegen, das für das Leben von unmittelbarer Wichtigkeit ist. Die Menschen wissen und fühlen, dass sie es wirklich brauchen. Sie richten sich auf und sind ganz aufmerksam, wenn ihnen bewusst wird, dass das Gehörte lebensentscheidend werden kann.

Das Problem mit einem großen Teil unserer Verkündigung und Lehre ist, dass sie ohne Bedeutung für das Leben unserer Zuhörer zu sein scheint. Die Ironie dabei ist, dass der Inhalt unserer Verkündigung die lebensrettende und lebensverändernde Botschaft Jesu Christi ist. Aber wenn es nicht lebensverändernd und lebensrettend klingt, wird niemand zuhören.

Kirchliche Menschen in Pfarrgemeinden reden über kirchen- und pfarreiinterne Sachen. Uns interessiert das. Wir sprechen gerne über Liturgie und Ekklesiologie, Sakramente und die Wichtigkeit der Glaubensbildung. Natürlich sind diese Themen nicht unwichtig. Unsere Gemeinden sollen ihren Glauben kennen und in ihrem Glaubensverständnis wachsen. Wir betonen lediglich, dass man damit nicht anfangen kann. Wen man das tut, verdrehen die Leute die Augen und holen die Smartphones heraus. Beginnen Sie bei dem, was den Menschen wichtig ist, dort, wo ihr Herz und Kopf schon sind. Dann bekommen Sie ihre Aufmerksamkeit. Je besser Sie die Menschen vor Ort kennenlernen, desto leichter geht das. Zu den bewussten Bedürfnissen in unserer Gegend gehören: Finanzen, Ehe, Eheprobleme, Kindererziehung, Beziehungen und emotionale Gesundheit.

Ein Beispiel: Wir haben in der Einführungskatechese für Erwachsene (RCIA) über das Taufsakrament gelehrt, dass die Getauften zu Priestern, Propheten und Königen gesalbt sind. Das stand aber nicht am Anfang. Die Leute bei uns haben mit Propheten und Königen wenig Kontakt und Priester halten sie für abgehobene Gestalten, mit denen sie nichts verbindet. Deshalb haben wir damit begonnen, die Wichtigkeit eines Lebens aufzuzeigen, in dem es um dienende Leiterschaft, Wahrhaftigkeit und aufopferungsbereiten Dienst geht. Das hat sie aufhorchen lassen.

Wir haben eine Elternvorbereitung für das Sakrament der Versöhnung angeboten und haben dabei nicht mit einer Ermahnung zur regelmäßigen Beichte angefangen. Die meisten hätten das nicht hören wollen. Wir haben ein Gespräch initiiert, wie wichtig es ist, Kindern zu helfen, ihre Schuld zu erkennen, wenn sie etwas falsch gemacht haben. Wenn daraus eine lebenslange Verhaltensweise entstünde, würden sie in ihrer Persönlichkeit aufgebaut und gestärkt werden. Damit hatten wir ihre Aufmerksamkeit.

Am letzten sogenannten *Stewardship Sunday* wollten wir, man ahnt es, über *Stewardship* predigen, die Mitverantwortung der Gemeinde, gute Verwalter zu sein. Wir haben es vermieden, gleich zu Anfang über die Aufforderung zum Geben und Spenden zu sprechen oder gar zu sagen: „Die Pfarrei braucht euer Geld." Wir haben zuerst über die Lehre der Bibel über den fruchtbaren Umgang mit Finanzen geredet. Das ließ sie aufhorchen.

Die Bergpredigt ist die alles überragende Lehre Jesu, seine Antrittsrede, mit der er das Reich Gottes ankündigt. Damit hat er aber nicht begonnen. Er fing mit vielen praktischen Ratschlägen über die Ehe an, den Umgang mit Zorn, aufrichtige Beziehungen und Kummer. Das ließ die Menschen aufhorchen.

Teil 4

Über die Auswirkungen

— 67 —

Predigen Sie die Bekanntmachungen

„Am Tag darauf sah er Jesus auf sich zukommen und sagte: Seht, das Lamm Gottes, das die Sünde der Welt hinwegnimmt!" (Joh 1,29)

Pfarrgemeinden sind in der Kommunikationsbranche tätig. Das erscheint als Aussage überzogen, es handelt sich aber um eine weitgehend nicht beachtete Tatsache. Wir müssen die „Gute Nachricht" vom Reich Gottes kommunizieren. Wir müssen Gottes Wort verkünden und, wie es umgesetzt werden kann, um das Leben der Menschen zu verändern. Wir müssen den einzigartigen Wert der Eucharistie verkünden als lebensverändernde Kommunion und Gemeinschaft. Wir müssen die Schritte verkünden, die nötig sind, um das zum Anliegen zu machen und in dieses Königreich eingebunden zu werden.

Kirchen sind im Kommunikationsgeschäft. Das ist ein hartes Geschäft. Die Leute haben alle möglichen Informationen, die ständig auf sie zukommen, und unsere Gemeindemitglieder sind nicht anders. Alles in der Kultur und jeder in der Gemeinschaft kämpft um Zeit und Aufmerksamkeit. Wenn wir Erfolg haben wollen, müssen wir diszipliniert und strategisch vorgehen.

Die meisten Pfarrgemeinden haben verschiedene Kommunikationsinstrumente – das Bulletin, Schwarze Bretter, Ankündigungen nach der Messe, Plakate in der Lobby, das Schild am Eingang und natürlich die Webseite der Gemeinde und die immer wichtiger werdende Pfarrei-App. Diese verblassen jedoch jeweils im Vergleich zur Kanzel.

Wir haben festgestellt, dass dann, wenn der Pastor von der Kanzel aus für eine Veranstaltung oder ein Programm wirbt, es mehr Gewicht bekommt – manchmal auf erstaunlich effektive Weise. In Ihrer Gemeinde können Sie diese Autorität und Macht nutzen, um Ihre Ankündigungen erfolgreicher zu machen.

Aber verschwenden Sie nicht die Autorität und Macht, die Sie in Ihren Predigten haben, an Kuchenverkauf und Ankündigungen von Busreisen. Wir reden nicht über diese Arten von Ankündigungen. Wir reden über die eine wirklich wichtige.

Diejenige, die Ihre Gemeinde verändern wird: Die Verkündigung des Königreichs Gottes und die Einladung, Jünger zu werden. Wir sprechen über die Ankündigung, wie das im Leben der Menschen aussieht, welche Gewohnheiten sie brauchen, um ihre Jüngerschaft zu formen.

Predigen Sie die Notwendigkeit der täglichen Stille, des wöchentlichen Gottesdienstes in der Messe, die Notwendigkeit des Dienstes und der Mission, den Wert des Gebens und des Zehnten, der kleinen Gruppen, des verstärkten Gebrauchs des Sakraments der Buße. Predigen Sie diese Ankündigungen.

Und versuchen Sie nicht, jedes Wochenende die ganze Jüngerschaft in Angriff zu nehmen. Von Zeit zu Zeit widmen Sie die ganze Wochenendbotschaft einer einzigen Gewohnheit der Jüngerschaft: dem Dienst, der Mission, den Kleingruppen, dem Spenden/Zehnten oder der Beichte. Wir sind sogar so offen und sagen zum Beispiel: „Der Zweck dieser Botschaft ist, Sie zu überzeugen, sich freiwillig für diesen Dienst zu melden."

Auf der anderen Seite können Sie Ihre Botschaft mit Ermutigung aufpeppen für die Jüngerschaft Ihres Publikums. Wenn wir also über Beziehungen reden, könnten wir sagen (in einer lässigen Art und Weise): „Ihr Bedürfnis nach Beziehungen ist es übrigens, warum wir kleine Gruppen fördern." Wenn wir über Sünde sprechen, könnten wir sagen: „Die Beichten sind nächsten Samstag von 13 bis 15 Uhr."

Mit anderen Worten: Schritte predigen, Schritte ankündigen. Geben Sie ihnen konkrete Schritte, die gesunde Gewohnheiten kultivieren werden. Wenn Sie über eine tägliche Zeit der Stille und des Gebets sprechen, weisen Sie sie auf Ressourcen hin, die sie nutzen können, um eine solche zu beginnen. Wenn Sie über kleine Gruppen sprechen, geben Sie ihnen die Möglichkeit, sich anzumelden und sich zu engagieren. Wenn Sie über den Dienst der Glaubensweitergabe sprechen oder über soziales Engagement, sagen Sie ihnen, wie sie es tun sollen – auf eine einfache und zugängliche Weise.

Die größte Ankündigung von allen, die größte Ankündigung, die es jemals gab, war das Erkennen des Kommens Christi durch Johannes den Täufer. Das ist ein bemerkenswerter und markanter Moment in der Geschichte der Offenbarung, die, wenn man darüber nachdenkt, eine Geschichte von Ankündigungen ist. Immer und immer wieder in der Schrift, von der Genesis bis zur Apostelgeschichte, kündigt Gott an, was er tun wird und was er will, dass auch wir tun. Diese Ankündigung, in all den vielfältigen Weisen, wie sie in unseren Pfarreien verkündet wird, ist grundlegend für unsere Botschaft.

— 68 —

Eine Gemeinde, eine Botschaft

„Alle sollen eins sein: Wie du, Vater, in mir bist und ich in dir bin, sollen auch sie in uns sein, damit die Welt glaubt, dass du mich gesandt hast." (Joh 17,21)

Jede Woche sprechen wir in der Messe das Glaubensbekenntnis. Damit bestätigen wir unseren Glauben an die eine Kirche. Diese Einheit kommt überall zum Ausdruck, vom liturgischen Kalender bis hin zum Katechismus. Einander zu dienen, füreinander zu sorgen und einander zu lieben sind alles Arten, durch die wir diese Einheit zum Ausdruck bringen. Die vollkommene Art unserer Einheit ist die Eucharistie.

Die vielleicht deutlichste Art und Weise, wie Sie eine tiefe Erkenntnis von Einheit (Gemeinschaft) in Ihrer Pfarrei formen und voranbringen und dann auch ausdrücken können, ist auf Einheit hinzuarbeiten, wenn es um die ganze Kommunikation in Ihrer Pfarrei geht. Wir nennen es hier gerne: Eine Gemeinde, eine Botschaft.

Warum sich dieses Konzept, das in evangelikalen Gemeinden weit verbreitet und erfolgreich ist, in der katholischen Welt noch nicht durchgesetzt hat, bleibt unverständlich, da es so wirkungsvoll und hilfreich sein kann. Wenn es fehlt, kann das sogar zu Spaltung und innerer Schwächung führen. Stellen Sie sich eine Footballmannschaft vor, wo nicht ausgerufen wird, was gespielt wird, das Team wäre über das ganze Feld verstreut. Oder wenn im Theater jeder ein anderes Stück spielt oder in einer Teamsitzung jeder eine andere Tagesordnung hat.

Kirche und Pfarrgemeinde sind eine Bewegung. Das bedeutet, wir müssen uns bewegen. Wenn wir wirklich irgendwohin kommen wollen, müssen wir uns auf dasselbe Ziel hin bewegen: Christus als Jünger nachzufolgen.

Bei *eine Gemeinde, eine Botschaft* geht es schlicht darum, alle in der Pfarrgemeinde auf dieselbe Richtung hin ausgerichtet zu bekommen, so wie bei bei Fluggänsen, die in Formation fliegen, oder wie bei einer Rudermannschaft, die zusammen rudert.

Probieren Sie dies aus:

Ihr Ambo

Die Kanzel ist das Steuerruder der Pfarrgemeinde. Wenn Sie in Ihren Predigten konsequent in eine Richtung gehen, wird sich Ihre Pfarrgemeinde auch dorthin bewegen.

Wir halten an der These fest, dass die Unterschiedlichkeit der Wochenendpredigten, von Messe zu Messe und Woche zu Woche, der Hauptgrund für die schwachen Ergebnisse im Bereich der Evangelisierung und Jüngerschaft ist. Wenn es dabei ganz verschiedene oder sich widersprechende Botschaften gibt, wissen die Leute in den Kirchenbänken nicht, wohin sie gehen oder was sie tun sollen. Deshalb gehen sie nirgendwohin und tun gar nichts. Wenn die Verkündigung diffus oder unklar ist, bleibt die Gemeinde richtungslos. Um eine Bewegung zu sein, muss die Gemeinde dieselbe oder zumindest eine ähnliche Botschaft hören. Das ist für die Menschen die Gelegenheit, geistliche Leitung für die kommende Woche zu empfangen und sich in die Richtung zu bewegen, die Sie vorgegeben haben. Tun Sie alles, was nötig ist, damit alle Leute, die zur Messe kommen, dieselbe Botschaft hören. Wenn es bei Ihnen verschiedene Zelebranten für die Wochenendmessen gibt, könnten sie sich zuvor treffen und zumindest einheitliche Themen und Ziele festlegen. Noch besser wäre, wenn abwechselnd ein Prediger alle Messen an einem Wochenende übernehmen könnte und am nächsten ein anderer. (Das würde für die Geistlichen auch weniger Arbeit machen).

Ihre Programme

Unsere Programme für Kinder und Studenten und auch die Kleingruppen für Erwachsene verwenden das Thema der jeweiligen Wochenendbotschaft. Auf diese Weise arbeiten wir weiter daran, die Konversation der ganzen Pfarrgemeinde zu gestalten. Wenn es beispielsweise in den Wochenendgottesdiensten um Ausdauer im Gebet, um Vergebung gegenüber den Feinden oder um Leben aus der Hoffnung geht, hören das alle in der Messe, erfahren die Kinder davon im Kinderprogramm und sprechen die Kleingruppen darüber, wenn sie sich im Laufe der Woche versammeln (siehe Kapitel 51).

Ihre elektronische oder gedruckte Kommunikation: eine Botschaft

Der Inhalt der Webseite, des Gemeindeblattes, sozialer Medien oder anderer Formen der Kommunikation sollte ein Abbild der einen Verkündigung und Botschaft sein.

Beim Letzten Abendmahl, in seinem letzten Gebet, betete Jesus um die Einheit seiner Kirche, er betete, dass sie eins sei. Er stiftete die Eucharistie, damit dies im wahrsten Sinn des Wortes auf immer so sei. Die Einheit der Kirche soll ein Abbild der Einheit der Dreifaltigkeit und der Liebe Gottes für diese Welt sein. Die Einheit der Kirche und der Gemeinde beginnt in Christus. Sie wächst durch die Gnade. Diesem Wachstum dient die Kommunikation der Pfarrgemeinde, wenn sie zusammenhängend und einheitlich ist.

— 69 —

Ins Gespräch kommen

„Gleicht euch nicht dieser Welt an,
sondern lasst euch verwandeln durch
die Erneuerung des Denkens, ..."
(Röm 12,2)

Ob sich unser geistliches Leben verändert und wächst, hängt ganz wesentlich von unserem Denken ab. Was wir über Gott denken, ist letztlich ausschlaggebend für die Beziehung zu ihm. Ist er eine Art Weltpolizist, ein religiöser Gesetzgeber? Vielleicht ist er bloß eine Lücke, dort, wo eigentlich jemand sein sollte, eine aus der Mode gekommene Idee aus alter Zeit, bestenfalls eine Legende. Oder ist er wirklich der liebende Vater und der lebendige Gott?

Wenn Evangelisierung und Heranbildung von Jüngern fruchtbar sein soll, kommt es darauf an, unsere postmoderne skeptische Grundhaltung und unser Denken zu ändern. Einfach ausgedrückt heißt das, über Gott so zu denken, wie er sich uns gegenüber geoffenbart hat, und die Welt und einander so zu sehen, wie er uns zu sehen lehrt. Dann wird unser Denken unser Verhalten bestimmen. Unsere Verhaltensweisen als Christen sind die Ergebnisse unseres richtigen Denkens. Dienen, geben, täglich beten, denen verzeihen, die uns verletzt haben, unseren Feinden vergeben – das alles sind Früchte einer Veränderung des Denkens.

In unseren Pfarrgemeinden kämpfen wir um den Geist und das Herz der Menschen. Wenn wir hier gewinnen, haben wir eine Chance, die Verhaltensweisen zu verändern. Das führt dann zur Veränderung des Lebens. Je mehr wir die Leute zum Denken bringen können, desto größer wird die Wirkung sein.

Der erste Schritt ist ganz einfach: darüber reden. Wir sagen immer, dass wir eigentlich nur versuchen, ein Gespräch in Gang zu bringen. Vielleicht beginnt es in der Kirche, aber da hört es nicht auf. Unser Ziel ist es, dass der Austausch überall in unserer Stadt weitergeht. Je mehr unsere Pfarreimitglieder über unsere Botschaft sprechen, desto mehr können sie zu Jüngern werden. Je mehr sie mit anderen darüber sprechen, desto mehr verbreiten sie das Evangelium.

Probieren Sie dies aus:

Seien Sie übereinstimmend

Hier ist es wieder: Eine Pfarrgemeinde – eine Botschaft (siehe Kapitel 68). In dem Maße, wie jeder dasselbe hört und es einen gemeinsamen Bezugspunkt gibt, wird der Austausch an Tiefe gewinnen. Einmal berichtete jemand aus der Pfarrgemeinde im Schwimmbad seiner Wohnsiedlung von einem Sonntagnachmittagserlebnis. Ein anderer aus der Gemeinde sprach ihn an und begann mit ihm über die Predigt zu sprechen. Gleich darauf schlossen sich auch andere an. Das konnten sie tun, weil alle dieselbe Botschaft und Verkündigung gehört hatten, selbst wenn sie unterschiedliche Messen besucht hatten.

Seien Sie relevant

Sprechen Sie über Themen, die für die Leute von Bedeutung sind und Fragen betreffen, die sie beschäftigen (siehe Kapitel 66). Einmal passierte es, dass eine Frau auf der Rückfahrt von der Sonntagsmesse mit ihren älteren Kindern in eine sehr heftige Diskussion über die Thesen der Predigt geriet. Wir haben uns dann bei ihr entschuldigt, weil wir diesen Streit mitverursacht haben. Aber die Mutter sagte freudestrahlend: Anstatt sich nur zu streiten, ging es diesmal um Themen, die wirklich wichtig für sie sind.

Seien Sie eine Pfarrei aus Kleingruppen

In Kleingruppen spricht man über den Glauben. Bei den Treffen geht es um Unterstützung, Gebet, gegenseitige Verantwortlichkeit und um Jüngerschaft. Es sind Gelegenheiten für die Art von Austausch, von der wir in diesem Kapitel sprechen. Starten Sie ein Kleingruppenprogramm in Ihrer Gemeinde und ermutigen Sie die Pfarreimitglieder, sich einer Gruppe anzuschließen. Ein inzwischen neues Mitglied unserer Gemeinde wurde schon, bevor er überhaupt in die Kirche ging, in eine Männerkleingruppe eingeladen. Er kam hauptsächlich deshalb, um seine Klagen über Gott, die katholische Kirche und die ganze organisierte Religion loszuwerden. Es war diese Kleingruppe, wo man ihm zuhörte und wodurch er schließlich seine Meinung änderte.

Der heilige Paulus wollte die Römer über etwas belehren, woran auch wir von Zeit zu Zeit erinnert werden müssen. Jünger sind aufgerufen zu einer gewissen Loslösung von der Welt und zur Bereitschaft, sich auf eine höhere Wirklichkeit einzulassen und sich für sie einzusetzen. Unsere Kommunikation soll den Menschen in unserer Pfarrgemeinde helfen, ihr Denken zu ändern. Das Ganze beginnt sehr einfach: wenn wir anfangen, ins Gespräch zu kommen.

— 70 —

Machen Sie es spannend!

„Die Philister standen an dem Berg auf der einen Seite, die Israeliten an dem Berg auf der anderen Seite; zwischen ihnen lag das Tal. ... Und der Philister sagte weiter: Heute habe ich die Reihen Israels verhöhnt. Schickt mir doch einen Mann, damit wir gegeneinander kämpfen können! Als Saul und ganz Israel diese Worte des Philisters hörten, erschraken sie und hatten große Angst." (1 Sam 17,3.10-11)

Spannung ist der Druck zwischen zwei nahe beieinander liegenden, aber deutlich verschiedenen Dingen, wie z.B. an Ufern, Grenzen, bei Positionen, Ansichten, Persönlichkeiten und Gefühlen. Wir sehen das oft nur negativ, aber in Wirklichkeit brauchen wir Stress und Anspannung. Eigentlich suchen wir sie, deshalb mögen wir Wettkämpfe, Leistungssport und Dramen mit unbekanntem Ausgang. Die Menschen fühlen sich von draufgängerischen Helden und aufregenden Abenteuern angezogen. Deshalb strengen wir uns beim Sport an. Wir steigern den körperlichen Stress, um unser Herz zu stärken und Muskeln aufzubauen. Wir erhöhen Stress und Spannung, weil es aufregend ist, in uns die Lebensgeister weckt und uns dazu bringt, über uns hinaus zu wachsen. Stress und Spannung heben uns auf eine neue Stufe, die wir ohne sie nicht erreichen können.

Wenn Sie aufzeigen, welchen geistigen und gefühlsmäßigen Spannungen die Menschen ausgesetzt sind, ohne sie zuzugeben, wenn Sie die Ängste und Sorgen teilen, die Menschen nachts wach liegen lassen, aber auch gegenüber ihren engsten Freunden verschweigen würden, dann erzeugen Sie Spannung. Diese Spannung hat eine besondere Kraft, die Menschen offen machen kann für die Änderung ihres Lebens.

In der Schlacht zwischen Israel und den Philistern lässt Gott zu, dass sich über lange Zeit Spannung aufbaut bis hin zum Überkochen. Vierzig Tage wartet er, bis er eine Lösung herbeiführt. Und selbst dann sieht es nicht wie geplant aus, sondern eher wie ein sinnloser Fehlschlag. Ein Junge schreitet nach vorne, um einen Riesen zu besiegen. Das nennt man Spannung.

Die Bibel gibt Antwort auf die tiefsten Fragen des menschlichen Herzens und auf die unterschiedlichsten Lebenserfahrungen. Sie gibt uns nicht nur die Antworten, sondern hilft uns auch, die entsprechenden Fragen zu stellen. Die Fragen und ihre Beantwortung verleihen dem Ganzen die notwendige Spannung.

Gott erzeugt Spannung auf unseren Lebenswegen. Wir bitten ihn verzweifelt um sein Eingreifen, um dann umso klarer sein starkes Handeln zu sehen und schließlich dahin zu kommen, ihn als unseren Erlöser zu erkennen.

— 71 —

Spannung aus der Stille

„Und als er erfuhr, dass Jesus aus dem Herrschaftsgebiet des Herodes komme, ließ er ihn zu Herodes bringen, der in jenen Tagen ebenfalls in Jerusalem war. ... Er stellte ihm viele Fragen, doch Jesus gab ihm keine Antwort." (Lk 23,7.9)

„Die Juden entgegneten ihm: Wir haben ein Gesetz und nach dem Gesetz muss er sterben, weil er sich zum Sohn Gottes gemacht hat. Als Pilatus das hörte, fürchtete er sich noch mehr. Er ging wieder in das Prätorium hinein und fragte Jesus: Woher bist du? Jesus aber gab ihm keine Antwort. Da sagte Pilatus zu ihm: Du sprichst nicht mit mir?" (Joh 19,7-10)

Die „Macht der Pause" ist eine Technik, die der amerikanische Autor James C. Humes beschrieben hat. Er schlägt vor, bevor man zu sprechen beginnt, einen Augenkontakt mit den Zuhörern herzustellen, mit allen oder mit einigen von ihnen, je nach Größe der Gruppe. Einfach stehen bleiben und anschauen, um Aufmerksamkeit bitten und Aufmerksamkeit einfordern. Sie werden zuhören. Machen Sie eine bewusste Pause, bevor Sie zu sprechen beginnen. Das vermittelt Gelassenheit und Vertrauen, sogar Stärke und Entschlossenheit.

Wir gehen noch über Humes' Anweisungen hinaus. Stille zu Beginn der Predigt und an gut platzierten Stellen dazwischen erzeugt eine Spannung, die die Aufmerksamkeit wachsen lässt, weil sie neugierig macht, wie es weitergeht.

Stille wirkt in unserer Welt voller Lärm verunsichernd und manchmal unangenehm. An manchen Stellen der Predigt wollen wir unsere Zuhörer ein wenig aus der Behaglichkeit herausführen. Wir wollen ihr Gleichgewicht erschüttern, gerade soweit, dass sie sich mit uns auf die Suche machen, wie man es wiederherstellt.

Die Stille ist auch ein Mittel zur Herstellung von Dramatik oder zur besonderen Hervorhebung. Verwenden Sie die Stille, um eine gemachte Aussage noch einmal zu unterstreichen und zur Bekräftigung von bedeutsamen Sätzen. Die Stille hilft, ein Argument tiefer zu verstehen, denn sie fordert die Zuhörer heraus, darüber nachzudenken und sich damit auseinanderzusetzen. Viele wichtige Sätze und Gedanken gehen einfach verloren, weil sie von all den Worten, die folgen, zugedeckt werden.

Father Michael: Die Stille ist auch ein Mittel, um den nächsten Predigtgedanken einzuführen. Sie ist eines meiner Lieblingswerkzeuge, das ich häufig verwende. Ich beende diesen Abschnitt meiner Predigt, ordne die Blätter meines Manuskripts, nehme vielleicht einen Schluck Wasser und komme dann – nach einem bewussten Moment der Stille – zu meinem nächsten Punkt. Durch den Wechsel des Themas werden die Zuhörer angeregt, unbewusst darüber nachzudenken, wie der neue Punkt oder dieses Beispiel mit dem vorher Gesagten zusammenhängt. Das kann dieselbe Wirkung haben wie das Drücken der Refresh-Taste am Computer.

Im beeindruckenden und emotional aufgeladenen Ablauf der Passionserzählung gibt es zwei Momente von erstaunlicher Stille: Jesus vor Herodes und Jesus vor Pilatus. Warum sagt er nichts? In beiden

Fällen hat er die Gelegenheit, sich zu retten. Er steht vor der Autorität, die dazu die Macht hat. Und trotzdem lehnt er es kategorisch ab. Jesus bleibt stumm. Man kann die Spannung über das geschriebene Wort hinaus spüren.

Stille ist ein wichtiges Werkzeug, wenn Sie predigen. Verzichten Sie nicht darauf.

— 72 —

Antworten Sie nicht zu schnell

„Ihr unvernünftigen Galater, wer hat euch verblendet? Ist euch Jesus Christus nicht deutlich als der Gekreuzigte vor Augen gestellt worden? Dies eine möchte ich von euch erfahren: Habt ihr den Geist durch die Werke des Gesetzes oder durch das Hören der Glaubensbotschaft empfangen? Seid ihr so unvernünftig? Im Geist habt ihr angefangen und jetzt wollt ihr im Fleisch enden?"
(Gal 3,1-3)

Als katholische Christen sind wir Verwalter und Diener des Wortes Gottes. Durch die zweitausendjährige Tradition, die Heilige Schrift, das Lehramt und die Erfahrung, in diesem Wort zu leben und von ihm zu lernen, haben wir eine weltverändernde Weisheit, es weiterzugeben. Unsere Aufgabe als Verkündiger ist es, bei den Menschen die Neugier auf diese Information zu wecken, besonders bei denjenigen, die vielleicht zum ersten Mal nach langer Zeit wieder in unsere Kirchen kommen oder überhaupt das erste Mal da sind. Leider gibt es in unserer Zeit einen deutlich erkennbaren Mangel an Interesse an den Inhalten unseres Glaubens, sodass die Aufgabe beängstigend erscheint.

Nach dem Grundsatz, den wir schon vorher erläutert haben (siehe Kapitel 70), ist das Aufbauen von Spannung eine ausgezeichnete Methode, um Interesse zu wecken. In diesem Kapitel geht es um das Erzeugen von Spannung durch herausfordernde Fragen. Und der

Schlüssel dazu ist: Zögern Sie die Antworten so lange wie möglich hinaus.

Wenn wir schon die Antwort geben, bevor die Frage überhaupt gestellt wurde oder bevor die Leute sie wirklich verstanden haben, dann entsteht auch kein nachhaltiges Interesse an unserer Botschaft. Erzeugen Sie Spannung durch herausfordernde Fragen:

- Wenn Gott gut und allmächtig ist, warum gibt es dann Leid?
- Warum hat das Böse eine so große Anziehungskraft?
- Warum müssen gute Leute so viel Schlechtes erleiden?

Arbeiten Sie daran, dass den Leute durch den Kopf geht: „Ja, die Antwort darauf interessiert mich. Ich will wissen, warum das so ist." Sichern Sie ihnen zu, dass sie der Frage nachgehen werden und die Heilige Schrift eine Grundlage für die Antwort sein wird. Wenn Sie in der Predigt zu geeigneter Zeit Fragen stellen, geben sie den Zuhörern die Möglichkeit, sich selbst ins Spiel zu bringen, vor allem dann, wenn sie etwas zu entscheiden oder zu beurteilen haben.

Bei Jesus kann man diese Art zu lehren häufig sehen. Nachdem er die Jünger nach Cäsarea-Philippi mitgenommen hatte, sagte er nicht einfach zu ihnen, dass er der Messias ist. Stattdessen fragte er die Jünger: „Für wen halten mich die Menschen?" Nachdem sie geantwortet hatten, stellte er eine weitere Frage: „Ihr aber, für wen haltet ihr mich?" (Mk 8,27.29). Jesus steigerte die Spannung noch und forderte sie zu einer Entscheidung heraus.

Auch als er Geschichten erzählt hat, gebrauchte er Fragen, um die Zuhörer dazu zu bewegen, selbst Konsequenzen daraus zu ziehen. Im Haus des Pharisäers Simon kam eine „sündige" Frau, die für den Hausherrn gesellschaftlich tabu war, zu Jesus, um ihm die Füße mit ihren Tränen zu waschen. Jesus ließ sie gewähren, obwohl er wusste, dass das für die Pharisäer äußerst unangenehm war. Er ließ es zu, dass die Spannung anstieg, und erzählte das Gleichnis von zwei Leuten, die ihrem Gläubiger Geld schuldeten. Einer schuldete ihm sehr viel, der andere nur wenig. Als sie nicht zahlen konnten, erließ der Gläubiger beiden die Schulden. Dann steigerte Jesus die spannungsgeladene Atmosphäre auch noch mit der Frage: „Wer von ihnen wird ihn [den Gläubiger] nun mehr lieben?" (Lk 7,42). Simon wurde genötigt die offenkundige Antwort zu geben: der, der am meisten Schulden hatte.

Als der Gesetzeslehrer Jesus nach dem größten Gebot fragte, sagte ihm Jesus, er solle Gott aus ganzem Herzen, aus ganzer Seele lieben, mit allem Verstand und mit aller Kraft. Und seinen Nächsten solle er lieben, wie sich selbst. Darauf fragte der Gelehrte: „Und wer ist mein Nächster?" (Lk 10,29). Anstatt seine Frage direkt zu beantworten, erzählte ihm Jesus die Geschichte vom barmherzigen Samariter, der anhielt, um dem von Räubern verprügelten Mann zu helfen (nachdem zwei andere vorbeigegangen waren). Daraufhin erhöhte Jesus die Spannung bei dem Gesetzeslehrer noch, indem er eine weitere Frage stellte: „Wer von diesen dreien meinst du, ist dem der Nächste geworden, der von den Räubern überfallen wurde?" (Lk 10,36) Der Gelehrte wurde mit seinem eigenen Vorurteil konfrontiert. Wenn wir von Jesus lernen, werden die Menschen in die Predigt mit hineingenommen. Spannung entsteht, wenn man unmittelbar nach einer Geschichte Fragen stellt.

Anscheinend ohne Hemmungen stellt der heilige Paulus den Christen in Galatien sehr direkte Fragen. Vermutlich hat er damit ziemliche Spannungen ausgelöst. Offensichtlich tat er das absichtlich zu jenem Zweck, der stets sein einziges Ziel war: das Evangelium Jesu Christi voranzubringen.

— 73 —

Überrasch mich!

„Da geriet David in heftigen Zorn über den Mann und sagte zu Natan: So wahr der HERR lebt: Der Mann, der das getan hat, verdient den Tod. Das Lamm soll er vierfach ersetzen, weil er das getan und kein Mitleid gehabt hat. Da sagte Natan zu David: Du selbst bist der Mann." (2 Sam 12,5-7)

Einige Predigten bleiben einfach im Gedächtnis hängen. Warum ist das so?

Im Buch *Was bleibt* beschreiben Chip und Dan Heath, dass Ideen, die „haften bleiben", die eine Zugkraft beim Publikum haben, Ideen, die die Menschen aufgreifen und festhalten wollen, die sie sich zu eigen machen, dass solche Ideen unerwartet und plötzlich auftauchen. Anders gesagt, sie sind eine Überraschung. Wollen Sie kraftvoll verkündigen, überraschen Sie Ihr Publikum!

Probieren Sie dies aus:

Ändern Sie die Richtungen

Sie gewinnen die Aufmerksamkeit der Menschen, wenn Sie zunächst in einer Richtung argumentieren und dann in einer anderen, vielleicht sogar der gegenteiligen. Man muss darauf achten, dass die Zuhörer dadurch nicht verwirrt werden. Aber wenn man es gut macht, ist es ein höchst wirkungsvolles Mittel der Kommunikation und Verkündigung.

Wechseln Sie die Modelle

Ebenso, wie Sie die Argumentationsrichtung ändern können, können Sie auch etwas anhand eines Modells erklären, es dann ablegen und ein anderes verwenden. Der unvorhergesehene Wechsel wird die Aufmerksamkeit Ihrer Zuhörer fesseln.

Arbeiten Sie mit Requisiten

Nicht ständig, nicht jedes Mal, aber ab und zu, von Zeit zu Zeit: verwenden Sie Requisiten.

> **Father Michael:** In einer Predigtreihe unter dem Titel „Falsche Götter" habe ich erzählt, was ich beim Besuch eines Football-Spiels beobachtet hatte. Ein Spieler, der beim Touchdown Punkte gemacht hat, trug den Ball triumphierend um das Spielfeld herum, während die Menge aufstand, die Hände erhob, und in Jubelgeschrei ausbrach. Nach meinem Empfinden war dieses Schauspiel eine Art Götzendienst und die Menge machte dabei mit. Nun ja, ich zog zur allgemeinen Überraschung einen Football aus dem Ambo hervor, hielt ihn hoch und wiederholte mit klagender Stimme: „Es ist nur ein Football, nur ein Football." Die Leute reden heute noch darüber. Bei der Verwendung von Requisiten bin ich sehr zurückhaltend. Sie wirken oft plump wie Krücken für eine dürftige Predigt oder dienen als Vorwand, um einer ernsthaften Verkündigung auszuweichen.
>
> Ich selbst verwende Requisiten nur ein- bis zweimal im Jahr, aber wenn ich es tue, verstärken sie die Wirkung, denn sie sind selten und überraschend.

König David hörte die machtvolle Predigt des Propheten Natan. Und erst beim überraschenden Ende der Geschichte wurde die niederschmetternde Kraft sichtbar. Natans Botschaft löste beim König viel mehr aus als Aufmerksamkeit: Sie verwandelte sein Herz und verwandelte sein Leben. Überraschung kann auch in Ihrer Verkündigung eine ähnliche Wirkung entfalten.

— 74 —

Schockier mich!

„Da rief ihm der Engel des HERRN vom Himmel her zu und sagte: Abraham, Abraham! Er antwortete: Hier bin ich. Er sprach: Streck deine Hand nicht gegen den Knaben aus und tu ihm nichts zuleide! Denn jetzt weiß ich, dass du Gott fürchtest; du hast mir deinen Sohn, deinen einzigen, nicht vorenthalten."
(Gen 22,11-12)

Zwischen Überraschung und Schock gibt es einen Unterschied. Beides sind wichtige Werkzeuge der Kommunikation. Es ist wichtig, den graduellen Unterschied zwischen beiden zu kennen: Überraschungen bringen uns aus dem Gleichgewicht. Sie sind die Störung eines Musters, etwas, was wir im normalen Ablauf unseres Lebens nicht erwartet haben. Ein Schock ist mehr, keine Unterbrechung, sondern ein Abbruch, das jähe Ende unseres Verständnisses, wie die Dinge laufen oder wie Menschen handeln. Eine Überraschung fesselt unsere Aufmerksamkeit. Der Schock verstört uns bis ins Mark.

Wollen Sie wirklich Menschen schockieren? Ja, ab und zu.

Das, was uns schockiert, führt uns vielleicht dahin, unsere Verhaltensweisen zu erneuern oder die innere Einstellung zu ändern. Stellen Sie sich vor, Sie hätten über jemanden etwas Schockierendes erfahren. Diese Information wird Ihre Einstellung zu ihm verändern. Wenn man etwas Schockierendes über seine Familie erfährt, ändert man möglicherweise die Regeln des häuslichen Verhaltens. Schockierende Nachrichten über die eigene Gesundheit bewegen einen vielleicht zur Umstellung seines Lebenswandels. Mit Schock verbinden wir normalerweise wenig Positives, aber das muss nicht immer so sein.

Jesus schockierte seine Zuhörer häufig. Einmal sagte er: „Wenn eure Gerechtigkeit nicht weit größer ist als die der Schriftgelehrten und der Pharisäer, werdet ihr nicht in das Himmelreich kommen.“ (Mt 5,20). Warum hat Jesus sie auf solch herausfordernde Weise angesprochen?

Weil die Leute ihn zum König machen wollten, sie das Wesen seines Königtums völlig missverstanden hatten. Und so war es an der Zeit, sie mit der Wahrheit über dieses Königreich zu schockieren, was zur Folge hatte, dass ihn viele seiner Jünger verlassen haben.

Es gibt manchmal Zeiten, wo wir Menschen einem Schock aussetzen müssen, um sie aus ihrer Selbstzufriedenheit herauszuholen, um einen schwerwiegenden Denkfehler zu korrigieren oder manchmal sogar, um unsere Gemeinden wie einen Weinstock zurückzuschneiden.

Father Michael: Das Paradebeispiel dafür haben wir vor ein paar Jahren erlebt. Der Prozess des Neuaufbaus unserer Pfarrgemeinde, so sagen wir oft, dauerte 15 Jahre. Fünf Jahre, um zu verstehen und anzuerkennen, dass wir ein Problem hatten (unsere Gemeinde war weder gesund noch entwickelte sie sich weiter), fünf Jahre, um wenigstens die Grundzüge der nächsten Schritte herauszufinden (die Verlorengegangenen erreichen, Jünger heranbilden), und wiederum fünf Jahre um diesen strategischen Plan in Gang zu setzen.

In den letzten fünf Jahren erlebten wir zahlreiche Konflikte und Spannungen. Viele von den Leuten, die schon zu den Gottesdiensten kamen, hatten kein Interesse, dorthin zu gehen, wo wir hingingen, und wehrten sich bei jeder Gelegenheit dagegen. Nach einigen Jahren in einer Art Guerilla-Krieg wurde mir klar: Wir würden uns nirgendwohin bewegen, es gab einfach zu viele, die Widerstand leisteten. Das Blatt musste sich wenden. Deshalb hielt ich eines Sonntags eine Predigt, die inzwischen so etwas wie eine Legende geworden ist.

Ich begann zu erklären, dass die Kirche eine Bewegung ist und kein Denkmal, und dass wir entschlossen sind, in diese Bewegung einzutreten: „Und wenn ihr nicht mitfahren wollt, müsst ihr den Bus verlassen." Viele haben das getan, noch am selben Tag. Es gab Tränen und Beifall, Empörung und Euphorie, beinahe eine Prügelei auf dem Parkplatz und noch viele andere Reaktionen. Ich gebe es zu, es war schockierend, aber ohne diese Predigt hätte sich unsere Pfarrei niemals vorwärtsbewegt.

Wenn wir den Versuch machen, die Menschen ständig zu schockieren, verliert dieses Mittel seine Kraft. Packen Sie es also bei den Gelegenheiten in Ihren Werkzeugkasten, bei denen Sie eine besondere Wirkung erzielen wollen.

Die einzige noch schockierendere Offenbarung als die Verheißung eines Sohnes war für Abraham, als ihm Gott befahl, diesen Sohn zu opfern. Die daraufhin erfolgte Wendung führte schließlich zu einem noch viel schockierenderen Ausgang. Unterschätzen Sie nicht die Kraft einer Verkündigung, die gelegentlich und innerhalb eines strategischen Plans schockierend wirkt.

— 75 —

Fernstehende ermutigen, Insider herausfordern

„Als sie das gehört hatten, ging einer nach dem anderen fort, zuerst die Ältesten. Jesus blieb allein zurück mit der Frau, die noch in der Mitte stand. Er richtete sich auf und sagte zu ihr: Frau, wo sind sie geblieben? Hat dich keiner verurteilt? Sie antwortete: Keiner, Herr. Da sagte Jesus zu ihr: Auch ich verurteile dich nicht." (Joh 8,9-11)

„Weh euch, ihr Schriftgelehrten und Pharisäer, ihr Heuchler!" (Mt 23,13)

Stellen Sie sich vor, Sie gehen das erste Mal in ein Ihnen unbekanntes Restaurant. Im Laufe des Abends entdecken Sie immer wieder etwas Unerwartetes, wie Vorspeisen, die Kleiderordnung, Sakko und Krawatte sind obligatorisch, auch dass man die Speisen in einer bestimmten Reihenfolge essen sollte, je nach den vorgegebenen Menüs. Die Speisekarte besteht aus seltsamen Worten und verschrobenen Sätzen, die die Gerichte beschreiben sollen. Das servierte Essen entpuppt sich als etwas anderes, als Sie eigentlich wollten: nicht sehr appetitlich angerichtet und ohne Geschmack.

Der Oberkellner behandelt Sie herablassend, die Bedienung ist langsam, die anderen Gäste sind unsympathisch, so dass Sie sich unbehaglich fühlen (als wären Sie von einem anderen Stern). Zu allem

Übel kommt noch, dass der Chefkoch – er macht seine Runde an den Tischen, um sich bei den Stammgästen einzuschmeicheln – sich bei denen über Leute wie Sie, denen das Essen nicht behagt, lustig macht und auch Sie damit beleidigt. Ihre Kinder werden von den Stammgästen argwöhnisch angeschaut. Kinder sind hier offensichtlich nicht vorgesehen. Obendrein kommen andere Gäste, die behaupten, Sie säßen an ihrem Tisch. Würden Sie nochmal dorthin gehen? Hätten Sie wirklich ein Problem, sich woanders die Zeit zu vertreiben?

Hat dieses Erlebnis nicht auch Ähnlichkeit mit der Erfahrung, die Kirchenferne in Ihrer Pfarrei machen? Vielleicht ist der Unterschied gar nicht so groß?

Unsere Kirchen und die Verkündigung in der Pfarrei sind häufig ein Spiegelbild dieses seltsamen Restaurants. Menschen, die das erste Mal zu uns finden, erleben die Art, wie wir mit ihnen umgehen und mit ihnen sprechen, häufig als seltsam und wenig hilfreich. Manchmal ist es noch schlimmer, es wirkt kränkend, kann den Gästen völlig die Stimmung verderben und bringt sie dazu, nicht wieder zu kommen, manchmal zu ihrem Besten.

Wenn wir dagegen mit unseren Insidern sprechen, sind wir häufig ganz anders, sehr vorsichtig und besorgt. Den Insidern machen wir es so angenehm wie möglich, indem wir genau das sagen, was sie hören wollen, was sie erwarten, was sie schon tausend Mal vorher gehört haben. Heldenhaft bestätigen wir ihnen Wahrheiten, von denen sie ohnehin schon überzeugt sind, und bei denen, die ihnen egal sind, entlassen wir sie lächelnd aus der Pflicht.

Wir fordern von den Fernstehenden, die Welt so zu sehen wie wir, und bestätigen gleichzeitig die Insider in der Sichtweise, die für sie bequem ist. Das führt dazu, dass unsere Gemeinden oft in Selbstgefälligkeit und Belanglosigkeiten aufgehen. Wenn man den Aufbau einer Pfarrgemeinde als gesunde Gemeinschaft zum Ziel hat, ist es nötig, diese Logik umzudrehen.

Das bedeutet, die Insider herauszufordern und sie das hören zu lassen, was sie brauchen, um als Jünger und Jüngerinnen weiter zu wachsen. Wir nennen das „sie ihre nächsten Schritte gehen lassen“: geben (Geld und Zeit), wachsen (im Gebet), mitarbeiten (in unterschiedlichen Diensten). Die eigentliche Herausforderung ist, als Jünger zu wachsen. Wenn die Mitglieder unserer Pfarrgemeinden als Jünger wachsen, was geschieht dann? Dann wird auch die Anziehungskraft für Außenstehende wachsen. Dann werden sie attraktiver für Außenstehende.

Ermutigen Sie die Fernstehenden, indem Sie zuallererst zu ihnen sprechen, so als wären sie schon da, selbst wenn es noch nicht so ist. Sie werden nie kommen, solange Sie nicht zu ihnen sprechen. Die Grundbotschaft für sie muss lauten: „Lehnen Sie sich zurück, all das gilt nicht für Sie.“ Sie bekommen sozusagen einen Freifahrschein, wenn es um größere Herausforderungen geht als die, denen sie sich schon gestellt haben, nämlich, überhaupt zum Gottesdienst zu kommen. Und versäumen Sie es nicht, ihnen für ihr Kommen zu danken, vor der ganzen Gemeinde.

Als Jesus predigte und lehrte, war er sich über eines sehr klar. Es waren die Kirchenleute, die er am meisten und immer wieder herausforderte, die damaligen religiösen Führer, zu denen er oft sehr streng war. Mit den „Verlorenen“ aber ging er sehr liebevoll um. Er versuchte lediglich, mit ihnen in Kontakt zu kommen und wollte ihnen Gelegenheit geben, ihn besser kennenzulernen. Wenn Sie dabei sind, Ihre Verkündigung neu aufzubauen, beachten Sie diese Unterscheidung.

— 76 —

Bringen Sie sie zum Lachen und zum Weinen

„Da füllte sich unser Mund mit Lachen
und unsere Zunge mit Jubel. ... Die mit Tränen
säen, werden mit Jubel ernten." (Ps 126,2.5)

Wie wir schon festgestellt haben, sind Emotionen von entscheidender Bedeutung bei der Kommunikation und Verkündigung (siehe Kapitel 50). Die stärksten von ihnen sind Lachen und Weinen. Unsere Lieblingsfilme und die mit den meisten Kinobesuchern sind solche, die uns zum Lachen bringen und uns in der nächsten Szene zu Tränen rühren

Lachen und Weinen verbindet uns miteinander, kann unsere Herzen heilen und ist Balsam für die Seele. Wir haben ein inneres Bedürfnis, uns durch Lachen und Weinen von unseren Spannungen loszulösen. Wenn Sie die Zuhörer zum Lachen oder Weinen (oder zu beidem) bringen, schaffen Sie Gemeinschaft unter ihnen und stärken die Verbundenheit mit der Kirche.

Es liegt auf der Hand, dass nicht jede Predigt alle Mittel ausschöpfen muss. Das Lachen sollte ein Stammgast in Ihren Predigten sein, zumindest sollte es eingeladen sein, auch wenn es Predigten gibt, die ohne es auskommen. Sie werden es vielleicht nicht bei einer Beerdigung einsetzen, was aber in Ausnahmefällen auch sinnvoll sein kann. Eher selten sollen Sie die Leute zum Weinen bringen. Das ist etwas für besondere Anlässe.

Wie macht man das praktisch?

Sie bringen Menschen zum Lachen, wenn Sie witzig sind. Der einfachste und am wenigsten anstößige Weg witzig zu sein ist, wenn man sich auf lustige Art selbstkritisch infrage stellt. Das Lachen wird auch durch Überraschungen hervorgerufen, dann, wenn man die Leute aufs Glatteis führt. Man leitet die Zuhörer in eine Richtung und überrascht sie mit einer unvorhergesehenen Kehrtwende. Sie können die Art des Humors in der Predigt verbessern, wenn Sie darauf achten, wie Sie in Alltagsgesprächen Menschen zum Lachen bringen. Dieselbe Art Humor sollten Sie auch in der Predigt anwenden. Humor wirkt ansteckend, wenn er dem entspricht, wie wir sind.

Wir weinen, weil wir Schmerz, Enttäuschung und Verlust empfinden, besonders den Verlust von Zeit und Leben. Wir weinen, weil es eine Kluft gibt zwischen dem, der wir sein wollen, und dem, der wir sind. Tränen fließen auch, wenn wir echte Hilfe und Großzügigkeit erfahren haben oder wenn wir unsere eigenen Sünden und Schwächen eingestehen. Menschen fangen zu weinen an, wenn sie ihren Schutzengel um Hilfe anrufen. Sie weinen, wenn wir sie mit den höchsten Idealen und Werten konfrontieren.

Psalm 126 ist ein freudiges Lied, das die Großtaten Gottes feiert, trotz aller Trübsal und Trauer in der Welt. Dieses Lied sollte man durch all unsere Verkündigung hindurch heraushören können.

— 77 —

Davon reden heißt noch nicht, dass es so ist

„So erscheint auch ihr von außen den Menschen gerecht, innen aber seid ihr voll Heuchelei und Gesetzlosigkeit." (Mt 23,28)

Father Michael: Beim Besuch einer Gemeinde in einem anderen Teil der USA übernachtete ich zufällig gegenüber einer katholischen Kirche. An dieser Kirche hingen schöne Schilder mit der Aufschrift: „Alle sind willkommen!" Am Samstagnachmittag waren die Kirchentüren geöffnet, offensichtlich zur Vorabendmesse. Also beschloss ich einmal nachzusehen. In der Vorhalle stand eine Gruppe von Platzanweisern mit Namensschildern. Sie unterbrachen ihr Gespräch, um auf mich zu starren, während ich vorbeiging. In der sonst leeren Kirche beteten vorne beim Altar einige Frauen den Rosenkranz, vielleicht waren es die Ehefrauen dieser Männer. Ich beschloss, nach vorne zu gehen und mitzubeten und setzte mich in eine Bank in ihrer Nähe. Eine nach der anderen drehte sich um und fixierte mich mit strengem Blick, ohne auch nur im Geringsten aus dem Takt des Rosenkranzes zu kommen. Ein stechender Blick, der mich durchbohrte, unangenehmer noch als das Starren der Männer. Ich habe mich wie ein unerwünschter Außenseiter gefühlt und deshalb verließ ich die Kirche.

Man kann leicht nachvollziehen, was einen zur Behauptung bewegt, dass etwas so ist, wenn wir wollen, dass es so ist. Es geschieht aus der Hoffnung, dass schon die Behauptung es zur Realität werden lässt. Wir sagen „Gut gemacht!“ zu einem blutigen Anfänger und „Wir freuen uns, dass Sie da sind!“ zu einem überraschenden Besucher. Wenn aber die Kluft zwischen dem, was wir sagen, und dem, was ist, zu groß wird, kann daraus Unaufrichtigkeit und sogar Heuchelei werden. Aus irgendeinem Grund ist das eine häufig vorkommende Eigentümlichkeit im kirchlichen Bereich.

Es zu sagen, verändert einfach nicht die Realität.

Wenn wir sagen, wir sind da, um den Armen zu helfen, aber nie auch nur einen Finger für die in Armut geratenen Menschen in unserem Ort rühren oder sie sogar abweisen, wenn sie vor unserer Türe stehen, dann stimmt etwas nicht.

Wenn wir sagen, dass wir an einem tieferen Verständnis für den Wert des Gebens arbeiten und langfristig über den biblischen Sinn des Zehnten lehren, und die Leute immer wieder mit Kleingeldspendenaufrufen nerven, dann stimmt etwas nicht.

Wenn wir plakatieren, dass alle willkommen sind, und dann auf einen unbekannten Kirchenbesucher starren, dann stimmt auch etwas nicht.

Die schärfste Kritik Jesu galt der Heuchelei der etablierten religiösen Leiterschaft, deren Lehre nicht mit dem übereinstimmte, wie sie lebten. Auch wir sollten wachsam bleiben, damit unsere Worte von unseren Taten gedeckt werden. Unsere Verkündigung sollte immer genau das zum Ausdruck bringen, wonach wir uns tatsächlich ausstrecken.

— 78 —

Etwas in Bewegung zu bringen heißt konkret werden

„Und er nahm Brot, sprach das Dankgebet, brach es und reichte es ihnen mit den Worten: Das ist mein Leib, der für euch hingegeben wird. Tut dies zu meinem Gedächtnis!" (Lk 22,19)

Wenn wir das Reich Gottes in der Predigt verkünden, versuchen wir Wirklichkeiten wie Gnade, Schönheit und Wahrheit einen sprachlichen Ausdruck zu geben. Das ist keine leichte Aufgabe, denn es sind Wirklichkeiten, die fast (oder gänzlich) unfassbar sind.

Andererseits ist es einfacher, wenn man alles im Abstrakten belässt. Den Leuten in der Kirche gefällt das oft besser. Abstraktionen geben uns die Möglichkeit, alles im Unscharfen zu lassen: Wahrheit wird zu dem, wofür wir sie gerade halten wollen, Schönheit liegt im Auge des Betrachters, Gnade ist, wenn man sich gut fühlt. Alles hat die Bedeutung, die man ihm gerade gibt, und man kann es so umsetzen, wie es gerade passt und bequem ist.

Wenn wir konkret werden und die Botschaft greifbar machen, hat es zudem den Anschein, als würden wir die Dinge allzu sehr vereinfachen. Das wird uns von Kritikern ständig vorgeworfen: „Was ihr macht, ist eine billige Vereinfachung." Unsere Antwort darauf ist, dass konkret und greifbar zu werden keine Simplifizierung darstellt, sondern bedeutet, die Dinge auf den Boden zu bringen, dorthin, wo sie eine echte Wirkung haben. Gute Kommunikation und Verkündigung ist konkret. Das meint: Man kann es sich mit den Sinnen vorstellen, man kennt es aus der Erfahrung, man kann es sehen, mit eigenen Augen.

Wenn wir im Unbestimmten bleiben, helfen wir den Menschen unserer Pfarrgemeinde nicht, als Jünger und Jüngerinnen zu reifen. Wir geben ihnen stattdessen einen Freibrief für alles. Für die Kirchenfernen hingegen ist das Abstrakte und Unbestimmte völlig bedeutungslos.

Erlauben Sie sich nicht, sich in Abstraktionen zu flüchten anstatt Beispiele zu geben. Wählen Sie Ihre Beispiele aus der gelebten Erfahrung der Menschen, zu denen Sie sprechen. Werden Sie konkret.

- Reden Sie nicht über Sünde; sprechen Sie stattdessen über das Weitererzählen schmutziger Details aus der Ehe der Nachbarn, während man mit Freunden zusammensitzt oder den Kindern beim Fußball zuschaut.
- Reden Sie nicht von der Großzügigkeit gegenüber Gott; sprechen Sie stattdessen über die Möglichkeit regelmäßiger Zahlungen mit festen Daueraufträgen.
- Reden Sie nicht einfach so über das Beten; sprechen Sie konkret über acht Minuten pro Tag, wann man das machen kann, was man sagen kann und wo und wie das geschehen kann.

Viele Katholiken glauben nicht an eine geistliche Wirklichkeit, weil sie niemand in die konkreten Konsequenzen dieser Wirklichkeit eingeführt hat.

Wir müssen ihnen helfen, konkret zu werden:

- Tätige Nächstenliebe unseren Nachbarn gegenüber kann unser Herz für diejenigen öffnen, die wir nicht mögen.
- Wenn wir Gott gegenüber großzügig geben, kann das unsere finanzielle Situation verwandeln.
- Das Gebet ist der Ort, wo Gott zu uns sprechen möchte, auf

unsere Fragen antworten und uns im täglichen Leben führen will.

In der geheimnisvollen und unheimlichen Nacht, bevor er starb, machte Jesus seinen Jüngern eine überraschende Ankündigung: ihnen sich selbst als Brot zu schenken. Nehmt es und esst es und ich werde mit euch sein, lautet im Kern seine Botschaft. Das ist unbegreiflich, aber zugleich auch ungemein hilfreich.

Unser katholischer Glaube ist überaus konkret und erstaunlich spezifisch: Die Sakramente erfordern eine bestimmte Materie. Weizenbrot und Traubenwein sind für die Eucharistie notwendig. Für die Taufe braucht es Wasser, keine andere Flüssigkeit kann es ersetzen. Die heiligen Weihen, die Firmung und die Krankensalbung benötigen bestimme Öle. Das Buß- und das Ehesakrament erfordern bestimmte Worte. Das ganze sakramentale Leben der Kirche beruht auf Besonderheiten. Das ist so, es sollte so sein. Denn seine Grundlage ist ein an skandalöser Konkretheit nicht zu überbietendes Ereignis der Weltgeschichte: Der alles umfassende Gott wurde Fleisch im Menschen Jesus von Nazareth.

— 79 —

Wenn man kein Ziel hat, trifft man immer

„Brüder und Schwestern, ich bilde mir nicht ein, dass ich es schon ergriffen hätte. Eines aber tue ich: Ich vergesse, was hinter mir liegt, und strecke mich nach dem aus, was vor mir ist." (Phil 3,13-14)

Das Ziel ist das, was man erreichen will, auf das alle Anstrengungen ausgerichtet sind, der Zweck oder das Ende. Um erfolgreich zu sein, brauchen wir bei allem, was wir tun, ein Ziel. Wir brauchen es auch, um das, was wir erreicht haben, als Erfolg zu erkennen. Bedauerlicherweise leben wir nicht immer mit einem klaren und anschaulichen Bewusstsein unserer Ziele und gleiten deshalb oft zu falschen Zielen ab.

Bei der Verkündigung und Kommunikation in der Pfarrgemeinde landen wir dann am Ende womöglich bei ungewollten Ergebnissen und nutzlosen Zielen.

- Wir müssen fünfzehn oder zwanzig Minuten reden und wollen eigentlich nur irgendwie die Zeit füllen.
- Wir wollen lediglich vermeiden, unvorbereitet oder dumm dazustehen.
- Wir versuchen, die Zustimmung und Bestätigung unserer Zuhörer zu gewinnen und wollen sie bei Laune halten – als witzig erscheinen.

Vielleicht noch schlimmer ist, wenn wir überhaupt keine konkreten Ziele mehr haben, nicht einmal falsche. Wir reden einfach nur, weil wir dafür bezahlt werden. Es hört ja doch keiner zu. Oder?

Wie viele Predigten haben Sie schon gehört oder wie viele Schulstunden überstanden, in denen Sie den Eindruck hatten, einfach so dahinzureden sei die Grundhaltung des Sprechers?

Ohne die richtigen Ziele wird unsere Kommunikation nicht zu einem wirksamen Werkzeug für Evangelisierung und Heranbildung von Jüngern, was sie aber sein könnte und sollte.

Der Apostel Paulus hatte beim Predigen und Lehren immer ein klares Ziel vor Augen und war damit ziemlich erfolgreich.

Unser Ziel ist es, die Menschen außerhalb der Kirche mit der lebensrettenden Botschaft Jesu Christi zu erreichen sowie Neulinge und Pfarreimitglieder so auszurüsten, dass sie in ihrer Jüngerschaft wachsen können. Machen Sie das zu Ihrem Ziel.

— 80 —

Formen Sie Grundhaltungen

„Wir dagegen verkünden Christus als
den Gekreuzigten: für Juden ein Ärgernis,
für Heiden eine Torheit."
(1 Kor 1,23)

Die mangelnde biblische Bildung unter den Katholiken ist eine traurige Tatsache, die man aber den Pfarreimitgliedern nicht zum Vorwurf machen kann. Schuld haben Priester und Gemeindeleiter seit vielen Generationen. Die Hauptursache liegt in der Kultur der Gegenreformation, die in der Kirche in den letzten fünfhundert Jahren maßgebend war.

Vor der Erfindung des Buchdrucks waren Bücher selten und teuer. Um aus der Bibel zu hören, musste man in die Kirche kommen. Nachdem Bücher leichter zugänglich geworden waren, haben protestantische Prediger die Gläubigen ermutigt, die Bibel zu lesen, und vielerorts auch, sie auswendig zu lernen. Indessen haben katholische Geistliche aus Furcht vor ernsthaften Irrtümern, die aus dem Lesen der Bibel ohne Leitung und Autorität der Kirche entstehen könnten (was in der Tat leider auch geschehen war), vor dem Lesen der Bibel gewarnt. Das Zweite Vatikanische Konzil hat zwar diesen Ansatz klar revidiert und rief explizit zum Lesen der Bibel unter Anleitung des Lehramts auf, aber in den Jahrzehnten danach scheint sich wenig geändert zu haben. Das ist zumindest unser Eindruck.

Father Michael: Woran liegt das? Nach meiner Einschätzung führt ein großer Teil der Predigten und Lehren indirekt dazu, dass die Leute der Heiligen Schrift ausweichen.

Bei uns gab es einen Prediger, der die Predigt dazu verwendete, die Schrifttexte mit wissenschaftlicher Exegese zu untersuchen. Jede Woche arbeitete er sich mit historisch-kritischen Methoden unter Verwendung von Griechisch und Hebräisch durch die Lesungen. Woche für Woche legte er ohne den Hauch eines Zweifels dar, dass der Text für alle – außer für ihn – ohne jede Bedeutung war.

Ein anderer Ansatz behauptet, dass es unterm Strich nur um einen einzigen Aspekt geht: die Schuldigen wie mit einem Hammer aufzurütteln oder die Guten mit Märchenerzählungen zu beglücken.

Jahrelang haben Katholiken an vielen Orten und auch bei uns eine skeptische Grundhaltung dem Wort Gottes gegenüber entwickelt: „Es ist nicht wirklich wahr und lässt sich nicht praktisch umsetzen." In dieser Sichtweise existieren keine Engel und die Erscheinung des Herrn (Epiphanie) fand auch nicht statt. Oder dies: Jesus habe die Brotlaibe und die Fische nicht wirklich vermehrt, sondern die Leute hatten Proviant dabei, aber vor den anderen verborgen. Als in der Geschichte der kleine Junge dann sein Essen zu teilen begann, hat Jesus die Menschen aufgefordert, seinem Beispiel zu folgen. Anders gesagt, man kann dem Wort Gottes eigentlich nicht trauen.

Father Michael: Diese Theorie vertrat der Priester, der in den Oberstufenklassen meiner Schule (einer „katholischen" Schule) Bibelkunde lehrte. In meiner jugendlichen Unbekümmertheit stellte ich ihn vor der ganzen Klasse zur Rede: „Wenn Jesus von den Toten auferstehen konnte, konnte er auch Brot vermehren. Ich schätze, Sie glauben auch nicht an die Auferstehung." Dafür erhielt ich dann eine Woche Arrest.

Qualität und Inhalt unserer Predigten und Lehren bahnen und formen für unsere Pfarreimitglieder den Zugang zur Heiligen Schrift und den Umgang mit ihr. Bei unserer Kommunikation (in Jugend- und Kinderprogrammen, in Materialien für Kleingruppen und in Predigten) besteht eines unserer wichtigsten Ziele darin, in den Zuhörern einen Hunger auf das Lesen der Heiligen Schrift zu wecken.

Probieren Sie dies aus:

Vermitteln Sie Wertschätzung für die Bibel

Ehren Sie die Bibel als das Wort Gottes. Lassen Sie das an Ihrer Haltung zu ihr und am Umgang mit ihr erkennbar werden. Nähern Sie sich ihr demütig und mit Ehrfurcht. Seien Sie authentisch, wenn Sie selbst Schwierigkeiten haben, eine Schriftstelle zu verstehen, lassen Sie das Ihre Zuhörer wissen.

Vermitteln Sie einen Zugang zur Bibel

Lassen Sie die Zuhörer erkennen, dass die Bibel voll nützlicher Informationen ist. Helfen Sie Ihren Zuhörern zu verstehen, dass nicht vorausgesetzt wird, gleich zu Anfang alles in der Bibel zu glauben, sondern dass sie anfangen sollen, sie zu benutzen und selbst entdecken zu können, dass es „funktioniert".

Vermitteln Sie Begeisterung für die Bibel

Helfen Sie den Menschen, zu denen Sie sprechen, dadurch, dass man Ihrem Verhältnis zur Heiligen Schrift Freude und Begeisterung anmerkt, die durchstrahlt als die natürliche Frucht der Zeit, die Sie täglich liebevoll mit ihr verbringen.

Das Evangelium Christi ist ein Wunder, das der Weisheit und Logik der römischen Welt getrotzt hat. Auch die Juden, die sich nach einem siegreichen politischen Führer sehnten, konnten es nicht verstehen. Der heilige Paulus erkannte die geistige Einstellung seiner Zuhörer und auch, worin seine Verkündigungsaufgabe bestand: Von der Schrift her und auf sie hin eine neue geistige Grundhaltung zu prägen.

— 81 —

Die Menschen auf eine Reise mitnehmen

„Als der Pharao das Volk ziehen ließ, führte sie Gott nicht den Weg ins Philisterland, obwohl er der kürzere war. Denn Gott sagte: Die Leute könnten es sonst, wenn sie Krieg erleben, bereuen und nach Ägypten zurückkehren wollen. So ließ sie Gott einen Umweg machen, der durch die Wüste des Roten Meeres führte. ... Der HERR zog vor ihnen her, bei Tag in einer Wolkensäule, um ihnen den Weg zu zeigen, bei Nacht in einer Feuersäule, um ihnen zu leuchten." (Ex 13,17-18, 21)

Als Pfarrgemeinde haben wir die Aufgabe, Menschen in eine wachsende Beziehung mit Jesus Christus zu führen. Das bedeutet, niemand von uns ist in dieser Beziehung schon dort, wo er sein könnte und sein sollte. Das heißt auch: Jeder hat nicht nur die Notwendigkeit, sondern auch die Befähigung für dieses Wachstum. Wir haben das Potential für mehr. Wir können Gott mehr lieben. Wir können gütiger, geduldiger und bereitwilliger darin werden, andere Menschen anzunehmen und zu lieben.

Geistliche Leiterschaft bedeutet, Menschen von da, wo sie sind, dahin zu bewegen, wo Gott sie haben möchte. Das geschieht im Wesentlichen durch Kommunikation. Um darin erfolgreicher zu sein und die größtmögliche Wirkung zu erzielen, muss es unser Ziel sein, den Menschen diesen Schritt möglichst leicht zu machen, speziell denen, die nach langer Zeit gerade wieder das erste Mal in die Kirche kommen.

Probieren Sie dies aus:

Begegnen Sie ihnen und nehmen Sie sie mit

Es geht zuerst darum, sich auf die Menschen auszurichten, die vor Ihnen sind, ihnen da zu begegnen, wo sie sich befinden, auf den unterschiedlichen Ebenen, auf der geistlichen, intellektuellen, kulturellen und emotionalen. Wie die Eltern ihre Kinder aufsammeln und im Auto mitnehmen, so müssen Sie Ihre Zuhörer in der Einleitung abholen. Das können Sie erreichen, indem Sie deren Denkweise und Gefühle erkennen und sie ihnen erklären. Beschreiben Sie deren Erfahrungen und Mühen. Breiten Sie deren Sorgen und Ängste, ihre Hoffnungen und Träume vor ihnen aus. Beziehen Sie sich auf den Schatz der Erfahrungen, der allen Menschen gemeinsam ist. Bauen Sie durch Fragen eine Spannung auf, die nach Antworten ruft. Jede dieser Methoden hat das Potential, Menschen abzuholen und den Wunsch wachsen zu lassen, einen Weg mit Ihnen zu gehen.

Erzählen Sie ihnen, was Gott sagt

Es geht darum, die Menschen auf einen Veränderungsweg zu bringen, indem Sie von dem reden, was Gott zu einem bestimmten Thema sagt. Begleiten Sie die Zuhörer durch eine biblische Geschichte oder Schriftstelle, durch die sie anfangen können, dieses Thema aus dem Blickwinkel von Gottes Wort zu sehen. Damit bewegen sie sich von ihren persönlichen Meinungen und Erfahrungen hin zu Gottes Wort und Weisheit.

Kennen Sie Ihr Ziel

Menschen auf eine Reise mitzunehmen bedeutet, dass wir ein Ziel haben. Es muss ein „Dort“ geben. Wohin wollen wir sie bringen? Was soll die Frucht dieser Reise sein? Etwas in ihrem Leben muss nach der Reise anders sein, als es vor der Reise gewesen ist. Dieser Aspekt braucht eine Unterfütterung durch ein Engagement, etwas, was man zu Hause tun kann, eine praktische Anwendung, eher klein, nichts Überdimensionales, aber dafür etwas sehr Konkretes. Das kann auch etwas Gemeinschaftliches sein, zum Beispiel zusammen ein Gebet zu sprechen. Wichtig dabei ist, sich bewusst zu sein, warum man es tut.

Gott hatte nichts dem Zufall überlassen, als sich die Israeliten zu ihrer großen Reise aufmachten. Er holte sie ab und brachte sie dorthin, wohin sie nach seinem Plan gehen sollten. Es begann mit der eindrucksvollen Teilung des Roten Meeres. Aber das war noch nicht alles. Er leitete sie um Gefahren herum und an Kämpfen vorbei. Er gab ihnen beständig Orientierung und Rat, ganz zu schweigen von der täglichen Verpflegung.

Trotzdem, und darin sind sie vielen Leuten in unseren Pfarrgemeinden ähnlich, waren sie schon bei Reisebeginn etwas unwillig und des öfteren drauf und dran, die ganze Sache aufzugeben.

Das ist der Grund, warum er sie auf die Reise mitnehmen musste. Erneuern Sie Ihre Botschaft dadurch, dass Sie das gut machen.

— 82 —

Lebensveränderung verkünden

„Fürchtet also jetzt den HERRN und dient ihm in vollkommener Treue! Schafft die Götter fort, denen eure Väter jenseits des Stroms und in Ägypten gedient haben, und dient dem HERRN!" (Jos 24,14)

Es ist von großer Bedeutung, warum wir tun, was wir tun. Wenn wir unser Wozu und Warum verlieren, verlieren wir unseren Weg. Wir laufen unausweichlich in die Irre, wenn wir nicht wissen, warum und wozu wir es machen.

Absicht und Ziel der Heiligen Schrift ist, uns Jesus Christus ähnlicher zu machen. Gott ist Mensch geworden, damit wir Gott erkennen können und in der Ähnlichkeit zu ihm wachsen, um schließlich ganz in sein Ebenbild verwandelt zu werden.

Dasselbe trifft auch auf unser Predigen und Lehren zu. Die Frucht unseres Kommunizierens soll sein, dass unsere Zuhörer darin wachsen, wie Jesus zu denken, wie Jesus zu fühlen, zu handeln, wie Jesus gehandelt hat. Man nennt das Lebensveränderung.

Probieren Sie dies aus:

Predigen Sie die Umsetzung

Beim Predigen und Lehren geht es darum, das Leben der Menschen zu verändern. Deshalb muss es praktisch werden, wir müssen es auf die Ebene des konkreten Handelns herunterbrechen. Die Botschaft bleibt unvollständig, wenn wir nicht zeigen, wie sie die Zuhörer konkret betrifft. Dieser Gesichtspunkt ist häufig nur ein Anhängsel am Ende der Predigt, etwas, worauf man nur sehr wenig Zeit und Gedanken verwendet. Wenn es wirklich um Lebensveränderung geht, dürfen wir nicht zulassen, dass die praktische Anwendung auf einen netten Einfall am Schluss reduziert wird.

Predigen Sie zu unterschiedlichen Zuhörern

Überlegen Sie genau, wie Ihre Botschaft von den verschiedenen Zielgruppen angewendet werden kann. Oberstufenschüler, Erwachsene und Senioren werden sie vielleicht in unterschiedlicher Weise umsetzen (siehe Kapitel 50).

Predigen Sie Wachstumsschritte

Wenn Sie praktische Anwendungen vorschlagen, ist es wichtig, das in Übereinstimmung mit den Schritten zu tun, durch die Sie Ihre Gemeinde in der Jüngerschaft wachsen lassen wollen (siehe Kapitel 67). Das setzt natürlich voraus, dass Sie wissen, welche Schritte Sie sie gehen lassen wollen.

Josua, dem großen Gottesmann, wurde das Privileg zuteil, das Volk Gottes ins Gelobte Land zu führen. Um sie darauf vorzubereiten, predigte er sehr praktisch und konkret: Lasst die falschen Götzen der Ägypter hinter euch und dient dem lebendigen Gott. Sein Thema war die Veränderung des Lebens.

Unsere Kommunikation ist eine Botschaft zur Lebensveränderung: informieren, um zu transformieren.

— 83 —

Fordern Sie nicht, befehlen Sie nicht

„Als Jesus weiterging, sah er einen Mann namens Matthäus am Zoll sitzen und sagte zu ihm: Folge mir nach! Und Matthäus stand auf und folgte ihm nach." (Mt 9,9)

Father Michael: Meine Mutter pflegte zu sagen: „Noch niemand ist durch eine Einladung beleidigt worden." Das ist die Art von Post, die man gerne erhält, sei es die Einladung zu einer Geburtstagsfeier, einem Jubiläum, einer Urlaubsreise oder zu einer Hochzeit. Anders verhält es sich mit Befehlen und Anordnungen, bei deren Erhalt man sich selten wohlfühlt, selbst wenn sie sinnvoll sind, es sich um etwas Dringendes handelt oder sie von Vorgesetzen gut begründet sind. Wir werden lieber gebeten. Und noch lieber werden wir eingeladen.

Das war die Methode Jesu, die wir immer und immer wieder in seinem Handeln erkennen können. Bei Petrus und Andreas, bei der Frau am Jakobsbrunnen, beim Besessenen von Gerasa und bei Matthäus, besonders deutlich aber bei Zachäus, dem Steuereintreiber: Jesus lud Menschen einfach ein, ihm nachzufolgen.

Wann wurde in der Kirchenwelt eigentlich entschieden, dass Befehle der Königsweg seien? Fordern Sie nicht, schreiben Sie nichts vor: Laden Sie die Leute zu dem ein, was Sie verkünden.

— 84 —

Stellen Sie eine Verbindung zu der Person her, zu der Sie sprechen

„Und siehe, da war ein Mann namens Zachäus; er war der oberste Zollpächter und war reich. Er suchte Jesus, um zu sehen, wer er sei, doch er konnte es nicht wegen der Menschenmenge; denn er war klein von Gestalt. Darum lief er voraus und stieg auf einen Maulbeerfeigenbaum, um Jesus zu sehen, der dort vorbeikommen musste. Als Jesus an die Stelle kam, schaute er hinauf und sagte zu ihm: Zachäus, komm schnell herunter! Denn ich muss heute in deinem Haus bleiben." (Lk 19,2-5)

Wenn man zu größeren Gruppen spricht, tut man sich oft schwer mit dem, was man sagen soll. Jedes Publikum hat einen bestimmten Hintergrund, der sich sehr davon unterscheiden kann, wie wir geprägt wurden. Auch unter den Zuhörern kann es voneinander abweichende und gegensätzliche Ansichten geben. Manchmal überfordert uns diese Situation und aus Furcht, die Gefühle von jemandem zu verletzen, verzichten wir ganz darauf, etwas Substantielles zu sagen. Oder wir versuchen alles zu sagen, damit jeder zufrieden ist.

Unter denen, die Ihnen zuhören, kann man drei verschieden Typen unterscheiden. Die einen, die für Sie sind und mit Ihnen gehen, und die anderen, die das nicht tun und Ihnen und dem, was Sie zu sagen haben, widersprechen. Tendenziell versuchen viele von uns, eines dieser beiden Lager anzusprechen.

Es gibt in jedem Publikum, zu dem wir sprechen, auch eine dritte Gruppe, die in der Mitte steht und mit keiner der beiden anderen übereinstimmt. Sprechen Sie zu denen! Sie müssen nicht die Überzeugten überzeugen und können vielleicht Ihre Kritiker niemals umstimmen. Aber Sie haben eine echte Chance, die Aufmerksamkeit derer zu erlangen und diejenigen mit Argumenten zu überzeugen, die noch unentschieden sind.

Versuchen Sie eine Verbindung zu einem Mann oder einer Frau im Publikum aufzubauen. Stellen Sie sich vor, sie wären in einem Gespräch mit diesem Menschen. Manchmal kann das auch jemand Fiktiver sein, eine archetypische Person. Im *Rebuilt*-Buch haben wir „Timonium Tim" beschrieben, das Musterexemplar eines kirchenfernen Menschen, denjenigen, mit dem wir als Pfarreigemeinschaft in Kontakt kommen wollen. (Tim wuchs als Katholik auf, hörte aber auf in die Kirche zu gehen, weil er es langweilig und einfach schlecht fand.)

Wenn wir auf die Botschaft unserer Predigten schauen, stellen wir uns immer die eine Frage: Was würde Tim darüber denken?

Neben den Volksmengen, zu denen Jesus in all den Orten, in die er kam, gesprochen hat, gab es einzelne Menschen, die er erreichen wollte. Einer von ihnen war Zachäus. Jesus hat sich auf den weiten Weg nach Jericho gemacht, um sich mit ihm zu unterhalten. Wer ist derjenige, den Sie erreichen wollen?

— 85 —

Verkündigung ist ein Teamsport

„Da verließen ihn alle und flohen."
(Mk 14,50)

Geschwindigkeit heißt hohe Drehzahl. Masse bedeutet Gewicht. In unserem Projekt, das die Pfarrgemeinde ist, bedeutet Geschwindigkeit, Menschen weiter und schneller auf dem gemeinsamen Jüngerschaftsweg voranzubringen. Masse bedeutet, dass immer mehr Menschen auf diesem Weg gehen. Wenn man Masse und Geschwindigkeit verbindet, haben Sie Kraft. Das ist das Ziel von Glaubensvermittlung und Kommunikation.

Damit das in Ihrer Pfarrgemeinde möglich wird, brauchen Sie ein Team. Ein Team aus verschiedenen Leuten ist der Schlüssel für eine wirksame Kommunikation, unabhängig davon, wie groß Ihre Pfarrei ist und wie viele Mitarbeiter Sie haben.

Jeder und jede einzelne – vom Prediger am Wochenende über die Helfer im Gottesdienst bis hin zu den Gastgebern beim Empfang nach der Messe – muss bei dem, was Sie kommunizieren wollen, auf demselben Stand sein. Das kann nur gelingen, wenn die interne Verständigung die Grundlage für die pfarreiweite Kommunikation ist. Vermutlich ist jeder in Ihrem Team auch voll dabei und versteht, was Sie erreichen wollen (wenn nicht, haben Sie nicht nur ein Kommunikationsproblem). Trotzdem ist es notwendig, dass die Teammitglieder Ihre Botschaft, Ihre Vision und Ihre Grundwerte immer und immer wieder hören. Das Team (und im Grunde auch Sie) kann das nicht oft genug hören.

Tom: In dieser Hinsicht sind wir große Befürworter von Teamtreffen (Fr. Michael jedenfalls), nicht als Selbstzweck, sondern um Informationen auszutauschen. Wir treffen uns vor jeder Veranstaltung, gleich welcher Art, und bei großen Ereignissen wie Weihnachten gibt es eine ganze Staffel von Treffen. Im Laufe eines normalen Wochenendes trifft sich unser Team zu vier kurzen Sitzungen. Am Samstagnachmittag, bevor die Reihe der Wochenendgottesdienste startet, am Samstagabend im Rückblick auf den ersten Gottesdienst, als Start in den Sonntagmorgen und abschließend am Sonntagnachmittag. Sinn und Zweck dieser kurzen Treffen ist, jeden, der irgendwie beteiligt ist, über das zu informieren, was am Wochenende vor sich geht.

Es gibt bei uns auch einen wöchentlichen elektronischen Newsletter für alle Angestellten und die Mitarbeiter aus der Pfarrgemeinde, um sie schon vor ihrer Ankunft auf dem Kirchengelände darüber zu informieren, was sie am jeweiligen Wochenende bei uns erwartet. Auf dieselbe Weise gibt es einen täglichen geistlichen Impuls für alle Pfarreimitglieder, damit die Wochenendbotschaft in ihrem Denken und hoffentlich auch in ihrem Beten frisch bleibt.

Nachdem die Jünger Jesus verlassen hatten und aus Angst geflohen waren, nahmen die Ereignisse um die Passion chaotische Züge an. Jesus wusste, dass es geschehen würde und er seinem Kreuz allein gegenüberstehen sollte. Aber das ist nicht die Art, wie seine Kirche handeln und wirken soll. Investieren Sie Zeit und Anstrengungen, um Ihr Team zu einem zusammenhaltenden Organismus zu formen. Der Weg dahin ist ausgiebiger und anspruchsvoller interner Austausch.

— 86 —

Es bleibt ein Privileg

„Wie willkommen sind auf den Bergen die Schritte des Freudenboten, der Frieden ankündigt, der eine frohe Botschaft bringt und Heil verheißt, der zu Zion sagt: Dein Gott ist König." (Jes 52,7)

„Wie soll aber jemand verkünden, wenn er nicht gesandt ist? Wie geschrieben steht: Wie willkommen sind die Füße der Freudenboten, die Gutes verkünden!" (Röm 10,15)

Einer unserer guten Freunde arbeitet in einer großen Agentur für Öffentlichkeitsarbeit in Washington. Bobs Firma vertritt hochkarätige Manager, Organisationen mit weltweitem Einfluss und multinationale Unternehmen. Einmal gab er uns freundlicherweise die Gelegenheit zu einem Treffen unseres Pfarreiteams mit einigen seiner Mitarbeiter, um uns bei der Webseite und Medienarbeit strategisch zu unterstützen. Als er uns seinem Team vorstellte, sagte er: „Die meisten unserer Kunden haben Schwierigkeiten, etwas auszudrücken. Sie haben eigentlich schon eine Botschaft. Sie müssen nur etwas besser darin werden, sie zu verpacken."

Vielen Unternehmen geht es bloß ums Geldverdienen, eine im Geschäftsbereich legitime Zielvorstellung. Sie brauchen aber professionelle Hilfe in der Öffentlichkeitsarbeit, um eine lohnende Botschaft zu finden, damit sie dieses Ziel erreichen können.

Als Kirche Christi haben wir schon eine Botschaft, die es wert ist, verkündet zu werden. Wir müssen sie nicht erst suchen.

Unser Wort Evangelium kommt vom griechischen *Euangelion* und bedeutet „gute Nachricht“. Wir sind die Verwalter einer Botschaft von unglaublich guten Nachrichten für alle. Die beste Botschaft aller Zeiten. Wenn wir predigen und lehren, sollte das sichtbar werden.

Das Buch des Propheten Jesaja schaut voraus auf die Zeit, in der das Evangelium verkündet werden wird, und kündigt die wunderbare Möglichkeit und das Vorrecht an, das tun zu dürfen. Diese Zeit ist unsere Zeit und diese Botschaft ist die, die wir verkündigen. Vergessen wir nie, was für ein Privileg das ist.

— 87 —

Halten Sie einen hohen Standard

„Sanballat, Tobija, der Araber Geschem und unsere übrigen Feinde erfuhren, dass ich die Mauer fertig gebaut hatte ... Da ließen Sanballat und Geschem mir sagen: Komm, wir wollen uns in Kefirim in der Ebene von Ono treffen. Sie hatten aber Böses gegen mich im Sinn. Ich schickte Boten an sie mit der Antwort: Ich arbeite gerade an einem großen Werk; darum kann ich nicht kommen. Die Arbeit würde stocken, wenn ich sie verließe und zu euch käme"
(Neh 6,1-3)

Vor einiger Zeit sind wir nach Chicago gefahren, um mit unserem Verleger über dieses Buch zu sprechen. Chicago ist beeindruckend. Wir haben in einem Hotel übernachtet, das sich in der sogenannten „Schleife" befindet, dem Geschäftsviertel der Stadt. Wir haben dieses Hotel wegen der Nähe zu unserem Ziel gewählt, aber auch, weil wir es zu einem sehr günstigen Preis bekommen haben. Weil wir das Hotel nicht kannten und keine Freunde von Überraschungen sind, haben wir vorher einen Blick auf die Webseite geworfen.

Der Preis war ein echtes Angebot und das Hotel schien recht elegant zu sein, ein monumentales Gebäude am idealen Standort. Das Hotel war Schauplatz wichtiger historischer Ereignisse, bei denen Präsidenten und Könige zu Gast waren.

Als wir eincheckten, gab es keine Könige mehr. Möglicherweise ungewollt, vielleicht vorsätzlich, hatte sich dieser Ort verändert. Die prächtige Lobby wurde in einen schäbigen kleinen Korridor verwandelt, der stilvolle Speisesaal zu einem Café (mit schlechtem Kaffee) umfunktioniert und die legendäre Bar zu einem schäbigen Billardsalon. Die einst eleganten Arkaden mit Luxusboutiquen sind zu einer Reihe von Ramschläden verkommen. Die Gästezimmer wurden nicht mehr regelmäßig renoviert und schon einige Zeit vorher hatte man damit aufgehört, sie gründlich zu reinigen. Die Pracht der Architektur und der hohe Standard der Betreuung der Gäste sind in allen Bereichen gesunken. Das Majestätische wurde auf das Alltägliche reduziert. Eine Atmosphäre des langsamen, aber stetigen Sterbens. Aus „großartig" wurde „gut", daraus „gut genug" und daraus „nicht mehr gut genug". Wie ist das geschehen? An welchem Tag war es einem großen Leuchtbuchstaben auf dem Dach nicht mehr peinlich zu verlöschen und dunkel zu bleiben? Wie konnte sich die Personalführung so verändern, dass sie es zuließ, dass die Mitarbeiter aufhörten, die Gäste höflich zu grüßen? Warum hat man die Entscheidung getroffen, die Teppiche verdrecken zu lassen? Gibt es darauf eine Antwort?

Irgendwann in der Geschichte dieses Hotels gab es jemanden oder eine kritische Masse von einigen, die sich genügend, vielleicht sogar mit Leidenschaft, darum kümmerten, dass ihr Hotel eine hohe Qualitätsstufe erreichte. Alles deutet darauf hin, dass es die Besten in ihrem Fachgebiet waren, den anderen weit voraus. Viele Jahre später ist es nicht mehr so.

Was auch immer hier geschah, das Hotel erzählt eine Geschichte: Eines Tages hören die Leute auf, es zu bemerken. Dann hören sie auf, sich darum zu kümmern. Danach tauchen sie nicht mehr auf. Und heraus kam – statt eines erstklassigen Reiseziels – eine Müllhalde. Was bisher gut gelaufen ist, funktioniert plötzlich nicht mehr. Das kann überall passieren. In unseren Pfarrgemeinden geschieht es immer wieder, am leichtesten in unserer Predigt und Lehre. Es bedarf keiner Anstrengung, uns selbst zu erlauben, sich nicht mehr anzustrengen, an allen Ecken zu sparen und sich lediglich mit „gut" und dann „gut genug“ zu begnügen. Und dann, lange bevor wir es merken, ist unsere Verkündigung und Kommunikation überhaupt nicht mehr gut. Sie funktioniert nicht mehr. Sie ist Ihnen nichts mehr wert und das ist die Garantie dafür, dass sie auch keinerlei Bedeutung für Ihre Gemeinde mehr hat.

Für Innovatoren, Kreative, Leitfiguren von Veränderungen gibt es keine Handbuchregeln. Sie stehen im Leben, lernen, worauf es in ihrem Gebiet ankommt, und vollbringen außerordentliche Dinge, besser als die anderen.

Große Verkündiger und Kommunikatoren wie Nehemia verstehen den Wert ihrer Botschaft und stehen zu ihr, auch wenn sie abgelenkt oder sogar bedroht werden. Das Wichtigste ist, weiter daran zu arbeiten.

Ihre Predigt und Lehre hat immense Bedeutung. Sie verdient den konstanten Einsatz Ihrer Kräfte. Werden Sie außerordentlich und – halten Sie dieses Niveau.

— 88 —

Verkündigen heißt ermutigen

„Fürchte dich nicht, Maria; denn du hast bei Gott Gnade gefunden. Siehe, du wirst schwanger werden und einen Sohn wirst du gebären; dem sollst du den Namen Jesus geben. Er wird groß sein und Sohn des Höchsten genannt werden. Gott, der Herr, wird ihm den Thron seines Vaters David geben. Er wird über das Haus Jakob in Ewigkeit herrschen und seine Herrschaft wird kein Ende haben." (Lk 1,30-33)

Für viele Veränderungen, die man im Leben angehen will, braucht man keinen Doktortitel. Abnehmen heißt, mehr Kalorien verbrennen, als man zu sich nimmt. Der Verschuldung entkommen bedeutet Ausgaben reduzieren. Auch Veränderungen in unserem geistlichen Leben sind meist nicht sehr kompliziert. Geistliche Grundhaltungen wie Gebet, Vergebung und Freigiebigkeit sind nicht schwer zu verstehen, aber oft haben wir Schwierigkeiten damit. Woher kommt das?

Das ist ganz einfach. Ob es sich um eine Diät, Schulden oder das tägliche Gebet handelt: Der Ist-Zustand hat die Neigung, so lange unser Leben zu bestimmen, bis wir einen zwingenden oder vielleicht schmerzhaften Grund haben, uns zu ändern.

Bei Evangelisierung und Jüngerschaft geht es um Veränderung und Wachstum. Aber der altmodische Ansatz, auf Schuld und Angst aufzubauen, wirkt nicht mehr. Jesus hat uns ohnehin nicht gelehrt, es auf diese Weise zu handhaben. Stattdessen sollen wir die Menschen zur Veränderung motivieren und sie zum Wachstum anspornen.

Erinnern Sie die Menschen an die Nützlichkeit und den praktischen Wert des Evangeliums, daran, wie gut sich die Lehre Christi auf unser Leben auswirkt. Sprechen Sie von den Segnungen und Belohnungen, die die Bibel im Tausch gegen den Gehorsam verspricht.

Entwerfen Sie eine Vision für das, was Gott für die im Sinn hat, die ihm nachfolgen und ihm dienen. Lenken Sie die Aufmerksamkeit der Menschen darauf, wie ihr Leben nach diesem Schritt aussehen wird. Zeigen Sie ihnen, welche Wirkung sie damit auf andere haben werden. Lassen Sie sie teilhaben an der größeren Geschichte, in der ihr Leben seinen Platz haben kann.

Die erste und größte Jüngerin Jesu Christi war Maria. Sie übernimmt diese Rolle selbstlos und mutig, aber nicht aus eigenem Antrieb, sondern als Antwort auf die Einladung des Erzengels Gabriel. Seine Botschaft war mit Sicherheit schockierend, aber sie war auch ungemein ermutigend.

— 89 —

Gott selbst ist die Botschaft

„... Gnade und die Wahrheit kamen durch Jesus Christus." (Joh 1,17)

Für unsere Aufgabe, im Zeitalter der Neuevangelisierung Menschen zu Jüngern Jesu Christi zu machen, müssen wir zunächst verstehen, dass die Menschen, denen wir etwas vermitteln wollen, von Abneigung oder sogar Feindseligkeit gegenüber der organisierten Religion, von Skepsis gegenüber der Heiligen Schrift und einer mehr oder weniger deutlichen Ablehnung des Übernatürlichen geprägt sind. Und doch sagt uns eine Studie nach der anderen: Die große Mehrheit der Menschen glaubt an Gott.

Das liegt daran, dass wir in einer im Grunde deistischen Kultur leben. Der Deismus kommt aus der Aufklärung, hat sich aber in unserer Zeit sehr verbreitet. Es ist der Glaube, dass Schöpfung und Vernunft die Existenz Gottes beweisen, aber eben nicht mehr. Alles andere wird bezweifelt und zur Diskussion gestellt. Es gibt keine Offenbarung und keine Selbstoffenbarung Gottes. Er hat die Welt so erschaffen, dass sie sich nach den Naturgesetzen entwickelt. Wir sind – mehr oder weniger – auf uns allein gestellt. Viele Kultur- und Taufscheinkatholiken könnten ihre Überzeugungen damit exakt zusammenfassen. Selbst unter den Menschen in unseren Kirchenbänken sind einige, die in gewisser Weise Deisten sind.

Damit müssen wir anfangen und aufhören: mit Gott.

Unsere Verkündigung sollte anfangen bei diesem zerbrechlichen Glauben an einen fernen, distanzierten Gott und dann die Feinheiten dazugeben. Es ist unsere Aufgabe, sie wissen zu lassen, dass es einen Vater gibt, der sie von Ewigkeit her geplant, sie im Leib ihrer Mutter geformt und ihnen Leben und Atem gegeben hat. Wir können sie mit dem Sohn bekannt machen, der sie aufruft, ihm nachzufolgen, ihm ähnlicher zu werden und damit der Entwicklung seines Königreichs in unserer Generation zu dienen. Unsere Kommunikation und Verkündigung muss den Menschen helfen, das Geheimnis des Heiligen Geistes zu erfassen, der täglich mit uns geht und unsere Schritte lenkt, damit wir gemeinsam mit ihm bessere Verwalter und Diener sind.

Unsere Verkündigung gibt anderen die Möglichkeit, den lebensverändernden Geist kennenzulernen, der unsere Lebensführung gestaltet und Segen spendet, hier und in Ewigkeit. Die Botschaft, die wir verkünden, besteht in der Gnade seines Handelns für uns und in der Wahrheit seines Auftrags an uns.

Damit der Neuaufbau Ihrer Verkündigung gelingt, bedarf es einer kompromisslosen Klarheit über den Kern dieser Verkündigung. Es ist eine Botschaft der Gnade und der Wahrheit – dieser beiden zusammen.

Wenn alle Ihre Predigten und Lehren auf eine einzige reduziert würden, auf eine letztendliche Lebensanweisung, ginge es darin überhaupt nicht ums Predigen oder Lehren. Es ginge ums Zeuge-Sein. Es dreht sich alles darum, Zeuge zu sein für die Gnade und Wahrheit.

Der Kern der Botschaft ist: Jesus Christus – Gottes Heiliges Wort.

Anhang

Corona oder der Ernstfall

Kommunikation und Verkündigung in der Nativity-Gemeinde in Zeiten der Krise
von Johannes Seidel

2013 bin ich durch das Erscheinen des Buches *Rebuilt – The Story of a Catholic Parish* auf die Pfarrgemeinde Nativity gestoßen, die ich inzwischen mit Gruppen von Priestern und Laien einige Male besuchen durfte. Ich durfte die Erfahrung machen, wie dort der christliche Grundauftrag authentisch und mit Freude gelebt wird: Menschen in die Nachfolge Christi zu führen – durch Verkündigung und praktisches Dienen.

In Zeiten der Corona-Krise hat sich die Kommunikation der Pfarrei Nativity stark verändert und wurde strategisch angepasst. Das Kapitel beginnt mit Antworten verschiedener Leute aus ihrem Pfarreiteam auf die Frage, was für sie in dieser Zeit hilfreich war (1). Danach beschreibe ich einige Beobachtungen über den Umgang der Nativity-Gemeinde mit Online-Gottesdiensten (2). Es folgen meine persönlichen Eindrücke aus zwei Sonntagsmessen während der Corona-Krise 2020 (3 + 4) und ein Ausblick (5).

1. Was war für das Pfarreiteam von Nativity hilfreich?

Leitung (Pfarrer Michael White und Tom Corcoran):

Vergessen Sie nicht, sich selbst zu führen. Eine Pfarrgemeinde oder Organisation durch eine Krise zu führen, ist harte Arbeit. Es ist emotional, körperlich und geistig anstrengend, Botschaften zu entwickeln und zu präsentieren, die die Herausforderungen des Lebens während einer Pandemie ansprechen. Als wir während des schlimmsten Teils der Viruspandemie von zu Hause aus zu arbeiten begannen, dachten wir, unsere Arbeitsbelastung würde geringer sein. Schließlich mussten wir uns nicht mehr mit der schwierigen Aufgabe auseinandersetzen, jedes Wochenende Tausende von Gottesdienstbesuchern an unseren Türen zu empfangen und den vielen Besuchern seelsorgerisch zu begegnen, die während der Woche zu uns kommen. Stattdessen wurden unsere Zeitpläne immer voller durch die Anstrengungen, die erforderlich waren, um unsere Arbeitsweise komplett zu ändern. Hinzu kam die Isolation, in der wir uns von unseren Freunden, Mitarbeitern und ehrenamtlichen Mitarbeitern abgeschnitten fühlten.

Wenn man seine eigene Gesundheit vernachlässigt, wird es erst recht schwierig, andere zu leiten. Erhalten Sie Ihre körperliche Gesundheit, indem Sie gut essen und sich draußen sportlich betätigen. Bewahren Sie Ihre emotionale Gesundheit, indem Sie per Telefon oder Video-Chat mit engen Freunden und vertrauten Beratern in Verbindung bleiben. Am wichtigsten ist es, Ihre seelische Gesundheit zu erhalten. Beten Sie täglich für Ihre Pfarreimitglieder und alle, die in dieser Krise leiden.

Kommunikation (Kellie Caddick)

Es ist eine Versuchung zu meinen, dass wir für die (scheinbar) unüberwindbaren Herausforderungen, die mit dem Übergang zu einem digitalen Kommunikationsmodell verbunden sind, nicht ausgerüstet sind. Aber denken wir auch daran, dass diese Zeit nicht nur wegen ihrer Herausforderungen, sondern auch wegen ihrer Chancen einzigartig ist. Technologien, die noch vor einem Jahr nicht existierten – erschwingliche Livestreaming-Tools, leistungsfähige und kostengünstige Videokonferenztechnik und das überall verfügbare mobile Hochgeschwindigkeitsinternet – ermöglichen es uns, unsere Mission nahezu uneingeschränkt weiter zu erfüllen.

Echte Seelsorge und echtes Engagement können online erfolgen. Unsere Erfahrung in dieser Krise hat uns gelehrt, dass die Kirchenfernen mit größerer Wahrscheinlichkeit als je zuvor eine Online-Übertragung der Messfeier anschauen werden. Diese Erfahrung hat ihre Neugierde auf die Botschaft der Hoffnung geweckt und bei einigen zu echtem Umdenken geführt.

Diese Krise hat uns aber auch gezeigt, dass digitale Kommunikation nicht nur eine Einbahnstraße sein darf. Damit Seelsorge und soziales Engagement online geschehen können, müssen die Menschen das Gefühl haben, gehört statt nur angesprochen zu werden. Nutzen Sie Ihre sozialen Medien, um Fragen zu stellen und Antworten zu sammeln. Wir haben festgestellt, dass selbst dumme Fragen im Netz die Aufmerksamkeit der Menschen auf sich ziehen. Machen Sie Ihre Arbeit – wo immer es geht – so gut, dass die Nutzer nicht nur über Ihre Beiträge drüberscrollen. Wenn Sie Ihre Messen live übertragen, nutzen Sie auch Chat-Funktionen, um mit den Zuschauern in Echtzeit in Kontakt zu treten. Fragen Sie sie, wie es ihnen geht, und bitten Sie um Gebetsanliegen. Es ist möglich, dass dadurch eine Verbindung entsteht, die zur Umkehr führt.

Jugendliche (Daniel Miller)

In einer Krise gibt es drei Arten von Leitungsverantwortlichen: Festgefrorene, Zögerliche oder Bewegliche. Eine bewegliche Leitungskraft konzentriert sich auf das, was sie kontrollieren kann, nicht auf das, was sie nicht kontrollieren kann. Sie vermittelt Hoffnung und erklärt klar, warum sie Entscheidungen trifft. Bewegliche Führungskräfte wissen, dass sich die Mission nicht ändert, aber die Vorgehensweisen in einer Krise geändert werden müssen. Während der COVID-19-Krise blieb unser Auftrag, Jugendliche zu erreichen, derselbe, auch wenn wir uns ausschließlich auf Online-Methoden stützen mussten. Bevor die Krise zuschlug, bestand unsere Strategie darin, das Kleingruppenformat zu nutzen, um ehrenamtlichen erwachsenen Leitern die Möglichkeit zu geben, Vertrauen aufzubauen und in das Leben ihrer Teenager zu investieren. Dieses Vertrauen gibt diesen Führungskräften hoffentlich die Möglichkeit, am Leben der Teenager teilzuhaben, wenn wichtige Ereignisse eintreten. Während der Krise ermöglichten diese tiefen Beziehungen, mit den Teenagern in Verbindung zu bleiben und weiterhin ansprechbar zu sein, wenn sie dies am meisten brauchten.

Kinder (Maggie German)

Unsere größte Erkenntnis ist, dass es nicht unser Ziel ist perfekt zu sein, sondern die Kinder mit dem Wort Gottes in Verbindung zu bringen. Mit der Zeit sind wir effizienter geworden und haben Wege gefunden, kreativer zu sein. Aber die eigentliche Aufgabe besteht darin, Kindern zu helfen, in Christus zu leben, zu beten und zu wachsen, ganz gleich, wo sie sind. Hier ein paar Dinge, die wir gelernt haben:

- Setzen Sie ein, wen und was Sie haben. Ziehen Sie Ehrenamtliche hinzu, die mithelfen, das, was Sie erreichen wollen, zu entwickeln, zu gestalten und umzusetzen. Die Menschen wollen mithelfen, besonders jetzt.
- Finden Sie Wege, um mit Eltern in Kontakt zu kommen. Sie benötigen Liebe und Unterstützung und suchen nach Wegen, wie sie ihren Kindern helfen können, in Kontakt zu bleiben. Wir nutzen soziale Medien, um mit ihnen in Beziehung zu sein und versenden wöchentlich E-Mails an sie.
- Treffen Sie sich öfter als bisher mit Ihrem Team von Mitarbeitern und Ehrenamtlichen. Kommunizieren Sie mehr. In dieser Zeit gibt es keine „Überkommunikation".
- Halten Sie Ihre Augen auf Gott gerichtet. Er ist uns weit voraus und er weiß, wo wir gerade sind, also vertrauen Sie weiterhin auf ihn und nutzen Sie die Gaben, die er Ihnen gegeben hat.

„Frieden hinterlasse ich euch, meinen Frieden gebe ich euch; nicht, wie die Welt ihn gibt, gebe ich ihn euch. Euer Herz beunruhige sich nicht und verzage nicht." (Joh 14,27)

Kleingruppen (Susan Aldridge)

Pfarrgemeinden haben normalerweise auch Mitarbeiter, die an Vorstellungen und Vorgehensweisen festhalten, die mitunter eng sind. Eine Gruppe von Leuten zu haben, die die Dinge anders sehen, kann sich als der konstruktivste Weg erweisen, um voranzukommen. Suchen Sie Mitarbeiter, die sich in Ihrer Pfarrei für Veränderungen oder Innovationen begeistern können, und laden Sie sie zu Gesprächen über die Ausrichtung der Gemeindearbeit ein. Das kann sowohl bei der Bewältigung der Aufgaben helfen als auch uns besser darin machen, ein gutes Klime für neue Initiativen zu schaffen oder bereits bestehende zu fördern.

Schnelles Handeln und Kommunikation trugen dazu bei, dass alle Kleingruppenleiter sich entschließen konnten, sich während der physischen Distanz durch die COVID-19-Pandemie online zu treffen. Wir haben ein Handbuch erstellt, das auf unserer Website und in sozialen Medien veröffentlicht und an alle Gruppenleiter versandt wurde. Dazu gab es Videos, um Führungskräfte in der von uns empfohlenen Technologie zu schulen. Nach einigem Zögern und etwa drei Wochen der Kommunikation mit unseren Leitern begannen über 80% der 156 Gruppen, sich online zu treffen.

Einer der Schlüssel zum Erfolg war, dass unser Pfarrer in seiner Wochenendpredigt betonte, wie wichtig es sei, während dieser Zeit in Verbindung zu bleiben. Nach einem deutlichen Anstieg der Zahl der Gottesdienstteilnehmer am Online-Wochenende beschlossen wir, eine Live-Veranstaltung für alle zu organisieren, die daran interessiert waren, eine neue Gruppe für die Osterzeit zu organisieren. Die Live-Connection-Veranstaltung wurde per Video-Chat durchgeführt, um sich als ganze große Gruppe zu treffen und gemeinsam zu beten und sich dann in kleinere Gruppen aufzuteilen. Dies geschah alles mit Hilfe von Video-Chat-Software.

Jesaja 43,19 beflügelt mich, während ich das alles miterlebe. „Siehe, nun mache ich etwas Neues. Schon sprießt es, merkt ihr es nicht? Ja, ich lege einen Weg an durch die Wüste und Flüsse durchs Ödland."

2. Online-Gottesdienste: Hintertür, Seitentür oder Hauptportal?

Auch im Team von Nativity, einer Pfarrgemeinde, die schon seit Jahren auf hohem inhaltlichen und technischen Niveau die Möglichkeit der Gottesdienstmitfeier durch Online-Übertragungen anbietet, ist immer wieder über deren Wirkung diskutiert worden. Können sie den physischen und sakramentalen Messbesuch ersetzen oder führen sie langfristig zum Mitgliederschwund, weil Bindung und Gemeinschaft abnehmen?

In Nativity war die Zahl der Messbesucher in der Kirche und auch die Mitgliederzahl in den letzten Jahren trotz (oder wegen?) der Online-Übertragung stark gestiegen. Pfarrer White hat sich für solche Übertragungen eingesetzt und dabei auf Langzeiterfahrungen anderer Gemeinden verwiesen. In den 1990er-Jahren wurden Online-Gottesdienste zwar von manchen bequemen Konsumenten genutzt, um sonntags zu Hause zu bleiben, was mittelfristig oft zum Verlassen der Gemeinde führte. In den letzten Jahren waren Online-Gottesdienste aber eher kein Hinterausgang mehr, sondern sind für viele interessierte und skeptische Menschen zum Hauptportal der Kirche geworden. Durch diesen Eingang haben sie die Gemeinde das erste Mal betreten, um nach einer Online-Annäherungszeit dann auch das erste Mal persönlich in die Kirche zu kommen. Für andere war es wie eine Seitentür, durch die sie auch dann zum Gottesdienst kommen konnten, wenn sie einmal auf Reisen oder aus gesundheitlichen oder anderen Gründen verhindert waren. In der heutigen Zeit bedeutet „regelmäßig“ nicht mehr selbstverständlich „jeden Sonntag“, sondern ein- bis zweimal pro Monat zur Kirche zu gehen. In diesem Fall hat ein digitales Gottesdienstangebot das Potenzial, die Verbindung zur heiligen Messe und zur Botschaft der Predigtreihen zu festigen, so dass mehr daraus werden kann.

Der ausschlaggebende Punkt ist, wie es gelingen kann, den digitalen Gottesdienst mit der realen Gemeinschaft zu verbinden.

3. Palmsonntag 2020 online – meine Erfahrung

Die Übertragung der Palmsonntagsmesse aus Nativity zu finden, war nicht schwer. Die Startseite der Pfarrgemeinde zeigte ein Bild aus der Kirche mit der Auswahl „Ich bin neu hier" und „Online anschauen". Eine Viertelstunde vor Messbeginn wurde man zur Einstimmung von zwei Präsentatoren freundlich begrüßt. Nach Hinweisen zum Charakter der Online-Übertragung und zu den Angeboten für Kinder und Jugendliche machte ein Videotrailer Appetit auf das, was einen in der neuen Oster-Predigtreihe erwartete.

Zu Beginn der Palmsonntagsmesse sah man Pfarrer White mit einem Ministranten im Vorraum der Kirche. Nach der Segnung der Palmzweige und dem Evangelium vom Einzug Jesu in Jerusalem folgte anstelle der Prozession die Band mit zwei Liedern, zu denen passende Bilder eingeblendet wurden. Inhalt und Gestaltung der Lieder über das Königtum Christi waren gelungen und der Situation angepasst. In einer Zeit der Unsicherheit und der Ängste brachten sie die Gemeinde näher zusammen.

Eine Besonderheit dieses Palmsonntagsgottesdienstes war die Gestaltung der Passion nach Markus. Die verschiedenen Sprecher aus der Pfarrgemeinde waren nicht sichtbar, stattdessen sah man durchlaufende Filmszenen aus „Die Passion Christi". Dadurch wurde die Aufmerksamkeit der Zuschauer geweckt. Sie wurden in die Dramatik des ganzen Geschehens mit hineingenommen. (Im Vorspann der Messe wurde schon ein Hinweis gegeben, dass Kinder diese Bilder nicht anschauen sollten, weil sie verstörend wirken können.) Die Lesung der Passion und die Filmszenen wurden beim Tod Jesu unterbrochen. Man sah den Altarraum der Kirche, wo sich Pfarrer White hinkniete. Das wirkte wie eine Aufforderung, aus der Rolle der Außenstehenden herauszutreten.

Die Palmsonntagspredigt war der Abschluss und Höhepunkt einer dreiteiligen Predigtreihe (Predigtreihen, siehe Kapitel 51) mit dem Titel: „Never waste a Crisis!" (Keine Krise ungenutzt lassen!), die auf die aktuelle Situation aus der Sicht des Glaubens und der biblischen Texte einging. In der wegen der langen Passion kurzen Predigt betrachtete Pfarrer White das Leiden Jesu als eine Krise, die zu einem Wendepunkt wird. Der Höhepunkt dieser leidvollen und schrecklichen Krise war der Tod Jesu. Aber was folgte im Evangelium unmittelbar danach? Der schwere Tempelvorhang vor dem Allerheiligsten riss entzwei. „Gott hat im Augenblick des Todes Jesu hinweggenommen, was uns von ihm trennt. Jetzt kann dich nichts mehr von Gott trennen, außer du selbst!" Danach gab Pfarrer White Hinweise für die bevorstehende Heilige Woche. Ohne Gottesdienste und das gewohnte soziale Leben wirke sie wie ein verlängerter Karfreitag, den man nutzen sollte. Die Predigt endete mit einer Einladung zur persönlichen Bewusstmachung der Beziehung zu Gott. „Nehmen Sie sich jeden Tag eine stille Zeit, vielleicht nur sechs Minuten, um Gott zu preisen und ihm dafür zu danken, was er für Sie getan hat. Vergeuden Sie nicht diese Zeit der Krise!"

Nach dem Segen am Ende der Messe wurde im Schlusslied das Passionsthema noch einmal in persönlicher Weise aufgegriffen und führte so in den „langen Karfreitag" ein, von dem am Ende der Predigt die Rede war. „Warst du dabei, als sie meinen Herrn kreuzigten, … als sie ihn vom Kreuz nahmen, … als sie ihn ins Grab legten?"

Wie viele andere habe ich mir den Gottesdienst allein zu Hause angesehen, wo man mit seinen Gefühlen und Gedanken allein bleibt. Durch das Chat-Angebot fühlte ich mich weniger isoliert. Es startete schon vor der Messe und wurde von einem Team aus der Pfarrei betreut. Nachdem ich gesehen hatte, wie viele andere es nutzten, habe ich mich angemeldet und wurde persönlich begrüßt. Die Gottesdienstteilnehmer konnten Gedanken äußern, Fragen stellen und mit anderen in Kontakt kommen. Dazu gab es ein Gebetsteam, dem man Gebetsanliegen schreiben oder auch um einen Rückruf für persönliches Gebet bitten konnte. In der Freude über dieses Angebot bei Online-Gottesdiensten, das, auch wenn man es nicht aktiv nutzt, sympathisch wirkt, empfand ich auch einen kleinen Stachel. Mir stellte sich die Frage, was uns hindert, so etwas in normalen „analogen“ Gottesdiensten umzusetzen.

4. Ostersonntag 2020 – auch online möglich

In der Begrüßung vor der Messe berichteten die beiden Moderatoren von ihrem persönlichen Umgang mit der Krisensituation, den Veränderungen und dem Gefühl des Irrealen. Auch die Menschen im Umfeld Jesu wurden stark verunsichert durch seinen Tod und das leere Grab. Das war die Anmoderation für das erste Thema der Predigtreihe in der Osterzeit mit dem Titel „Possible“ (Möglich). Auf die gespannte Situation ging auch das witzige und kreative Einstiegsvideo zum Kinderprogramm ein. Eine österliche Lobpreisparty, an der die Kinder online teilnehmen konnten – während der Messe oder auch später. Die Erwachsenen wurden nach dem Gottesdienst zur Begegnung in einem „Videokonferenzkirchencafé“ eingeladen.

In die dann beginnende Ostermesse wurde man durch freudige und auch ruhigere Lieder der Band gut hineingenommen. Sie haben den Eindruck der Gebete und Texte noch verstärkt. Wie die Musik war auch die Kameraführung nicht ablenkend, sondern hat das persönliche Mitgehen in die Eigendynamik der Liturgie unterstützt.

Am Anfang der Predigt stand ein kurzes Video: Bilder aus der Wüste, ein offenes Felsengrab im Orient und die Frage: „Was passiert, wenn man nicht glauben kann, was gerade passiert?“

Pfarrer White beschrieb die Situation der Jünger sehr deutlich. Für sie war Ostern das Ende ihrer Hoffnung. Sie hatten viel Zeit mit Jesus verbracht, sahen seine Wunder und den feierlichen Einzug des Messias in Jerusalem. Der Evangelist Johannes beschreibt das als Augenzeuge. Dann brach für sie alles zusammen. Die Predigt stellt die Zuhörer mitten in das Geschehen. Auch Maria Magdalena hatte die Auferstehung nicht erwartet, als sie zum Grab ging. Ihr Herz war noch dunkel wie der Morgen. Petrus und Johannes glaubten ihr nicht und wollten es selbst nachprüfen. Erst als sie das Grab mit den gefalteten Tüchern sahen, begannen sie, das zu glauben, worauf Jesus sie vorbereitet hatte. Dieser Glaube wurde die Grundlage ihrer Hoffnung, dass Gott die Suche der Menschen nach Glück auch zum Ziel führt. Pfarrer White stellte heraus, dass Glaube ein Geschenk Gottes ist, aber er auch eines menschlichen Anteils bedarf, einer Bereitschaft, sich darauf vorzubereiten und einzulassen. Die weiteren Teile der Predigtreihe thematisieren Belege für den Glauben und die Hoffnung der Apostel.

Um den Glauben zu festigen, schlug Pfarrer White den Gottesdienstteilnehmern für die bevorstehende Woche drei konkrete Umsetzungsmöglichkeiten vor: Erstens, Zeit mit Gottes Wort verbringen, z.B. mit dem Johannesevangelium Kapitel 20 und 21. Zweitens, selbst beim nächsten Mal wieder am Gottesdienst teilnehmen, um weiter im Glauben zu wachsen, und dazu auch einen kirchenfernen Freund einladen. Drittens, in der Osterzeit an einer der neuen Online-Kleingruppen teilnehmen, die am Montagabend starten werden.

Pfarrer White kam dann zurück auf die aktuelle Krise, deren Ende noch offen war. „Es geht uns wie Petrus und Johannes. Wir müssen uns disponieren, um sehen zu können, wie Gott wirkt. Dann wird dieses Osterfest vielleicht das wichtigste in unserem Leben."

Die Teilnahme zum Austausch beim virtuellen Kirchencafé nach der Messe wurde angeregt durch eine kleine Videokonferenzschaltung der beiden Moderatoren (jeweils von zu Hause aus) und Pfarrer White (aus der Sakristei), der erzählte, wie er den Ostertag verbringe und wie er mit seinen Verwandten und Freunden Kontakt halte.

5. Ausblick

In den Gottesdiensten ist mir eine Eigenschaft von Predigtreihen aufgefallen. Die Predigt öffnete einen Weg, den man gehen kann. Es musste nicht alles auf einmal gesagt werden. Der Weg des Glaubens, der Weg der Jüngerschaft erfordert Zeit, jeder geht ihn auf unterschiedliche Weise. Die Stärke der Predigtreihe zeigt sich auch in den Kleingruppen, die das Thema vertiefen. Sie sind eine Chance, nicht im Smalltalk stecken zu bleiben, sondern sich anhand des Themas von Woche zu Woche mit den anderen persönlich auszutauschen und von ihnen zu lernen. Eine Art „Tiefbohrung“, die andauert. Man muss nicht auf alles sofort eine Antwort haben. Die überschaubare Anzahl der Treffen während der Predigtreihe macht Kleingruppen auch für Menschen attraktiv, die das erste Mal beim Gottesdienst dabei sind.

Die Online-Geschichte von Nativity hatte bescheiden begonnen, viele Jahren vorher mit einer privaten Kamera. Schrittweise ist manches gewachsen und immer wieder angepasst worden. Im kreativen und innovativen Umgang der Nativity-Gemeinde mit der Lebenswirklichkeit der Krise konnte ich einen roten Faden erkennen: Das stetige ernsthafte Bemühen, den Grundauftrag Jesu zu erfüllen. Lernen, wie man Fernstehende willkommen heißen kann, wie die Gottesdienste am Wochenende zu einer lebensverändernden Erfahrung werden können und wie man einen klaren Weg anbieten kann, auf dem Menschen zu Jüngern und Jüngerinnen Christi heranreifen können.

Dass die Krisensituation ein Auftrag war, aus dem Segen werden konnte, zeigte sich z. B. in den Online-Kleingruppen für Erwachsene und Jugendliche und auch an kleinen Dingen wie den Chat-Räumen. Sie wurden nicht nur als bloße Kommentarfunktion, sondern immer mehr zum gemeinsamen Gebet und geistlichen Austausch genutzt. Von diesen Erfahrungen könnten andere Gemeinden lernen, wie Nativity von anderen gelernt und das Gelernte – mit Blick auf die Menschen in ihrem Umfeld – umgesetzt hat. Never waste a crisis!

Anhang

Auch in digitalen Welten: Gott ist schon da!

von Dr. Georg Plank

Seit es das Internet gibt mit seinen unglaublichen Möglichkeiten, haben auch in den Kirchen frühe Anwender („early adopters") mit Social Media experimentiert. Die Beweggründe dafür waren unterschiedlich. Vielfach waren es eher missionarisch oder evangelistisch orientierte Menschen, die hofften, durch die Nutzung neuer Medien neue Zielgruppen anzusprechen. Mittlerweile gibt es kaum noch kirchliche Einrichtungen oder Gemeinden ohne eine eigene Homepage. Nahezu alle verwenden E-Mails, WhatsApp und Smartphones. Viele versuchen auch soziale Plattformen für ihre Zwecke zu nutzen. Im Vergleich zu profanen Nutzern und kommerziellen Anbietern sind diese Versuche oft amateurhaft oder sogar kontraproduktiv. Nur wenigen gelingt es, das notwendige Maß an Professionalität zu erreichen. Das ist angesichts der rasanten Entwicklungen und der Komplexität des Themas auch sehr herausfordernd. Der Weg zum Erfolg ist wie bei den meisten Innovationen mit vielen vergeblichen Versuchen und frustrierenden Fehlern gepflastert.

Die Mehrheit kirchlicher Führungskräfte scheint noch immer ein ambivalentes Verhältnis zur virtuellen Welt zu haben. Einerseits wirken die beeindruckenden Chancen verlockend, ja verführerisch. Andererseits diskreditiert man diese neuen Welten als unecht, defizitär oder auch als gefährlich. Das erinnert an den Widerstand zur Zeit der Erfindung von Telefonen, Autos oder Filmen. Theologisch postulieren Kritiker, dass Kirche im eigentlichen Sinn Realpräsenz voraussetze, sowohl die der Menschen als auch diejenige Gottes.

Innovativ eingestellte Menschen haben seit jeher in der Kirche mit enormem Gegenwind zu kämpfen. Immer wieder standen bzw. stehen sie unter Rechtfertigungszwang. Besonders sicht- und spürbar wurde und wird das bei Budget- und Personalentscheidungen.

Innovationsschub durch Corona-Krise

Im Frühjahr 2020 wurde all das fundamental über den Haufen geworfen. Durch die massiven staatlichen Einschränkungen, Versammlungsverbote und Schutzmaßnahmen war das traditionelle kirchliche Leben von heute auf morgen nicht mehr möglich: Keine Gottesdienste, keine Gruppentreffen oder Bildungsveranstaltungen, geschlossene Pfarr- und Ordinariatsbüros, versperrte Schulen, keine seelsorglichen Aktivitäten, ja selbst Beerdigungen waren nur mehr im kleinsten Kreis erlaubt.

Was diese massive Vorgabe von außen bewirkte und wie schnell plötzlich vieles geschah, überraschte viele Beobachter: Wie die sprichwörtlichen Pilze sprossen vielfältigste Online-Aktivitäten aus dem kirchlichen Boden. Online-Gottesdienste, Gebetskreise, Beratungsangebote und Videokonferenzen – alles Dinge, die von der Mehrheit lange Zeit abgelehnt wurden, waren von einem Tag auf den anderen salonfähig und akzeptiert, ja wurden wie Rettungsringe in stürmischer See gefeiert.

Damit wurde ein lange verdrängtes oder aufgeschobenes Thema zentral. Wie sieht das Verhältnis von kirchlichem Handeln und digitalen Kommunikationsformen aus? Denn eines ist klar: Wollen die Kirchen dem Verkündigungsauftrag Jesu heute gerecht werden, können sie die massiven Veränderungen durch Digitalisierung und neue Medien nicht länger ignorieren.

Damit sind essenzielle Fragen wie z. B. die folgenden verbunden: Wie unterscheiden sich die neuen Welten von den traditionellen und was bedeutet das für pastorale Kulturen? Lässt sich die Unterscheidung zwischen „real" und „virtuell" noch aufrechterhalten? Könnten sich die beiden Welten ergänzen? Wie werden seelsorgliche Angebote in Zukunft aussehen und wo werden sie stattfinden? Auf welche Weise werden Gemeinschaften entstehen und sich entwickeln? Lassen sich Gebet und Gottesdienst auch im virtuellen Raum qualitätsvoll gestalten bzw. unter welchen Voraussetzungen? Ja, und über und hinter allem: Sind auch virtuelle Räume Orte der Anwesenheit Gottes? Welche Konsequenzen müsste das nach sich ziehen?

Vorreiter

In Charlotte im US-Bundesstaat North Carolina wurde in den 90er-Jahren eine der ersten Multisite-Gemeinden gegründet, die *Mecklenburg Community Church*. Sie wirkte lange Zeit an vier Orten. Jetzt hat sich der Gründer gemeinsam mit seinem Team entschlossen, drei dieser Orte wieder zu schließen. Grund für diesen überraschenden Schritt war schlicht und einfach die Tatsache, dass dadurch ihre Vision besser erreicht werden kann: Immer mehr Menschen zu helfen, Gott kennenzulernen, den Nächsten und sich selbst zu lieben sowie ihre Talente und Potenziale für eine gerechtere und bessere Welt einzusetzen.

Hauptpastor James Emery White nennt als Auslöser zwei Gründe: Rund um Charlotte wurde ein Autobahnring fertiggestellt, sodass sich die Fahrzeit zur Hauptkirche auf 10 bis 15 Minuten reduziert hatte. Noch entscheidender war allerdings, dass sich das Kommunikationsverhalten junger Menschen so massiv verändert hatte, dass ein Weiterführen des Status quo nicht mehr verantwortet werden konnte. Obwohl Pastor White als „digital immigrant" sich wie viele seiner Generation mühsam mit den neuen virtuellen Welten vertraut machen musste, war ihm klar, dass sich seine Kirche radikal an der Lebensrealität von „digital natives" orientieren müsse. Ansonsten verlöre sie den Anschluss an die kommenden Generationen und damit an die Zukunft.

In einem Podcast mit Pastor Carey Nieuwhof (Kanada) beschreibt James White nüchtern diesen mühsamen, aber lohnenden Weg. Am Beginn stand eine echte Umkehr, verbunden mit der Bereitschaft, sich auf Neues einzulassen. Erfahrene Führungskräfte gestanden sich ein, zu wenig und zu oberflächlich über die neuen Wirklichkeiten Bescheid zu wissen. Nur durch achtsame Wahrnehmung und vorurteilsfreien Dialog mit jungen Menschen hatten sie eine Chance, mit diesen eine vertrauensvolle Beziehung aufzubauen. In einem oft schmerzvollen Prozess mussten sie erkennen, dass ihre Meinung über das Leben junger Menschen vor Vorurteilen und falschen Annahmen strotzte. Genau genommen verhielten sie sich wie manche frommen Pharisäer, die bereits Jesus mit ihrer Selbstgerechtigkeit zu heiligem Zorn gereizt hatten. Ohne hier auf Details eingehen zu können, lässt sich schon nach zwei Jahren feststellen, dass die messbaren Wirkungen dieses Lernprozesses sämtliche Prognosen und hoffnungsvollen Erwartungen übertreffen.

Skizzen einer neuen Präsenz

Kirchen sollen Zeichen und Werkzeug für die Liebe Gottes und der Menschen zueinander sein. Egal, ob in einer Pfarrgemeinde, einem Krankenhaus, einer Schule oder einer anderen Bildungseinrichtung, ob in der Caritas oder bei „Fresh Expressions of Church" an neuen Orten und in kirchenfernen Milieus. Wenn Menschen mit Christen in Kontakt kommen, sollen sie wie Menschen vor 2000 Jahren in der Begegnung mit Jesus von Nazareth erleben: Ich werde absolut ernst genommen, aufgerichtet und geheilt. Ich bekomme einen Vertrauensvorschuss trotz meiner Fehler. Jesus schenkt mir Orientierung angesichts von Leiden, Sünden und Komplexität.

All das ereignet sich immer und ausschließlich in der konkreten Wirklichkeit, oder es ereignet sich nicht. Aus gläubiger Sicht hat Gott uns in diese Wirklichkeit hineingestellt. Er selber ist bereits in ihr präsent. Durch unser Wirken mit dem Beistand des Heiligen Geistes dürfen wir diese Präsenz erfahrbar machen. Alles, was dafür gebraucht wird, ist schon da. Wer es noch nicht wahrnimmt, kann Gott bitten, seine Augen zu öffnen und seine Blindheit zu heilen.

Genau das können Kirche und Gemeinden in der Realität neuer virtueller Welten neu entdecken und einüben. Dabei können sie sowohl voneinander lernen als auch von Menschen und Initiativen in vielen profanen Bereichen. Der Heilige Geist weht ja, wo er will – in unterschiedlichen und überraschenden strukturellen Kontexten. Von entscheidender Bedeutung ist, wo und wie sich Gutes und Innovatives entwickelt und letztlich auch Früchte trägt.

Ziel ist, der *einen* Präsenz Gottes in Liebe und Energie in der Welt von heute auf vielfältige Weise zu dienen. Ganz selbstverständlich könnte zum Beispiel gemeinsames Gebet im klassischen Kirchenraum oder auch in einer Videokonferenz stattfinden. Gabenorientierung wird durch digitale Möglichkeiten erleichtert, indem notwendige Aufgaben und dringende Nöte einfacher und schneller mit den Menschen kombiniert werden, die entsprechende Fähigkeiten einbringen wollen. Schließlich bietet die neue digitale Welt fantastische Chancen für eine Individualisierung, die auch den Umgang Jesu mit Menschen unterschiedlicher Herkünfte und Milieus kennzeichnete. Die konkreten Bedürfnisse und tiefen Sehnsüchte einzelner Menschen können Ausgangspunkt dafür sein, welche Inhalte, Aktivitäten und Dienste kommuniziert werden. Dialogische und partizipative Beteiligung sind dann keine bloßen Schlagworte, sondern prägen zutiefst das konkrete Beziehungsnetz und die zukünftige Weiterentwicklung von christlichen Gemeinschaften.

Referenzen und Materialien

Die nachfolgenden Referenzen und Materialien hatten alle Einfluss auf die Entwicklung der Konzepte und Ideen dieses Buches.

Bücher und Dokumente

Collins, Jim. *Good to Great.* New York: HarperCollins, 2001.
———. *How the Mighty Fall.* New York: HarperCollins, 2009.
Collins, Jim/Jerry Porras. *Built to Last.* New York: Harper Business, 2002.
Dulles, Avery. *The Resilient Church: The Necessity and Limits of Adaptation.* Garden City, NY: Doubleday, 1977.
Ferguson, Dave, Jon Ferguson, and Eric Bramlet. *The Big Idea: Focus the Message, Multiply the Impact.* Grand Rapids, MI: Zondervan, 2007.
Franzikus (Papst). *Die Freude des Evangeliums, Vatikanstadt* 2013.
Gladwell, Malcolm. *The Tipping Point: How Little Things Can Make a Big Difference.* Boston: Little, Brown, 2000.
Godin, Seth. *Tribes: We Need You to Lead Us.* New York: Portfolio, 2008.
Groeschel, Craig. *How Churches and Leaders Can Get It and Keep It.* Grand Rapids, MI: Zondervan, 2008.
Heath, Chip, and Dan Heath. *Made to Stick.* New York: Random House, 2008.
———. *Switch: How to Change Things When Change Is Hard.* New York: Broadway Books, 2010.
Humes, James C. *Speak Like Churchill, Stand Like Lincoln.* New York: Crown Publishing Group, 2002.
Hybels, Bill. *Axiom: Powerful Leadership Proverbs.* Grand Rapids, MI: Zondervan, 2008.
———. *The Volunteer Revolution.* Grand Rapids, MI: Zondervan, 2004.
Johannes Paul II. *Christifideles Laici.* Vatikanstadt 1998.
———. *Dies Domini. Vatikanstadt* 1998.
Kinnaman, David, and Gabe Lyons. *Unchristian: What a New Generation Really Thinks About Christianity … and Why it Matters.* Grand Rapids, MI: Baker Books, 2008.

Lencioni, Patrick. *The Advantage.* San Francisco: Jossey-Bass, 2012 (deutsch: Der Vorteil, Wiley-VCH Verlag, Weinheim 2014)
———. *The Five Dysfunctions of a Team.* San Francisco: Jossey-Bass, 2002. (deutsch: Die 5 Dysfunktionen eines Teams, Wiley-VCH Verlag, Weinheim 2014, auch als Hörbuch)
Lyons, Gabe. *The Next Christians.* New York: Doubleday, 2010.
Mallon, James. *Divine Renovation.* Toronto: Novalis, 2014. (deutsch: Wie Gott sein Haus saniert, D & D Medien, 2017)
Mancini, Will. *Church Unique.* San Francisco: Jossey-Bass, 2008.
Rainer, Thom. *Breakout Churches.* Grand Rapids, MI: Zondervan, 2005.
Rainer, Thom, and Eric Geiger. *Simple Church.* Nashville: Broadman and Holman, 2006.
Ratzinger, Joseph. *Der Geist der Liturgie.* Herder Freiburg 2000.
Stanley, Andy. *Deep & Wide.* Grand Rapids, MI: Zondervan, 2012.
Stanley, Andy, and Lane Jones. *Communicating for a Change: Seven Keys to Irresistible Communication.* Colorado Springs: Multnomah Books, 2006.
Stanley, Andy, Reggie Joiner, and Lane Jones. *7 Practices of Effective Ministry.* Colorado Springs: Multnomah Books, 2004.
Stevens, Tim, and Tony Morgan. *Simply Strategic Stuff.* Loveland, CO: Group Publishing, 2004.
Warren, Rick. *The Purpose Driven Church.* Grand Rapids, MI: Zondervan, 1995. (deutsch: Kirche mit Vision, Gerth Medien 2016)
Zweites Vatikanisches Konzil. *Lumen Gentium. Dogmatische Konstitution über die Kirche. Vatikanstadt* 1964.
——— *Sacrosanctum Concilium. Konstitution über die heilige Liturgie.* Vatikanstadt 1963

Internetseiten

Elevation Church in Matthews, NC: elevationchurch.org.
Lifechurch.TV in Edmund, OK: open.lifechurch.tv.
Morgan, Tony. *Tony Morgan Live* (Blog): tonymorganlive.com.
NewSpring Church in Anderson, SC: newspring.cc.
Northpoint Church in Alpharetta, GA: northpoint.org. Materialien unter: store.northpoint.org.
Preaching Rocket. The Rocket Company, Cumming, GA: therocketcompany.com.
Rainer, Thom S. *Thom S. Rainer* (Blog): thomrainer.com.
Saddleback Church, Lake Forest, CA. saddleback.com, Materialien unter

www.saddlebackresources.com.
Wesley, Christopher. *Marathon Youth Ministry* (Blog): christopherwesley.org.

Church of the Nativity (Timonium Maryland)

Nativity Church: churchnativity.tv, facebook.com/churchnativity, www.churchnativity.com/app/
Rebuilt Parish: rebuiltparish.com. *Rebuilt Podcast:* www.rebuiltparish.podbean.com
White, Michael, *Make Church Matter:* Blog: nativitypastor.tv, Twitter: @nativitypastor

Über die Autoren

Michael White erwarb seinen Bachelor an der Loyola University Maryland und das Lizenziat an der päpstlichen Hochschule Gregoriana in Rom in Ekklesiologie. Nach seiner Priesterweihe in der Erzdiözese Baltimore arbeitete er fünf Jahre lang als Sekretär für Kardinal William Keeler, der damals Erzbischof war. In dieser Zeit war White unter anderem leitend verantwortlich für die Organisation des Papstbesuches von Johannes Paul II. in Baltimore.

Er ist seit 1996 Pfarrer der *Church of the Nativity* und seitdem hat sich die Zahl der Gottesdienstbesucher an Wochenenden dort in etwa verdreifacht. Zusätzlich zum quantitativen Wachstum hat sich in seiner Pfarrei auch eine echte, tiefe geistliche Erneuerung vollzogen, verbunden mit einem signifikanten Anstieg im ehrenamtlichen Engagement und in der Spendenbereitschaft. Michael White interessiert sich für Politik und Architektur – er war maßgeblich an der Renovierung der Basilika von Baltimore sowie an der Errichtung des neuen Kirchengebäudes in Nativity beteiligt.

Tom Corcoran erwarb seinen Bachelor an der Loyola University Maryland in Politikwissenschaften und studierte Theologie an der Franciscan University in Steubenville. Seit 1997 ist er in verschiedenen leitenden Rollen in Nativity tätig, derzeit ist er als Mitglied des Leitungsteams verantwortlich für die Entwicklung der Verkündigung, strategische Planung und Personalentwicklung. Tom Corcoran hat auch die Leitung der *Rebuilt Ministries* übernommen, um andere Gemeinden bei ihrem Wachstum zu unterstützen. Seine Frau Mia und er leben mit ihren acht Kindern in Parkville, Maryland. Tom Corcoran ist ein großer Sportfan, er spielt gerne Gitarre und kocht aus Leidenschaft. Zusammen mit Michael White schrieb er *Rebuilt*, *Tools for Rebuilding* und *Church Money*, die allesamt zu Bestsellern wurden.